本书为河北省燕赵黄金台聚才计划骨干人才项目（教育平台）（HJZD202517）、教育部人文社科重点研究基地重大项目“宋代基层文官通考”（16JJD770017）、河北大学社科重点培育项目（2024HPY003）阶段性成果。

本书出版获得河北大学中国史学科“双一流”建设经费资助。

宋代基层文官通考丛书

宋代县丞通考

王晓龙　牛晓旭　谢向辉　著

人民出版社

责任编辑：詹　夺
封面设计：胡欣欣

图书在版编目(CIP)数据

宋代县丞通考 / 王晓龙，牛晓旭，谢向辉著 . -- 北京 ：人民出版社，2025. 5. -- ISBN 978－7－01－027254－2

Ⅰ. D691.42

中国国家版本馆 CIP 数据核字第 2025412VF9 号

宋代县丞通考

SONGDAI XIANCHENG TONGKAO

王晓龙 牛晓旭 谢向辉　著

人民出版社 出版发行

（100706　北京市东城区隆福寺街 99 号）

北京建宏印刷有限公司印刷　新华书店经销

2025 年 5 月第 1 版　2025 年 5 月北京第 1 次印刷

开本：710 毫米×1000 毫米 1/16　印张：25.25

字数：410 千字

ISBN 978－7－01－027254－2　定价：99.00 元

邮购地址 100706　北京市东城区隆福寺街 99 号

人民东方图书销售中心　电话（010）65250042　65289539

序　言

一

《宋代县丞通考》为教育部人文社科重点研究基地重大项目“宋代基层文官通考”结项成果之一。该成果由《宋代州级基层文官通考》和《宋代县级基层文官通考》两部分组成。州级基层文官主要考证州级文官中除知州、通判外的幕职官、诸曹官、监当官、学官等官员，县级基层文官主要考证知县(县令)、县尉、主簿、县丞等官员。

宋朝是在结束唐末五代藩镇割据基础上建立的统一王朝，为了加强中央集权，削弱地方割据势力，宋朝采取了“崇文抑武”的统治策略，派遣文臣到地方担任知州、知县，甚至主管基层治安工作的县尉也多由文官来担任，同时在州一级层面派遣了文官担任通判，加强对知州的监督和牵制。宋代逐渐建立起来路、州、县三级地方行政体制。在路一级层面陆续设置了转运使司、提点刑狱司、提举常平司等监司，加强对州县的监督和控制，建立起了一个复合式的监管体系。为了防止地方拥兵自重，宋朝中央削弱了地方转运使、知州、知县对军队的控制权。为了随时了解地方路、州长官的动向，宋朝中央保留了地方州、县长官甚至普通属官直接向中央乃至君主的奏事权，下级可以监督上级，保持统治者信息渠道的畅通。为避免地方各级长官一人独裁，路、州、县各级设立多个行政机构和官员，弱化主从关系，互相监督制约，军权与民、财权分离，化解了唐朝后期藩镇割据威胁中央集权的弊病，使得宋朝中央指挥地方，如身使臂，如臂使指，但是同时也造成了相关机构人员数量增加、冗官冗费严重的弊端。此外，为了榨取地方民众更多的赋税，供养庞大的皇室、官僚、军队系统，宋朝在地方州县设立了众多的监当官来掌管茶、盐、酒等税务，大量设置县丞管理因熙丰变法而增加的相关新法事务，此外还有保障州、县各项财税、账簿、司法、学校、行政等事务的诸多官员，这些基层官员也大都由文官来担任，故而随着实际事务的增多，宋代地方州县基层存在一个庞大的文官群体。

宋朝为了吸引广大士人加入官僚队伍为统治者服务，故而在唐五代科举制度基础上，进一步加大了科举取士的规模。据学者研究，两宋科举举行了118榜，取士人数达到十一万多人，龚延明先生编著的《宋代登科总录》已经对现存相关每一榜登科人员和相关情况进行了详细考证，构建了宋代科举史研究的基础性文献，堪称学界标志性成果。据龚延明先生研究，唐代科举取士共举行268榜，录取了10200人；五代举行47榜，录取进士约1500人；辽代取士55榜，录取进士2211人；金代科举录取6317人；元代科举只举行了16榜，录取1200人；明代科举虽然遗留下来文献丰富，但是录取人数并不能与宋代相比，共计89榜，24595人；清代举行112榜，录取26847人。① 从这些数据也可以看出，无论举行科举的次数还是录取的人数，宋朝都堪称科举取士的高峰。结合科举制的广泛实行，选拔大量的士人分任到各级管理机构，宋朝从而建立起庞大的官僚体系，建立起典型的官僚统治体制，形成以选用文官为主的科举社会。宋代自北宋中叶以后，文官士大夫充斥政坛，所谓“今世用人，大率以文词进：大臣，文士也；近侍之臣，文士也；钱谷之司，文士也；边防大帅，文士也；天下转运使，文士也；知州郡，文士也。”② 故宋人有云：“满朝朱紫贵，尽是读书人。”③

在多层级、多机构设置和科举制的推动下，宋朝官僚人数也大大超过以

---

① 龚延明主编：《宋代登科总录·总序》，桂林：广西师范大学出版社，2014年，第5—6页。

② （宋）赵汝愚编：《宋朝诸臣奏议》卷一四八《蔡襄〈上英宗国论要目十二事〉》，上海：上海古籍出版社，1999年，第1695页。

③ （宋）张端义撰，许沛藻、刘宇整理：《贵耳集》卷下，载《全宋笔记》第六编第十册，郑州：大象出版社，2013年，第356页。

往各朝代。元丰三年（1080），曾巩在上奏神宗讨论经费问题时曾提道："景德官一万余员，皇祐二万余员，治平并幕职，州县官三千三百余员，总二万四千员。"① 到了徽宗宣和元年（1119），官员数量之众达到两宋之最，"今吏部两选朝奉大夫六百五十五员，奉直大夫至光禄大夫二百九十员，横行右武大夫至通侍大夫二百二十九员，修武郎至武功大夫六千九百九十一员……选人在部者一万六千五百四十二员，小使臣二万三千七百余员，吏员猥冗，注拟不行，而仕途塞矣。官秩既进，俸亦随之。"官员总数合计四万七千七百五十二员。② 到了南宋理宗宝祐四年（1256），情况同样非常严峻，地狭官冗，时监察御史朱熠言："境土蹙而赋敛日繁，官吏增而调度日广，景德、庆历时以三百二十余郡之财赋，供一万余员之奉禄；今日以一百余郡之事力，赡二万四千余员之冗官，边郡则有科降支移，内地则欠经常纳解。欲宽民力，必汰冗员"。③ 这其中的冗员就包括了大量在基层任职的文官。宋代疆域虽不及汉唐，但州级政区多时亦达320多个，县级政区更是多达1200余个，每州均有文职属官4—10人，每县亦有文职官员3—5人，基层文官在人员数量上数十倍于路州长官。因地方政务繁多，基层文官是宋代州县长官之外最重要的行政力量，是宋代日常政务运行的主要依托群体，也是大多数宋代文人士大夫仕途的起点，如欧阳修、苏轼、王安石等都有在州县基层任职的经历。目前学术界虽有一些辞典类工具书对部分基层文官有所考订，但还没有一部对宋代基层文官进行全面统计、考证的论著。加强对于各州县任职文官人名、任职时间、相关事迹的考证，将极大地推动宋代地方政治史、社会史等研究的深化，对宋代官僚制度研究也将起到积极的推动作用。

二

宋代各州府以知州（知府）、通判为正副长官，其文职属官主要分四大

① （宋）曾巩撰，陈杏珍、晁继周点校：《曾巩集》卷三十《议经费札子》，北京：中华书局，1984年，第451页。

② （清）徐松辑，刘琳、刁忠民、舒大刚、尹波等校点：《宋会要辑稿》职官一之三五至三六，上海：上海古籍出版社，2014年，第2757—2958页。

③ （元）脱脱等：《宋史》卷四四《理宗纪四》，北京：中华书局，1985年，第858页。

类：一是签判、判官、推官、掌书记、支使等幕职官，二是录事参军、司户参军、司法参军、司理参军等诸曹参军，三是各种仓场库务监当官，四是州府学官。州级文职属官设置依据州的不同级别而不同，一般大州设置较多，而边远小州军则设置较少①。

（一）幕职诸官及其职能

幕职诸官是宋代沿袭唐末五代藩镇幕府属官称谓而组建的官僚群体。在唐、五代，这些官员是辅佐藩镇长官掌理军政的得力助手；到了宋代，幕职官皆由朝廷统一派遣任用，其职责也由主持兵政转换为主持民政，成为诸州的民政属官。《宋史·职官志》记载了宋代的幕职官包括“签书判官厅公事”“两使、防、团、军事推判官”“节度掌书记”“观察支使”等，其被概括为“掌裨赞郡政，总理诸案文移，斟酌可否，以白于其长而罢行之。”② 总体来说，宋代幕职官的职能是协助州郡长官管理民政，“幕职官掌助理郡政，分案治事。其簿书、案牍、文移付受催督之事，皆分掌之。凡郡事与守、倅通签书”③。

1. 签判。全称是签书节度判官厅公事或签书某州判官厅公事。签判的官阶要求较高，一般是京官或升朝官。如果以选人充任，只能称为“节度判官”或观察判官，签判为幕职官之长。从史料看，设置签判的州府一般较少，且签判和通判不并设。其职责是主持签厅日常事务，协助本州正副长官处理政务公文，斟酌可受理、可施行、或可转发、可奏上与否，以告禀本郡（州府、军、监）长官，最后裁定。

2. 判官。全称是节度判官或观察判官。小州军或只设推官，不置判官。判官的职责与签判类似，二者不并设，主要是协助本州正副长官治理郡政，

① 参见苗书梅《宋代州级属官体制初探》，《中国史研究》2002年第3期；漆侠主编《辽宋西夏金代通史》（典章制度卷），北京：人民出版社，2010年，第140—141页。

② （元）脱脱等：《宋史》卷一六七《职官志七》，第3975页。

③ （清）徐松辑，刘琳、刁忠民、舒大刚、尹波等校点：《宋会要辑稿》职官四八之八，第4312页。

办理具体政务公文，“判官、推官，掌受发符移，分案治事”[1]，包括参与州级司法，管理一州税籍户账，负责一州差役及吏人管理事务，监察其他州级属官与所属县官。由于签判、判官是幕职诸官之首，所以在知州、通判暂缺时，可由他们代理其职。有些小州军则不设通判，而由判官兼行其职。

3. 推官。节度推官是仅次于判官的重要州级幕职属官，与判官共同协助知州、通判处理州政。其在州级行政中担负了较重要的角色，与判官一样负责文书撰写和收发，提出拟处理意见供长官采择，还要负责复核录事参军所判的案件，重新审理属县已办未决之案，洗结冤狱等。如一州无判官，则由推官兼行其权。

4. 掌书记与支使。掌书记是节度掌书记的省称，支使是观察支使的简称。掌书记和支使职责相同，佐助州长官完成州内的文秘、应酬等日常事务。二者的主要区别是，凡进士等有出身人出任者，称掌书记；荫补等无出身人担任者称支使。节度掌书记与节度推官共掌本州州印，有关本州军事文书，与节推共签署、用印，协助长吏治本州事。观察支使，与观察判官、推官共掌印信，有关本州田赋文书，连署文状与用印，协助长吏分治本州公事。[2] 州规格高低决定属官设置数量，如节度州、观察州有判官，京官以上担任者称为签判，节度州有掌书记，观察州有支使，“而节度、观察、防御、团练、军事皆有推官，府则置司录，州则置录事参军而下各一人，户多事繁则置司理二人”[3]。

（二）州府曹官及其职能

宋代诸州府曹官，据《神宗正史·职官志》记载：“录事、司理、司户参军，掌分典狱讼；司法参军，掌检定法律。各一人，皆以职事从其长而后行

---

① （清）徐松辑，刘琳、刁忠民、舒大刚、尹波等校点：《宋会要辑稿》职官四七之一一至一二，第4271页。

② 参阅龚延明《宋代官制辞典》（增补本）第十编之三《幕职官与诸曹官门》，北京：中华书局，2017年，第600页。

③ （清）徐松辑，刘琳、刁忠民、舒大刚、尹波等校点：《宋会要辑稿》职官四七之一，第4265页。

焉。”① 这表明在宋代州府设置了录事参军、司理参军、司户参军、司法参军，总称诸曹官。诸曹官是隋唐州级属官沿革下来的，同是州级属官，与幕职官相比，地位稍低一些。在职事官体系中，作为州郡属官，诸曹官分掌户籍、赋税、仓库出纳、议法断刑等政务。

1. 录事参军。录事参军又称司录事、录事、司录、司录参军、都曹、纠曹、掾等。这一官职并非宋朝初设，隋唐时期早已有此官职。在宋代，州、军一般设置此官职时称为录事参军，府一般称为司录事参军。一般以选人担任，若以京朝官任之，则称知录事参军，录事参军在宋代“掌判院庶务，纠诸曹稽违”，为诸曹官之长。“判院庶务”的“院”指州院或曰府院，是曹官合议政事的场所。州院或府院与幕职官的签厅（都厅）相对。州院的日常行政事务由录事参军主持。录事参军还与司理参军共掌州级刑狱，审理狱讼。录事参军的另一重要职责是监督其他曹官，纠察诸曹稽违。此外，录事参军还辅佐判官，检查属县的税籍版账，并具体负责案视簿历事务。录事参军在诸曹官中地位最高。

2. 司户参军。司户参军又称户曹掾、司户录事、户曹、户曹参军、司户曹事、户曹事、民曹。司户参军也是隋唐时期已有官职，宋承唐制，继续设置此官。司户参军掌管户籍赋税、仓库受纳及民事纠纷诸事，在不设推官的小州军，司户又“兼知逐州推官厅公事”。司户参军一般管理地方户籍、赋税之事，但有时司户参军也会管理户婚词讼、治安事务。司户参军也经常是中央官员被贬出之时授予的官职。有时司户也会被赋予诸如教授、司理、司录之类的兼职。总体来看，司户参军的地位不高，多数只主管州仓而已。

3. 司理参军。司理参军是宋代新设的主管州级司法的重要法官，又称司寇、理掾、刑曹、刑狱、狱曹掾、司刑曹事、理曹等。宋太祖改唐代的马步判官为司寇参军，宋太宗改司寇参军为司理参军。宋代实行鞫谳分司制度，司理、司寇参军主要负责的是地方案件的审理工作，即鞫谳中“鞫”这一部

---

① （清）徐松辑，刘琳、刁忠民、舒大刚、尹波等校点：《宋会要辑稿》职官四七之一二，第4271页。

分。一般州置一人，事繁州大者设二人。司理参军不兼他职，专一治狱，这与宋代地方官的职责互相兼容的现象相比，实属少见，由于职责重要，一般监司、知州不许差其外出公干。与录事参军、司户参军分典诉讼不同的是，录事、司户偏重于狱案开始的诉理和判断，而司理则偏重于犯人已入狱后的刑事审讯和案情复察等，并负责监狱管理事宜。

4. 司法参军。司法参军又称司法、法曹、法曹参军、法掾、秋曹、决曹掾等。主要负责司法案件的法条检核，就是案件审理结束后，该适用什么样的法律作出处罚，由其负责，即鞫谳中“谳”这一部分。鞫谳分司，就是审判和检法由不同机构负责，因而担任这一职务的官员要有法学方面的背景，南宋规定必须是经任人或考试中刑法之人充当，断案入上等者。

（三）州府学官

宋代州府设有州学教授，北宋前期，一般由知州委派官员兼任或者聘请地方有名的士人担任，不在朝廷正式官员体系之内。宋神宗朝，为加强对学校的控制，开始委派中书门下选任河北、陕西、河东、京东、京西五路的教官，堂除官职，兼本州教授，在州设立教授厅，成为州级官员之一。元丰元年（1078），设置53员教授，仅大府、大州有，小州无专职教授。元祐以后，哲宗朝派出了几批专职教官，此后全国大多数州学都有了教授。宋徽宗和蔡京好大喜功，又标榜继承宋神宗和王安石的改革事业，发动了大规模的办学运动。崇宁元年（1102），朝廷宣布向所有州学派出教授，每所先派一员，学生超过一百人的州学可申请多派。州学设置专职学官的问题至此全部解决。南宋时期一般一州一员，多为进士出身或经明行修人，岁数在三十岁以上。

州学教授主要负责教授在学的学生。上级通过每次的科举考试来衡量评估学官在任期间的表现，以此来作为升官评判的标准。元丰二年（1079），明确提出“以升补及行艺进退，计人数多寡为学官之赏罚”①。学官在任内，如

① （宋）李焘：《续资治通鉴长编》卷三〇一“元丰二年十二月乙巳”条，北京：中华书局，2004年，第7328页。

果州内科举成绩较差，也会受到相应的责罚，所以学官在任期间，都格外注重对学子的培养，以期盼其在科举考试中取得优异成绩。

（四）监当官及其职能

宋朝以前虽然没有监当官一职，但是有从事类似职务的官员。监当官的设置起于宋朝，是一种差遣官职。其主要负责管理茶、盐、酒税场务征输及冶铸之事，"诸州军随事置官，其征榷场务岁有定额，岁终课其额之登耗以为举刺。凡课利所入，日具数以申于州"[①]。在宋代，监当官一词最早出现于宋太祖开宝六年（973），"丁卯，诏诸州长吏及监当官等无或隐庇得替人，事觉，当重置其罪"。宋神宗元丰时期曾一度废除监当官，提出"元丰进纳官法，多所裁抑。应入令录及因赏得职官，止与监当"[②]。但是因为监当官对地方财政的控制管理，所以随着经济的发展，到徽宗崇宁五年（1106）又重新恢复设置监当官，"诏府界万户县及路在冲要，市易抵当已设官置局；其不及万户、非冲要，并诸镇有官监而商贩所会，并如元丰令监当官兼领"[③]。南宋时期，因为战事紧张，再加上吏治的腐败，监当官常与州县官、吏等相互勾结，对商户、百姓等进行层层盘剥，在保障政府税收的同时，也对商业和经济的发展有一定阻碍。

值得一提的是，宋徽宗朝曾经对州级属官体制进行改革，经过大观二年（1108）、政和二年（1112）和政和三年（1113）的三次改革，最终将幕职、诸曹官改为司士曹事、司户曹事、司仪曹事、司兵曹事、司刑曹事、司工曹事，同时增加全国的官阙541处，导致基层官僚人数的进一步增加。到了南宋高宗建炎元年（1127），在李纲的建议下，才又恢复了北宋大观之前的旧制[④]。

北宋都城开封府的属官设置与一般州郡不同。其最高层为尹或少尹，各一员，一般不设。下设权知开封府事一员，设置判官、推官四员，无通判，

---

① （元）脱脱等：《宋史》卷一六七《职官志七》，第3984页。

② （元）脱脱等：《宋史》卷一五八《选举志四》，第3711页。

③ （元）脱脱等：《宋史》卷一八六《食货志下八》，第4554页。

④ 参见贾玉英《唐宋时期地方行政制度变迁史》，北京：人民出版社，2016年，第238—239页。

另有司录参军、功曹、仓曹、户曹、兵曹、法曹、士曹参军各一人，左右军巡使、判官各一员。城内外分设左右厢公事所，设厢官，以京朝官曾历通判、知县者充。判官、推官分治狱讼刑罚、户口租赋；司录参军决断有关户婚之讼，六曹（功、仓、户、兵、法、士）公事及左右军巡使分掌京府各类案牍及其有关事务；勾当（主管）左、右厢公事断决杖六十以下争斗，以及逋欠公私债、婚姻两主对质审理等刑事与民事诉讼。开封府长官的属官数量远远多于一般州府，体现出其治理的重要性和复杂性。南宋临安府原为杭州，升为府后，其属官体系与一般州府类似。

三

在我国古代行政体系不断发展的过程中，县制一直占据着突出地位。县作为基层行政单位，长久以来便承担着安定地方的职责。知县、县令作为国家基层行政人员，执掌民政，是国家行使政权的根本，是民众利益的直接维护者，同时也是沟通中央和地方的桥梁。县级官员成为宋朝科举后进入仕途的官员最常担任的职位，知县、县令也被称为“亲民官”，同时由于面对基层民众，要处理大量繁杂琐碎事务，也被官员视为繁难重务，作邑之难，屡屡见诸官员的文集和笔记。

宋代县级机构官员主要包括四类，长官为知县和县令，属官主要包括县尉、县主簿和县丞。①

（一）知县、县令及其职责

宋初为适应加强中央集权统治及官、职差遣分授制度发展的政治需要，派京朝官担任知县。与唐代不同，宋代知县属临时差遣。凡户口多、土地广、地理位置重要的繁要剧县，多由京朝官出任长官，全称为知某县事。在边远小县，行政长官由品阶低于京朝官的选人担任，仍称县令。

① 参见漆侠主编《辽宋西夏金代通史》（典章制度卷），北京：人民出版社，2010 年，第 143—145 页。

县作为最亲民的基层行政机构，凡是国家和百姓之间的一切事务如财政、民政、司法、教育、军事、土地、杂税等，皆由县级长官具体负责，主要包括安集流亡、户口增长，劝课农桑、增加收入，公平执法、平决狱讼，宣布诏敕、表彰忠义以改善风俗等。有驻兵之处，县令还兼管军事，其中知县兼兵马都监，县令兼兵马监押，以防止和消灭叛乱。在矿冶业集中的地方，县令、知县兼管矿冶生产。在茶、盐、酒产区，知县对茶、盐、酒税收负责。战乱时期，防盗、安民、保护境土，灾荒年份赈济穷苦、安集流民就成为其工作重点。

（二）县丞及其职能

县丞在宋代的位置较为尴尬，虽然其地位是仅次于知县、县令的县级行政副长官，主要是辅助知县或县令完成各项职能。但因其职责不清，往往被视为冗官，设置也时断时续，地位并不稳固。宋初，各县很少置丞。宋仁宗天圣年间，在臣僚建议下，开始在开封府两赤县各置县丞一员，位于主簿和县尉之上。宋神宗熙宁年间，开始普遍设置县丞，以助推行青苗、免役、农田、水利、坑冶等新法。哲宗元祐废新法时，县丞被大量废除，只有一些大县因事务繁杂，申奏朝廷予以保留。宋徽宗朝复置县丞，但也基本限定于大县。南宋时，基本上是仁宗朝设县丞之县及万户以上县仍设县丞，小县不置，而由主簿代行其事。

县丞的选任与县令差别不大，只是其职责范围更明确一些，主要负责新法的增收项目，其考核办法也同于其他县级副职。负责朝廷财赋的征收及向通判厅的缴纳，与仓、宪、倅成为第二条财富征调系统。

（三）县主簿及其职能

宋太祖开宝三年（970）宋朝始设置主簿一职，规定各县千户以上可设置，不足者以县令、县尉兼任。宋真宗咸平四年（1001），按王钦若言，川峡诸县五千户以上者开始设县主簿，而后川蜀地区开始逐步设置县主簿，宋真宗天禧五年（1021）开始在剑州梓、潼等地增设主簿。宋仁宗皇祐五年

（1053）在婺州义乌、永康、武义、浦江四县置县主簿。宋神宗熙宁四年（1071），为经营与加强对边境的管理，陕西、河东路沿边城寨置主簿，与县主簿职务品秩相同。宋代县主簿的日常工作是“勾稽簿书，催督赋税”，此外还掌管出纳官物，参与县内司法活动等。宋代县主簿有一值得特别注意的现象，即监司、知州等常以符檄委派主簿出外办理诸如催督赋税、检视水利、灾伤、办理狱讼等事务。另外，还以主簿摄他县令、尉。南宋后期宋与蒙元长期作战，也曾出现主簿带兵作战之特例。

（四）县尉及其职能

宋代建立初期，为了加强中央集权，削弱节度使的势力，恢复了县尉一职。

宋太祖建隆三年（962）下诏：“每县复置县尉一员，在主簿之下，俸禄与主簿同。凡盗贼、斗讼，先委镇将者，诏县令及尉复领其事。”[①] 将乡村的治安权收归县司负责，“今后应乡村贼盗斗讼公事，仍旧却属县司，委令尉勾当”[②]，同时限制镇将的权力，景德二年（1005）重申：“诏益、梓、利、夔路管内镇将，不得捕乡村盗贼及受词讼”[③]。元丰改制时，将县尉的职权由只负责乡村治安扩大到县城及其周边，“诸县尉惟主捕县城及草市内贼盗，乡村地分并责巡检管勾，其余职事皆仍旧”[④]。南宋中后期，为了区分县尉和巡检的职责，将县尉和巡检管理的区域进行划分，分别治理。

县尉在设置之初，主要是为了维护地方治安、缉捕盗贼。此后又逐渐增加了司法侦查、司法检验、校阅弓手、打击走私、管理水务、管理驿站递铺等职责。终宋一世，县尉的职能是不断完善的。

---

① （宋）李焘：《续资治通鉴长编》卷三“建隆三年十二月癸巳”条，第76页。

② （清）徐松辑，刘琳、刁忠民、舒大刚、尹波等校点：《宋会要辑稿》职官四八之六〇，第4354页。

③ （清）徐松辑，刘琳、刁忠民、舒大刚、尹波等校点：《宋会要辑稿》职官四八之九二，第4371页。

④ （宋）李焘：《续资治通鉴长编》卷三一一“元丰四年正月丁酉”条，第7536页。

四

宋代士大夫成为官员主体，地方主官是中央政令的主要执行者，也是治民理财的主要行政力量。目前，学术界对宋代科举登第者和宋朝中央、路、州长官都有较为充分的统计和考证，前者如龚延明《宋登科记考》（江苏教育出版社 2009 年版）和《宋代登科总录》（全 14 册，广西师范大学出版社 2014 年版，辑录两宋 320 年 118 榜 4 万多登科人）。后者如李之亮《宋代郡守通考》（全 10 册，巴蜀书社 2001 年出版，涉及宋代州郡守臣近两万人次）、《宋代路分长官通考》（全 3 册，巴蜀书社 2003 年出版）、《宋代京朝官通考》（全 5 册，巴蜀书社 2003 年出版）。两个研究系列数据庞大，搜集丰富，后人在这些问题上已经很难再有大块补充空间。

杨倩描所编《宋代人物辞典》（上下两册，河北大学出版社 2015 年版，110 万字）统计了宋朝人物九千多个，包括生卒年、别名、籍贯、家族关系、师从关系、历任官职、历史贡献、谥号、著述等内容，为进一步编纂宋代基层文官通考奠定了相当扎实的数据基础。此外，如邓广铭先生主编的《中国历史大辞典 · 宋史》（上海辞书出版社 1984）、虞云国先生等编纂的《宋代文化史大辞典》（汉语大辞典出版社 2006 年版）、中国历史大辞典编纂委员会编辑的《中国历史大辞典》（上海辞书出版社 2010 年版）、李裕民先生著《宋人生卒年月日考》（中华书局 2023 年版）等，也均包含了相当数量的宋代基层文官人员名单及其生平事迹，对本课题的进一步深入研究提供了重要参考。

目前，学界在宋代地方政治制度层面有丰富的研究，如梅原郁《宋代官僚制度研究》、申采湜《宋代官僚制研究》、朱瑞熙《中国政治制度通史 · 宋代卷》、邓小南《宋代文官选任制度诸层面》、龚延明《宋代官制辞典》等论著，对宋代路、州、县各级机构的设置、人员编制和选任、职掌等都进行了研究。苗书梅《宋代官员选任和管理制度》论述了从官员的选拔、除授到选任官员中的一些重要规定，以及官员的考核、磨勘升迁、俸禄、致仕制度等内容，对研究宋代各级官员的管理具有重要参考意义[①]。此外，贾玉英、余蔚、贾文龙、王钟杰、官性根、赵龙、祁琛云、刁培俊、耿元骊等学者对宋代基层官僚体制与州、县诸多行政机构进行了较为细致与全面的梳理和分析。余蔚在其博士论文《宋代地方行政制度研究》中，运用行政学、历史地理等相关方法研究了宋代地方正式行政区划、行政组织设置及其职能、准行政区划组织及其职能、地方行政组织的内部管理、地方行政权力的再分配、两宋行政区划的比较等问题，在《中国社会科学》《历史研究》《文史》等发表了一系列高质量的研究成果[②]。关于路级机构设置及其职能的研究，从监察角度探讨宋代路级机构的如金圆《宋代监司制度述论》、莫家齐《具有特点的宋代监司巡检制度》、日本渡边久《宋初监司的形成》、青木敦《宋代监司的语义》等[③]。从行政制度角度研究的如李昌宪先生《宋代安抚使考》、李立《北宋安抚使研究——以陕西、河北路为例》、戴扬本《北宋转运使考述》、王晓龙《宋代提点刑狱司制度研究》、戴建国《宋代的提点刑狱司》、贾玉英《宋代提举常平司制度初探》、宋炯《宋代提举常平司的沿革与财政体系的变化》、许怀林《北宋转运使制度略论》、郑世刚《北宋的转运使》、汪圣铎《宋代转运

① 苗书梅：《宋代官员选任和管理制度》，开封：河南大学出版社，1996年。

② 余蔚：《宋代地方行政制度研究》，复旦大学2003年博士学位论文。余蔚相关论著还有《完整制与分离制：宋代地方行政权力的转移》（《历史研究》2005年第4期）、《两宋政治地理格局比较研究》（《中国社会科学》2006年第6期）、《分部巡历：宋代监司履职的时空特征》（《历史研究》2009年第5期）、《宋代的县级政区和县以下政区》（《历史地理》第21辑，上海人民出版社2006年版）。

③ 宋代转运司、提刑司、提举常平司等统称监司。参见金圆《宋代监司制度述论》[《上海师范大学学报》（哲学社会科学版）1994年第3期]、莫家齐《具有特色的宋代监司巡检制度》（《政法论坛》1989年第3期）、[日] 渡边久《宋初监司的形成》（《东洋史苑》1992年总第38卷）、[日] 青木敦《宋代监司的语义》（《历史学研究》第753号，2001年）。

使补论》等[①]。李之亮《宋代路分长官通考》对各时期路级机构长官的置罢情况及具体时间进行了详细的梳理，为相关统计研究奠定了基础[②]。

关于宋代州级行政组织及其职能的研究亦较为充分，如苗书梅《宋代知州及其职能》《宋代通判及其主要职能》对州府的主要行政长官的设置及执掌进行了考订，认为通判的出现是宋朝加强中央集权分化地方权力的重要手段[③]。苗书梅《宋代州级属官体制初探》对宋代州级属官及其选任与设置、主要职能等进行了考察，认为宋代地方行政属官人员减少，负责治安的巡检、税收的监当官数量则大量增加[④]。贾玉英《唐宋时期州僚佐体制变迁初探》对唐宋时期州级属官设置的变化及其原因进行了分析，提出僚佐设置更加注重司法事务的特点，而唐朝的属官分曹管理向宋代分类管理转变，分为幕职、诸曹两类官，对后世产生了深远影响[⑤]。贾文龙则从唐宋社会变革的大背景下对宋朝州级属官的设置、发展变化，特别是司法方面的职能进行了细致考证[⑥]。蒋文轩《宋代州制研究》是近年来研究宋代州级行政制度较为细致的论著，对宋代州的设置及行政等级的变化、机构官员选任、品级、俸禄、职能及相关管理举措，州与中央、路、县的关系等进行了研究。其对各层级机构间关系的探讨是通过司法、财政、教育相关职能的具体关系而展开的，较前此研究有新进展[⑦]。官性根《宋代成都府政研究》详细研究了两宋成都府的行

① 参见李昌宪《宋代安抚使考》（齐鲁书社 1997 年版）、李立《北宋安抚使研究——以陕西、河北路为例》（北京大学 1999 年博士学位论文）、戴扬本《北宋转运使考述》（上海古籍出版社 2007 年版）、王晓龙《宋代提点刑狱司制度研究》（人民出版社 2008 年版）、戴建国《宋代的提点刑狱司》［《上海师范大学学报》（哲学社会科学版）1989 年第 2 期］、贾玉英《宋代提举常平司制度初探》（《中国史研究》1997 年第 3 期）、宋炯《宋代提举常平司的沿革与财政体系的变化》（《安徽史学》2002 年第 1 期）、许怀林《北宋转运使制度略论》（载邓广铭、郦家驹等主编《宋史研究论文集》，河南人民出版社 1984 年版）、郑世刚《北宋的转运使》（载《宋史研究论文集》，河南人民出版社 1984 年版）、汪圣铎《宋代转运使补论》（《中国史研究》2004 年第 1 期）等。

② 李之亮：《宋代路分长官通考》，成都：巴蜀书社，2003 年。

③ 参见苗书梅《宋代知州及其职能》（《史学月刊》1998 年第 6 期）、《宋代通判及其主要职能》（《河北学刊》1990 年第 2 期）。

④ 苗书梅：《宋代州级属官体制初探》，《中国史研究》2002 年第 3 期。

⑤ 贾玉英：《唐宋时期州僚佐体制变迁初探》，《中州学刊》2012 年第 6 期。

⑥ 贾文龙：《卑职与高峰：宋朝州级属官司法职能研究》，北京：人民出版社，2014 年。

⑦ 蒋文轩：《宋代州制研究》，湖南师范大学 2010 年硕士学位论文。相关成果还有吴镇国《北宋府州行政制度研究》，福建师范大学 2009 年硕士学位论文。

政组织设置、官员选任，以及成都府在财经、司法、监察、治安、文化教育等方面的职能。张祥云《北宋西京河南府研究》则对河南府的行政机构设置、职能等进行了研究[①]。雷家圣《宋代监当官体系之研究》对广泛存在于中央和地方州县的各类监当官进行了细致的梳理，并探讨了其职能及对宋代政治、经济、社会等的影响[②]。苗书梅经过对史料的仔细梳理，认为北宋仁宗到神宗时期，全国的监当官总数在三千员左右，并以监当官为中心，考证了明州的地方官僚体制、人员数量和监当官的设置情况[③]。李之亮《宋代郡守通考》详细考证了宋代诸州府行政长官人员[④]。台湾师范大学彭慧雯的硕士学位论文《北宋幕职州县官研究》系目前对宋代幕职州县官研究最为细致的论著，从幕职州县官在宋之前的发展情况，到北宋幕职州县官设置、改革，相关职能和运转等进行了非常细致的勾勒，认为这一制度最初设置是为了加强中央集权，分散地方长官权力，也促进了司法、文化教育等相关事务的发展，但随着制度发展而产生流弊，改官的压力导致士人奔竞，无心地方政治，使得北宋后期地方制度趋于腐化[⑤]。苗书梅、郭红超、贾启红、杜桂英、冉勋、胡旭宁等对州县诸多武官也进行了深入细致的研究[⑥]。

关于县级行政机构及官员的研究，早期的如齐觉生《北宋县令制度之研究》《南宋县令制度之研究》，其对宋代文献中所出现的县的数量和等级进行

---

① 参见官性根《宋代成都府政研究》，成都：巴蜀书社，2010 年、张祥云《北宋西京河南府研究》，开封：河南大学出版社，2012 年。

② 雷家圣：《宋代监当官体系之研究》，台湾师范大学 2004 年博士学位论文，台北：花木兰文化出版社，2009 年。

③ 参见苗书梅《墓志铭在研究宋代官制中的价值——以北宋元丰改制以前监当官为例》（中国台湾《东吴大学学报》2004 年 6 月）、《两宋时期明州地方官僚体制研究——以监当官为中心的考察》（日本《高知大学学术研究报告人文科学编》第 55 卷，2006 年 12 月）。

④ 李之亮：《宋代郡守通考》，成都：巴蜀书社，2001 年。

⑤ 彭慧雯：《北宋幕职州县官研究》，台湾师范大学 2006 年硕士学位论文。

⑥ 参见苗书梅《宋代巡检初探》（《中国史研究》1989 年第 3 期）、《宋代巡检再探》（载邓小南主编《宋史研究论文集》，云南大学出版社 2009 年版）、郭红超《北宋地方统兵体制中的钤辖制度研究》（河南大学 2009 年硕士学位论文）、贾启红《北宋经略安抚使研究》（河北大学 2008 年硕士学位论文）、杜桂英《北宋前期的都部署》（四川师范大学 2003 年硕士学位论文）、冉勋《北宋前期地方统兵体制研究——立足于兵马都监的考察》（河南大学 2012 年硕士学位论文）、胡旭宁《宋代巡检制度研究》（河南大学 2006 年硕士学位论文）。

了统计，并分析了县级行政机构的设置、县令奖惩、考核、相关职能等问题[①]。张洪新《宋代县制探析》对宋代县的数量、等级变化等进行了统计，研究了县令、主簿等行政官员及胥吏的设置、品级、考核、职权等，并从整体上分析了宋代县级政府的职能，通过赋税征收和司法审判探讨了县级行政制度的运行[②]。李换平《宋代知县、县令带兵职能研究》对知县、县令兼管一县兵马都监，镇压民间反抗，抵御异族侵略等活动进行了研究[③]。对县级其他官员的研究还有如王钟杰《唐宋县尉研究》[④]、陆敏珍《宋代县丞初探》[⑤]、李立《宋代县主簿初探》、林煌达《宋代县衙主簿初探》等[⑥]。对南宋县衙行政事务的研究如吴业国《南宋县政研究》、刘鑫珺《明镜高悬——南宋县衙的狱讼》等。[⑦] 秦闻一对宋代县之下镇的设置进行了探讨，认为当时分为官监镇和非官监镇，并对镇官的设置、俸禄、选任、僚属、职能等进行了考订[⑧]。除了路、州、县各级政府官员之外，学界还对其中奔走忙碌的众多类型的胥吏、役人等进行了探讨，分析了其类别、职能、考核、升迁等问题，代表性的学

---

① 参见齐觉生《北宋县令制度之研究》（《台湾政治大学学报》1968 年总第 18 期）、《南宋县令制度之研究》（《台湾政治大学学报》1969 年总第 19 期）。

② 张洪新：《宋代县制探析》，山东大学 2010 年硕士学位论文。

③ 参见李换平《宋代知县、县令带兵职能研究》（《宜春学院学报》2011 年第 9 期）。相关成果还有邢琳《宋代知县、县令制度研究》（河南大学 2000 年硕士学位论文）、李换平《宋代知县、县令选任和迁转研究》（河南大学 2012 年硕士学位论文）。

④ 王钟杰：《唐宋县尉研究》，石家庄：河北大学出版社，2009 年。

⑤ 陆敏珍：《宋代县丞初探》，《史学月刊》2003 年第 11 期。

⑥ 李立：《宋代县主簿初探》，《城市研究》1995 年第 4 期。林煌达：《宋代县衙主簿初探》，《中国史学》第 14 卷，2004 年。

⑦ 吴业国：《南宋县政研究》，暨南大学 2008 年博士学位论文。刘鑫珺：《明镜高悬——南宋县衙的狱讼》，北京：北京大学出版社，2007 年。

⑧ 秦闻一：《宋代镇制考》，《史学月刊》1998 年第 5 期。

者如高美玲、苗书梅、祖慧、赵忠祥、林煌达、刁培俊等①。

总之，目前学界对宋代路、州、县行政机构的设置、官员职能、奖惩管理等制度层面研究较为充分，但在基层文官任职考证方面还比较薄弱，对各州、县任职的基层文官的姓名、任职时间、地点、官职等还缺乏全面的统计、整理和编纂，而这一基础性工作的开展，将为进一步深入研究宋代地方政治史、官僚制度史等打下坚实的数据基础，同时也有助于推动宋代人物研究、地方精英群体、士人网络等议题和相关数据库的建设。

本书系河北大学宋史研究中心“十三五”教育部人文社科重点研究基地重大项目结项成果之一，中心贾文龙研究员提供选题策划与指导，河北大学王晓龙研究员组织团队具体落实完成，参与本项目研究的团队成员包括中心常沁飞、牛晓旭、谢向辉、李垚、张定恒、杨林颖、王冬亚、王薇、寇欢、梁蕾等教师和研究生，本书出版获得河北大学宋史研究中心基地建设经费、中国史“双一流”学科建设经费等资助。在此，对关心、支持本课题研究和著作出版的学界专家、同事、同学表达衷心的感谢！也对负责本书编辑出版的人民出版社邵永忠编审表达诚挚的敬意。

① 参见高美玲《宋代的胥吏》（《中国史研究》1988 年第 4 期）、苗书梅《宋代州级公吏制度研究》[《河南大学学报》（社会科学版）2004 年第 6 期]、《宋代县级公吏制度初论》（《文史哲》2003 年第 1 期）、祖慧《论宋代胥吏的作用及影响》（《学术月刊》2002 年第 6 期）、《宋代胥吏溢员问题研究》（《中国史研究》1998 年第 3 期）、赵忠祥《宋代胥吏的职能浅析》[《河北师范大学学报》（哲学社会科学版）2001 年第 2 期]、魏峰《论衙前在北宋的转化》（《宁夏社会科学》2002 年第 6 期）、林煌达《北宋吏制研究》（中兴大学 1994 年硕士学位论文）、《南宋吏制研究》（中兴大学 2001 年博士学位论文）、刁培俊《两宋乡役与乡村秩序研究》（南开大学 2008 年博士学位论文）、梁金贵《宋代胥吏制度探微》（贵州大学 2008 年硕士学位论文）、鹿军《宋代县级公吏职务犯罪考察》（河北大学 2005 年学硕士位论文）。

凡 例

一、《宋代基层文官通考》各卷按宋代君主先后次序分卷排列，《目录》设计以每一帝王为一章，最多为十八章，各朝有相关人物记载则列，无记载则否。

二、卷首对本书所考基层文官设置、沿革、执掌、作用等内容进行简单介绍，使读者对相关职官有较为清晰的认识。

三、所有列入《通考》的职官人物，每人都撰有小传，包括姓名、字号、籍贯、生卒年、初授官、历任官，于所任基层文官事迹尤详，文末附上所引文献出处。一人担任多个基层文官职务时，以本书所考文官事迹为主，其他略之。一书中同姓名人物则以生年为序，标注（1）、(2)、(3）等以区别之。

四、职官人物小传中，在能够考证其担任基层文官时间时，则准确标注任官时间，同时附上所引文献为证；如无法考证出具体任官时间，则标注出大致任职时间段，注明“约某年至某年”，以便利读者使用。职官人物任期时间确实难以确认的，按照姓氏笔画附于本卷书末尾。

五、每书末列《索引》，对本书中所列全部职官人物以笔画为次序进行排列，并标注具体页码，如丁执中 128、丁兴祖 232 等，便于读者检索使用。全书各卷所列人物姓名，按照汉字笔画顺序排列，若首字笔画数相同，则依次按照次字、三字笔画类推，排列相关顺序。

六、每书职官人物小传所征引文献附于文末，文献出处注明所引书籍的朝代、作者、书名、卷次、篇名，并标注版本信息。

七、职官人物收录原则。上自五代宋初，下至宋末元初，凡在宋担任基层文官，文献、碑石有记载，确有事迹可录的历史人物均在收录范围。文学作品中的虚构人物均不收录。

八、职官人物姓名如有更易者，以常见姓名为主条。个别传主确实姓名难以考证的，以姓或字号立目，列于同时期人物之末。

九、职官人物生卒年均可考者予以注明，标注公元纪年，如王承业（886—962）；生年或者卒年不详者，加问号表示，如杨昂（1109—?）；生卒年不能肯定的加“约”，如郑伯熊（约1127—1181）。

目　录

宋代县丞简论

县丞是知县（县令）的首要佐官，主要负责协助知县（县令）处理日常政务。宋代县丞制度承继前代而来，呈现出职权不断扩大、设置与省废更加灵活等特点。宋代县丞主要职责有：推行常平免役、掌管农田水利、主管坑冶、催征赋税、审理刑狱、被檄外出、监督群吏等。本书共收录宋代县丞1026位，其中北宋太祖朝3位、太宗朝1位、真宗朝1位、仁宗朝15位、英宗朝5位、神宗朝22位、哲宗朝39位、徽宗朝132位、钦宗朝2位。南宋高宗朝210位、孝宗朝182位、光宗朝23位、宁宗朝170位、理宗朝121位、度宗朝26位、恭宗朝2位、端宗朝2位。另有时期未确定者69位。

一、宋代县丞的沿革

宋初，根据“省官”原则，各县鲜有设置县丞一职。仁宗时期，“置开封、祥符县丞各一员，仍令吏部诠注幕职、令录有出身人。时两赤县簿、尉多差出在外，县事颇失经理故也”①。这是有史书记载的宋代设置县丞的开端，但此前三朝根据史书记载，仍有一少部分地区设立了县丞一官，本书虽予收录，但持怀疑态度。

宋神宗时期，为支持王安石推行常平免役之法，朝廷放开对县丞设置的要求，诸县开始设立县丞一职。熙宁四年（1071）三月，根据编修申书条例

① （宋）李焘：《续资治通鉴长编》卷一〇四“天圣四年六月乙丑”条，第2413页。

所的请求，在“繁剧县分、主户两万户以上”的县“增置县丞一员，以幕职官或县令人充”①。此后直至哲宗时期，县丞的设置与省废皆围绕熙丰新法的开展与否而不断变动。哲宗时，尽废熙丰新法，元祐元年（1086）四月下诏：“应系因给纳常平、免役添置丞、簿，并行省罢。内县丞如委是事务繁剧，难以省罢处，令转运司存留，保明以闻。”② 把王安石变法时期增设的大部分县丞加以省废。宋徽宗时期，又复置县丞。

到了南宋，县丞的设置逐渐稳定下来。高宗建炎元年（1127），朝廷下诏保留仁宗嘉祐以前县丞的所有员额和主户万户以上的县丞，其余均罢去。宋宁宗嘉定以后，地域较小和人口较少的县一般不再设置县丞，而由主簿兼任。

二、宋代县丞的职责

宋代县丞主要职责有：推行常平免役、掌管农田水利、主管坑冶、催征赋税、审理刑狱、奉檄外出等。宋徽宗时期，蔡京的上书中提道：“农田如荒闲可耕凿，瘠卤可变膏腴，陆可为水，水可为陆之类；水利如陂塘可修，灌溉可复，积潦可泄，圩堤可兴之类；山泽如铜、铅、铁、锡、水银坑冶及林木可养，斤斧可禁，山荒可种植之类，县并置丞一员，以掌其事。”③ 南宋时期，楼钥在《新昌县丞厅壁记》中说：“追科谳狱，凡邑之寄大府下之县，必属令丞，谓之知佐，簿与尉或不预焉。侵官固所不敢，敢慢官乎？求丞之职，又自有常平雇役经制等缗钱，动以千万计。境内河渡水利等事固已不胜应，帅垣部使者萃于越，委以吏事，文符旁午，又时奉檄以走他郡。”④ 可见，县丞的设置有助于农田水利建设和矿冶开采。对于催征常年、雇役、经总制钱及应付朝廷一些临时公务也有积极作用。此外，宋代县丞还负有监督群吏的

① （清）徐松辑，刘琳、刁忠民、舒大刚、尹波等校点：《宋会要辑稿》职官四八之五三，第4351页。

② （宋）李焘：《续资治通鉴长编》卷三七五“元祐元年四月己亥”条，第9087页。

③ （清）徐松辑，刘琳、刁忠民、舒大刚、尹波等校点：《宋会要辑稿》职官四八之五三至五四，第4351页。

④ （宋）楼钥撰，顾大朋点校：《楼钥集》卷五五《记·〈新昌县丞厅壁记〉》，杭州：浙江古籍出版社，2010年，第1002页。

职责。

三、宋代县丞的地位

北宋自仁宗设置县丞之初，其任职者一般选用有出身的幕职、令录者充当，且规定其地位在主簿、县尉之上。神宗时，为了支持王安石推行新法，开始以京朝官知县丞，南宋时期朝廷升迁官员时，往往要求臣下有担任过县级基层亲民官的经历，如宋高宗时，朝廷规定："诏今后选人初改官，令吏部依法注知县、县丞差遣；奏补承务郎已上人，并须实历亲民知县、县丞一任，方许关升通判。"[①] 这种规定在一定程度上提升了县丞的地位。但是在实际的政务运行中，县丞往往并不具备与其名号相符的权力，且因为其官位较低、政务繁杂等原因，士人多不愿出任此职。

虽然朝廷规定县丞的地位在主簿和县尉之上，但在实际工作中，县丞并没有具体职掌，只是辅佐知县（县令）处理日常政务。同时，由于县丞处处受吏掣肘，在实际政务中不能有效地发挥其职能，常处于"名高而实卑"的地位。此外，俸禄问题也是导致县丞积极性下降的重要原因。

宋代县丞的设置与否是根据实际情况而做出的务实性调整，适应了变法改革的需要。宋代县丞的职责主要有推行常平免役、掌管农田水利、主管坑冶、催征赋税、审理刑狱、奉檄外出、监督群吏等。其主要以科举和恩荫入仕，除少量人员可以升迁较高官职外，大多数县丞终其一生都只能在幕职州县官序列中徘徊，直到致仕。宋代县丞虽面临权力掣肘、俸禄得不到保障等问题而处于"名高而实卑"的尴尬地位，但在处理县级地方政务过程中仍发挥着重要作用。

---

① （宋）李心传撰，胡坤点校：《建炎以来系年要录》卷一七三"绍兴二十六年六月戊申"条，北京：中华书局，2013 年，第 3314 页。

第一章　宋太祖朝（960—976）

张仁勇：**宋太祖建隆二年（961）摄福州闽县丞。**

【史料来源】

（宋）梁克家撰：（淳熙）《三山志》卷三四《寺观类二》，载《宋元方志丛刊》第8册，北京：中华书局1990年。

杨文逸（914—978）：字慕贤，建宁府建安县人。十余岁即解褐，试秘书省校书郎，未几丁副使君之忧，改右千牛卫胄曹参军，知建州仓事，除调补抚州南丰县主簿。

约宋太祖时期秩满拟常州武进县县丞。

转信州玉山县县令。邑有镇兵，兼总军政。府君宽以御下，明以照奸。流亡悉归，版图增羡。先甲发令，卒乘畏威。泮林革音，寇盗屏迹。境内大治，政声流闻。就加大理司直。太平兴国三年（978）卒，年六十五。

【史料来源】

（宋）杨亿：《武夷新集》卷八《故信州玉山令府君神道表》，福州：福建人民出版社2007年。

柳崇（928—980）：字子高，河东人，一作建阳人。十岁而孤，以儒学著名，五季末终身御布衣，称处士。

宋太祖时期王延政居镇州，闻其名，补延平府沙县丞。

宋朝中以子遗法当授官，戒其子曰："不可以奏请夺吾志。"及疾，革遗命曰："吾读圣人书，朝闻道，夕死可矣。毋得以浮屠法灰吾之身。"后累赠尚书工部侍郎。太平兴国五年（980）十一月卒，年六十三。子七人，多高就。

【史料来源】

（宋）王禹偁：《小畜集》卷三〇《柳府君墓志铭》，北京：北京图书馆出版社、国家图书馆出版社，2004年。

（明）黄仲昭修纂：（弘治）《八闽通志》卷六六《人物志·建宁府·宋》，福州：福建人民出版社，2006年。

第二章　宋太宗朝（976—997）

廖如壎：南剑州将乐人，太平兴国二年（977）登进士第。

约北宋太宗太平兴国时期授予县丞。

后知邵武军。

【史料来源】

（明）陈能修，（明）郑庆云、（明）辛绍佐纂：（嘉靖）《延平府志》卷一四《选举志·进士·宋》，载《天一阁藏明代方志选刊》，上海：上海古籍书店，1961年。

（明）李敏纂修：（弘治）《将乐县志》卷七《选举志·进士》，明弘治十八年（1505）刻本。

第三章　宋真宗朝（998—1022）

张极：**北宋真宗时期任零陵县县丞。**

神宗元丰六年（1083）任惠安县知县。

【史料来源】

（明）张岳纂：（嘉靖）《惠安县志》卷一一《秩官志·历官·宋知县》，载《天一阁藏明代方志选刊》，上海：上海古籍书店，1962年。

（明）王元弼修；（清）黄佳色等纂：（康熙）《零陵县志》卷之七《职官考·县丞·宋》，清康熙二十三年刻本。

第四章　宋仁宗朝（1023—1063）

上官拯：字公济，邵武军光泽县人。北宋仁宗庆历六年（1046）登进士第。

北宋仁宗时期任建宁县县丞。

有政声，调衡州录事参军。

【史料来源】

（宋）委心子撰，金心点校：《新编分门古今类事》卷一五《马拯同名》，北京：中华书局，1987年。

（明）夏玉麟等修，（明）汪佃等纂：（嘉靖）《建宁府志》卷五《官师志·县丞·宋》，厦门：厦门大学出版社，2009年。

马随（1024—1076）：字持正，濮州鄄城人。随受《春秋》于孙复，受《易》于石介，尤长于诗赋。皇祐中，春官第其文选首，以一字触禁罢，遂不复举，而以其学教授乡里。会诏举孝廉，众人共推举之，随恳辞，既无以易，遂虚其举，以季父忠州团练使任定海主簿，以政事称，当路者亟荐之，调合肥主簿。有田讼，积岁不决，以质诸父老，莫能知，君自临焉，曰吾得之矣，命阙地隐然有故划界处，众以为神。

北宋仁宗时期徙贵溪县县丞。摄铅山银场，课倍而不以规赏。

为人诚厚不苟容，所居官务奉法，后罢官至京师，熙宁九年（1076）三月卒，年五十三。

【史料来源】

（宋）晁补之撰：《鸡肋集》卷六六《贵溪县丞马君墓志铭》，长春：吉林出版集团，2005年。

刘放：字仪父，临江人，刘敞季弟。年七岁以先父恩补太庙斋郎，年二十二调河阴县主簿，再选为滑州司法参军，会滑州废为白马县，罢归。

北宋仁宗时期清溪县初增置丞，君以选授，终官之。

君幼敏锐，有性格，读书学文及为政效官皆有思，致亲旧誉之，上官倚任之，所治皆有声，民怀之。

【史料来源】

（宋）刘攽：《彭城集》卷三八《季弟清溪县丞墓志铭》，清《武英殿聚珍版丛书》本。

陆广（1000—1053）：字彦博，其先吴郡人，至其高祖时始迁至福州侯官县。天圣二年（1024）中进士甲科，任邵武军录事，改为徐州酒税税监。

约北宋仁宗初期任开封县县丞。

迁知尉氏县，后改任邛州。因母老求任近郡以便于奉养，得任泉州税监。后为泉州晋江县知县。寻迁御史台主簿，任集贤校理，外放为婺州知州。翌年，改为泉州知州。广源州蛮族侬智高叛乱，广上奏平乱方略，内召为三司判官，授京东提点刑狱。皇祐四年（1052）卒，年五十三。

【史料来源】

（宋）王安石：《临川集》卷九二《京东提点刑狱陆君墓志铭》，上海：上海人民出版社，1974年。

（宋）梁克家撰：（淳熙）《三山志》卷二六《人物类·科名·本朝》，载《宋元方志丛刊》第8册，北京：中华书局，1990年。

杨申：字宣卿，其先庐陵人，迁临江军新喻县。

北宋仁宗天圣二年（1024）登进士第乙科，授予上饶县县丞。

官光禄卿，论新法不合，出知济州，寻以中散大夫致仕。与苏明允、梅圣俞友善。吕大防表其居曰耆德坊。

【史料来源】

（宋）韩维：《南阳集》卷一七《职方郎中杨仲元杨申可并太常少卿》，文渊阁《四库全书》补配文津阁《四库全书》本。

（清）德馨，鲍孝光：（同治）《临江府志》一六《选举志上·进士》，清同治十年刻本。

陈佐：垫江人。

北宋仁宗天圣时期为巴陵县县丞。

【史料来源】

（明）钟崇文撰：（隆庆）《岳州府志》卷三，载《天一阁藏明代方志选刊》，上海：上海古籍书店，1963 年。

汪縠（1026—1105）：字次元，皇祐五年（1053）登进士第，任抚州宜黄县县尉，转泰州泰兴县县令。丁外艰，改建康节度推官。后任汉阳军汉阳县、润州金坛县知县。

北宋仁宗晚期任泉州晋江县县丞。

调太平州军事推官、庐州观察推官。家居十有二年，以致仕恩转通直郎，以覃恩转奉议郎，赐五品服。崇宁四年（1105）卒，享年八十。公尤善摄生，至老精神容貌不少衰。时与壮者角膂力，起步为笑乐，往往多不及。

【史料来源】

（宋）汪藻撰：《浮溪集》卷二四《奉议公行状》，清《武英殿聚珍版丛书》本。

（明）程敏政辑撰，何庆善、于石点校：《新安文献志》卷九一《先公观察奉议行状》，合肥：黄山书社，2004 年。

侯友彰：一作友章，字梦符，潭州衡山县人。北宋仁宗庆历六年（1046）登进士第，初授临武县县尉。

约北宋仁宗皇祐年间改桂林县县丞。

性廉介，居官十年，布衣蔬食，与寒士无异。有同年生访之，舆从绮丽，而友彰以粗茶淡饭待之。友人离开后，其子以贫约为羞愧，友彰曰："寇平仲位兼将相，而宅无楼台，彼何人也。"因为诗有"遗汝不如廉"之句，人皆传诵之。

【史料来源】

（清）陆心源撰，徐旭、李建国点校：《宋诗纪事补遗》卷一一《侯友彰》，太原：山西古籍出版社，1997年。

赵彦绾：字仲权，赵廷美七世孙。

北宋仁宗庆历三年（1043）官长洲县县丞。

【史料来源】

（宋）楼钥撰，顾大朋点校：《楼钥集》卷五十三《奉化县恕堂记》，杭州：浙江古籍出版社，2010年。

赵善罙：字深甫，太宗七世孙。

约北宋仁宗庆历年间为建宁府建安县县丞。

【史料来源】

（宋）韩元吉撰：《南涧甲乙稿》卷一六《书真清堂诗后》，北京：中华书局，1985年。

胡稷言：字正思，浙江永康人，兵部侍郎胡则从子。少受学于宋祁，得古法，长有志节，著时议，范仲淹称之，复受经学于胡瑗。

以特奏补官，北宋仁宗嘉祐时期为越州山阴县县丞，自以不能究其所施，遂乞致仕。

致仕后归于乡，筑圃凿池，追陶渊明之遗风，种五柳以名堂，清修寡欲，延纳后进，哺后不饮食，客坐萧然，一杯汤而已，年八十余，以清贫而终。子峄，字仲连，累举不仕，号如村老人，绍兴中卒，年七十九。

【史料来源】

（宋）范成大撰，汪泰亨等续修：（绍定）《吴郡志》卷二六《胡稷言》，载《宋元方志丛刊》第1册，北京：中华书局，1990年。

（清）王梓材、冯云濠编撰，沈芝盈、梁运华点校：《宋元学案补遗》卷一《县丞胡先生稷言》，北京：中华书局，2012年，第56页。

袁毂：越州新昌县人。北宋仁宗庆历二年（1042）登进士第。

北宋仁宗时期任开封府祥符县县丞。

【史料来源】

（明）张元忭撰：（万历）《绍兴府志》卷三三《选举志·进士·宋》，明万历刻本。

（明）田琯撰：（万历）《新昌县志》卷一〇《乡贤志·宋科甲》，明万历刻本。

韩公彦（1008—1059）：字师道，相州人，韩琦从子。天圣中以荫补郊社斋郎，调南仪州岑溪县主簿，再调楚州宝应县主簿。

北宋仁宗时期改任开封县县丞。

康定元年（1040）秋余任陕西经略安抚副使，授将作监主簿，签署保静军节度判官。北宋仁宗庆历三年（1043）夏任汝州叶县知县，转太常寺太祝，改任磁州武安县知县。庆历六年（1046）秋改大理评事，七年（1047）秋差通判怀州事，皇祐元年（1049）改光禄寺丞。二年（1050）春就移知荣州事，明堂恩迁大理寺丞。五年（1053）冬转太子右赞善大夫，知和州事。嘉祐元年（1056）冬改殿中丞。嘉祐四年（1059）正月卒，年五十二。

【史料来源】

（宋）韩琦撰，李之亮、徐正英笺注：《安阳集编年笺注》卷四六《侄殿中丞公彦墓志铭》，成都：巴蜀书社，2000年。

程昌言：常州武进县人。北宋仁宗景祐元年（1034）登进士第。

北宋仁宗时期任赤县丞。

【史料来源】

（宋）胡宿撰：《文恭集》卷一三《程昌言可秘书丞制》，北京：中国书店出版社，1775年。

（宋）史能之撰：（咸淳）《重修毗陵志》卷一一《文事·科名》，扬州：广陵书社，2005年。

李亢（1025—1074）：字伯起，丰城人，亦秉从子，晏殊甥。幼而端谨，元献奇之。北宋仁宗至和二年（1055）亢献遗表，以舅晏殊恩得试将作监主簿，历安仁县县尉、泉州司户、台州司法。

约北宋仁宗晚期任抚州临川县县丞，摄南丰县事。疏宿弊，理积逋，省徭役，平狱讼，政化大行，民皆赖之。

北宋神宗熙宁七年（1074）二月以病归卒。年五十。

【史料来源】

（宋）吕南公撰：《灌园集》卷一九《宋故抚州临川县丞李君墓志铭》，文渊阁《四库全书》本。

（清）许应锴、王之藩修；（清）曾作舟、杜防纂：（同治）《南昌府志》卷四十《人物·宋》，清同治十二年刻本。

第五章　宋英宗朝（1064—1067）

张乔：**南宋英宗治平时期任兴国县县丞。**

【史料来源】

（明）董天锡撰：（嘉靖）《赣州府志》卷七《秩官·兴国·县丞·宋》，载《天一阁藏明代方志选刊》，上海：上海古籍书店，1962年。

陈渊：婺州金华县人。北宋仁宗嘉祐六年（1061）登进士第。

约北宋英宗时期任温州永嘉县县丞。

【史料来源】

（明）王懋德等修，陆凤仪等编：（万历）《金华府志》卷一八《科第·宋进士》，北京：国家图书馆出版社，2014年。

（清）嵇曾筠：（雍正）《浙江通志》卷一二三《选举志·进士·宋》，上海：上海古籍出版社，1991年。

陈毅：字子中，长乐人。北宋英宗治平二年（1065）登进士第。

约北宋英宗时期累官福州长乐县县丞。

终朝散郎、知贺州。

【史料来源】

（宋）梁克家撰：（淳熙）《三山志》卷二六《人物类·科名·本朝》，载《宋元方志丛刊》第8册，北京：中华书局，1990年。

（清）陆心源撰，徐旭、李建国点校：《宋诗纪事补遗》卷一九《陈毅》，太原：山西古籍出版社，1997年，第413页。

周均：**北宋英宗时期任零陵县县丞。**

【史料来源】

（清）曾国荃：（光绪）《湖南通志》卷一一一《职官志二·宋一》，长沙：岳麓书社，2009年。

曾庠（1026—1076）：字明升，建昌军南丰县人，一作抚州临川县人。曾致尧孙，曾巩堂兄。少年自刻厉，好学，能文章，为人聪明敏达，有大志，不肯少屈。北宋仁宗嘉祐四年（1059）登进士第，初授邵州司理参军，治理狱讼能尽其情，迁衡州常宁县令，以才称。

北宋英宗时期转任福清县县丞，纪纲修举，吏人不敢犯，而民安之。有声显闻，荐者自许得人。

以秘书省著作佐郎致仕，熙宁九年（1076）十月卒，年五十一。

【史料来源】

（宋）曾巩撰，陈杏珍、晁继周点校：《曾巩集》卷四六《秘书省著作佐郎致仕曾君墓志铭》，北京：中华书局，1984年，第632—633页。

（明）杨渊纂：（弘治）《抚州府志》卷一八《科第·进士·宋》，载《天一阁藏明代方志选刊》，上海：上海古籍书店，1963年。

第六章　宋神宗朝（1068—1085）

史邈：字守易，常州武进县人，一说饶州浮梁县人。北宋神宗熙宁三年（1070）登进士第。

北宋神宗元丰时期权知都水监主簿、司农寺主簿、婺源县县丞。

史邈行端学博，王安石荐其才，神宗召对，大悦之，擢兵部郎中、太平州通判，后以议新法不合，退而授徒讲学，远近翕然从之，著有《易传》《春秋发微》，人号为江东夫子。

【史料来源】

（宋）李焘：《续资治通鉴长编》卷二八七“神宗元丰元年元月己巳”条，北京：中华书局，2004 年。

（宋）史能之撰：（咸淳）《重修毗陵志》卷一一《文事·科名》，扬州：广陵书社，2005 年。

刘安行：建宁府瓯宁县人。北宋神宗元丰五年（1082）登进士第。

约北宋神宗元丰时期为婺州兰溪县丞。

【史料来源】

（明）夏玉麟等修，（明）汪佃等纂：（嘉靖）《建宁府志》一五《选举志上·进士·宋》，厦门：厦门大学出版社，2009 年。

（明）黄仲昭修纂：（弘治）《八闽通志》卷四九《选举志·科第·建宁府·宋》，福州：福建人民出版社 2006 年。

刘日章：衡州人，北宋神宗元丰五年（1082）登进士第。

北宋神宗时期任零陵县县丞。

【史料来源】

（清）李瀚章·裕禄等编纂：（光绪）《湖南通志》卷一一一《职官志二·宋一》，长沙：岳麓书社，2009年。

张忱石等辑：《衡州府图经志·人物志》，载《永乐大典方志辑佚》第四册，北京：中华书局，1970年。

刘仲熊（1041—1082）：字子元，世家汶阳，后徙居郑，遂为郑人，刘袭礼子。少好学问，一举进士不中。以荫补太庙斋郎，调鄜州洛交县尉，再调开封府长垣县县尉，迁怀州防御推官，知蔡州平舆县。

未行，约北宋神宗时期改充开封府雍丘县县丞。

用荐改大理寺丞，开封府界提点司辟管勾文字，后诏为开封府推官。元丰五年（1082）十月卒，年四十二。

【史料来源】

（清）黄本诚纂：（乾隆）《新郑县志》卷二九《金石志·宋刘君墓志铭》，清乾隆四十一年（1776）刻本。

刘袐：兴化军莆田人。

北宋神宗元丰二年（1079）登进士第，为湖州乌程县县丞。

【史料来源】

（清）陆心源辑：《宋诗纪事小传补正》卷一《刘袐》，北京：中华书局1971年。

陈申之：**北宋神宗元丰七年（1084）由雄州防御推官、知楚州涟水县县丞转为河阳教授。**

仿宋敏求《河南志》编《相台志》十二卷。

【史料来源】

（宋）李焘：《续资治通鉴长编》卷四〇二“哲宗元祐二年六月甲午”条，北京：中华书局，2004年。

李处道：字深之，福唐人，李亚荀侄。性刚特，耿介不群。少孤贫，自力学问，记览淹博。工于文辞。某少时犹及见其赋篇，其文赡丽雄放，属比精切，一时望士皆慕与之游，名声绝辈行。五举于乡，治平四年（1067）登进士第。初调陈州南顿县县尉。任成州同谷县、处州缙云县、泉州德化县三县县令。

约北宋神宗时期任建州浦城县县丞。

约北宋神宗年间任南雄州始兴县县令。始兴县，岭外小邑，前令多以富归。公罢，无南中一物，束书而还。始兴人道之。终官兴国军录事参军，罢官，而子授为鄂州武昌县县尉，迎养于官。卒年七十五。有文集十卷藏于家。

【史料来源】

（宋）张耒撰：《张右史文集》卷六十五《李参军墓志》，《宋集珍本丛刊》第29册，北京：线装书局，2004年。

（宋）梁克家撰：（淳熙）《三山志》卷二六《人物类·科名·本朝》，载《宋元方志丛刊》第8册，北京：中华书局，1990年。

苏坚：字伯固，祖籍泉州，居住镇江府丹阳县人，翰林学士苏绅之后，苏衮子。

北宋神宗时期为钱塘县县丞，督开西湖。

哲宗时，历任临濮县主簿、监杭州在城商税、永丰县尉等职。徽宗时，曾任监韶州岑水银铜场，累官至建昌军通判，致仕而卒。苏坚喜诗赋，与苏轼唱和甚多。及轼从儋耳北归，犹作诗寄之，有“灵均一去楚江空，澧阳兰芷无颜色”之句。子苏庠，亦有名。

【史料来源】

（明）董斯张：（崇祯）《吴兴备志》卷二八《王巢征第二十四之二》，

阁《四库全书》本。

（清）李瀚章、裕禄等编纂：（光绪）《湖南通志》卷一六四《人物志五》，长沙：岳麓书社2009年。

苏嘉：字景谟，泉州府同安县人，熙宁初入太学。

北宋神宗元丰时期以荫补拱州襄邑县县丞。

约北宋哲宗年间任杭州富阳县知县。县故号繁剧，嘉至，究心民事，遂以大治。元符元年（1098），刘挚辟为诉理所勾管文字。历太学博士，迁太常博士，通判常州。崇宁三年（1104）入党籍，遂不复出。五年（1106），与监庙差遣。宣和三年（1121）致仕。靖康元年（1126）召用，而嘉已失明。建炎三年（1129），避寇卒于金坛。

【史料来源】

（宋）刘宰撰，王勇、李金坤校证：《京口耆旧传校证》卷四《苏颂》，镇江：江苏大学出版社，2016年。

（清）陆心源辑：《宋史翼》卷四《苏嘉传》，杭州：浙江古籍出版社2016年。

沈倚：湖州德清县人，北宋神宗熙宁九年（1076）登进士第。

约北宋神宗时期任常州无锡县县丞。

【史料来源】

（宋）刘弇撰：《龙云先生文集》卷三二《寿安县君张氏墓志铭》，文渊阁《四库全书》本。

（明）栗祁：（万历）《湖州府志》卷六《甲科·进士·宋》，载《天一阁藏明代方志选刊》，上海：上海古籍书店，1963年。

庐综：**北宋神宗时期任零陵县县丞。**

【史料来源】

（清）李瀚章、裕禄等编纂：（光绪）《湖南通志》卷一一一《职官志·

宋》，长沙：岳麓书社，2009 年。

吴絪（1056—1109）：字子进，钱塘县人。北宋神宗熙宁九年（1076）登进士第，除滁州司理参军，调应天府户漕，除太学正，升博士，教授齐州、苏州。召还，迁太常博士。

北宋神宗熙宁年间任县丞。

改屯田员外郎，转国子司业，召试制诰，称旨，超拜中书舍人。未几，以显谟阁待制之湖州。大观三年（1109）卒于官，年五十四。

【史料来源】

（宋）葛胜仲撰：《丹阳集》卷一二《朝奉大夫吴公墓志铭》，载《宋集珍本丛刊》第 32 册，北京：线装书局，2004 年。

钱即：字中道，世为开封人，徙居常州宜兴。北宋神宗熙宁九年（1076）登进士第，初授安州司理参军，移怀州推知。

约北宋神宗元丰时期任临安县县丞。

调福州观察推官，历知宣州、庆州，以龙图阁学士、正奉大夫致仕。谥忠定。

【史料来源】

（宋）杨时：《龟山集》卷三三《钱忠定公（即）墓志铭》，北京：中华书局，1985 年。

（宋）史能之撰：（咸淳）《重修毗陵志》卷一七《人物志二·本朝人物·钱即》，扬州：广陵书社，2005 年。

晁端仁（1035—1102）：字尧民，世家开封，后徙巨野，晁仲参子。通《易》《春秋》，洞达世务，尤妙于辞赋，晔然为山东名进士。再从乡书皆举首，声动京师。翰林学士滕甫、知制诰邵必见其试文而惊。时英宗谅阴罢临轩，遂由别试第二擢甲科。而公文实第一，以宋涣知名太学而跻焉，场屋汹汹为不平。约宋神宗年间初调常州司理参军，听决明甚。丁银青忧。银青精吏道，恤民隐。初通判舒州，免丧，调寿光县主簿。

约北宋神宗时期转定陶县县丞。

改著作佐郎，充河北籴便司勾当公事，迁秘书丞。初修官制，预讨论者皆一时文学士，而公在选中。时尚书右丞黄公履为御史中丞，又以御史荐公。除太仆丞。丁济南忧，免丧，充广济河辇运。改提举河北便籴粮草，计办如广济时。又改提举江淮铸钱事，以远丐罢。得知沂州，治尚安静。知寿州，又改知曹州。知徐州，改襄州、蔡州，皆未行。以崇宁元年（1102）七月丁亥终于家，年六十有八。即其年十月辛酉葬于济州任城县之鱼山。自佐著作，九迁为朝请大夫，勋柱国，服五品。有《易论》十卷，文集十卷。

【史料来源】

（宋）晁补之：《鸡肋集》卷六七《朝请大夫致仕晁公墓志铭》，《四部丛刊初编》本。

龚程：字信民，昆山人，龚宗元子。龚程幼年丧父，于墓庐苦读诗书。熙宁六年（1073）登进士第。

北宋神宗熙宁六年（1073）任西安县县丞。

转知桐庐县。少以淡泊自励，治家遵古仪法。程刚正自守，不怵于祸福，愤圣道之不明，极力排异端，家不设佛老像，祭祀不焚纸钱，读书南峰，攻苦食淡，手不尝释卷，精于记问，乡人号之为“有脚书橱”。

【史料来源】

（宋）范成大撰，（宋）汪泰亨等续修：（绍定）《吴郡志》卷二五《人物志》，载《宋元方志丛刊》第1册，北京：中华书局，1990年。

（元）陈世隆编，徐敏霞校点：《宋诗拾遗》卷六《龚程》，沈阳：辽宁教育出版社，2000年。

黄彦（？—1114）：字修中，平江府吴县人，熙宁中以王安石经说，与弟颉俱第进士。安石举为越州教授，迁瀛洲防御推官。转任崇德县知县。

北宋神宗时期任长兴县县丞，以省罢。

转任邛州浦江县知县。在任期间，清直明恕，民画像祠之。北宋哲宗绍圣年间任虹县知县。有庙吏讹言井蛇为龙，水能愈疾，彦以蛇磔死，妖乃不兴。又麦、秀两岐蝗不入境，时称有古循吏风。除楚州教授、宗正寺簿。北宋徽宗年间任富阳县县令，为政如前，时坐法免，管勾嵩山崇福宫，官至朝奉大夫致仕，政和四年（1114）卒。

【史料来源】

（清）陆心源撰，吴伯雄点校：《宋史翼》卷一九《黄彦传》，杭州：浙江古籍出版社，2016年。

黄群：字文中，福州侯官县人。北宋神宗熙宁三年（1070）登进士第。

约北宋神宗时期终文林郎利州路三泉县县丞。

【史料来源】

（宋）梁克家撰：（淳熙）《三山志》卷二六《人物类·科名·本朝》，载《宋元方志丛刊》第8册，北京：中华书局，1990年。

（明）黄仲昭修纂：（弘治）《八闽通志》卷四六《选举志·科第·福州府·宋》，福州：福建人民出版社，2006年。

程天民（1055—1086）：字行可，衢州开化县人。未冠举进士中甲科。后二年，以洪州司法参军充相州州学教授，迁瀛洲防御推官，升衢州西安县知县。

约北宋神宗元丰年间充饶州州学教授，丁外艰，服除，调信州贵溪县县丞。

元祐元年（1086）正月十三以疾卒，年三十二。

【史料来源】

（宋）陆佃：《陶山集》卷一六《贵溪县丞程君天民墓表》，北京：中华书局，1985年。

（明）程敏政辑撰，何庆善、于石点校：《新安文献志》卷九一《贵溪县丞程君天民墓表》，合肥：黄山书社，2004年。

程天秩（1064—1108）：字秩宗，衢州开化人，程天民弟。年幼时以父任为太庙斋郎。宋神宗时期调杭州新城尉。丁内艰，服除，为抚州司理参军，治狱审尽，平反者众。用其余力，又为一府所赖。迁婺州武义令。

约北宋神宗晚期终睦州建德县丞。

大观二年（1108）卒，年四十五。

【史料来源】

（宋）程俱撰：《北山小集》卷三一《儒林郎睦州建德县丞程君墓志铭》，载《宋集珍本丛刊》第33册，北京：线装书局，2004年。

董励：字敏中，赣州德兴人。北宋神宗元丰八年（1085）登进士第。

北宋神宗时期任县丞。后曾任通判。

【史料来源】

（明）陈策纂修：（正德）《饶州府志》卷二《学校志科贡附·乐平·进士》，载《天一阁藏明代方志选刊续编》，上海：上海书店出版社，1990年。

（清）汤慐修，（清）石景芬纂：（同治）《饶州府志》卷一四《选举志一·进士·宋》，上海：上海古籍出版社，2010年。

葛奉世：**北宋神宗熙宁六年（1073）八月由杭州钱塘县丞**迁太常寺奉礼郎，并充大理寺详断官。

【史料来源】

（宋）李焘：《续资治通鉴长编》卷二四六“神宗熙宁六年八月壬申”条，北京：中华书局，2004年。

蔡正：**北宋神宗时期任零陵县县丞。**

【史料来源】

（清）李瀚章、裕禄等编纂：（光绪）《湖南通志》卷一一一《职官志·宋》，长沙：岳麓书社，2009年。

第七章　宋哲宗朝（1086—1100）

马伸（？—1128）：字时中，一字时举，学者称东平先生，两宋之际东平府人。伸天资纯确，学问有原委，弱冠即登第。不乐驰骛，每调官，不择便利。

北宋哲宗绍圣四年（1097）登进士第，为成都郫县县丞。守委受成都租。前受输者率以食色玩好蛊訹而败，伸请绝宿弊。民争先输，至沿途假寐以达旦，常平使者孙傒早行，怪问之，皆应曰："今年马县丞受纳，不病我也。"傒荐于朝。

崇宁初，迁西京法曹。靖康初，为监察御史。高宗即位，擢殿中侍御史。建炎二年（1128），因上书抨击黄潜善、汪伯彦不法凡十七事，责监濮州监酒税，卒于道中。

【史料来源】

（元）脱脱等：《宋史》卷四五五《马伸传》，北京：中华书局，1977年。

（明）柯维骐撰：《宋史新编》卷一三八《马伸传》，台北：新文丰出版公司，1974年。

上官憕：字正平，绍武人，上官垲子。幼孤，从从父上官均学，北宋神宗元丰八年（1085）登进士第，初授溧阳县县尉，改新息县，迁濠州录事参军。

约北宋哲宗时期改永城县县丞。

憕历官十余年，廉正明决，虽不见知而决心不改，所治有声。

【史料来源】

（明）邢址修，（明）陈让纂：（嘉靖）《邵武府志》卷八《选举志·进士·宋》，载《天一阁藏明代方志选刊》，上海：上海古籍书店，1964 年。

（明）黄仲昭修纂：（弘治）《八闽通志》卷五二《选举志·科第·邵武府·宋》，福州：福建人民出版社，2006 年。

王京：王蘧子，母向氏为向敏中之曾孙女，向绶之女。**北宋哲宗元祐年间先后任通仕郎、常州无锡县丞。**

【史料来源】

郭茂育、刘继保编著：《宋代墓志辑释·宋故齐安郡君向氏（王蘧妻）墓志铭》，郑州：中州古籍出版社，2016 年。

郭茂育、刘继保编著：《宋代墓志辑释·宋故建安郡君张氏（王蘧妻）墓志铭》，郑州：中州古籍出版社，2016 年。

王爽：王蘧子，母向氏为向敏中之曾孙女，向绶之女。**北宋哲宗元祐年间先后任登仕郎、邢州内丘县丞。**

【史料来源】

郭茂育、刘继保编著：《宋代墓志辑释·宋故齐安郡君向氏（王蘧妻）墓志铭》，郑州：中州古籍出版社，2016 年。

郭茂育、刘继保编著：《宋代墓志辑释·宋故建安郡君张氏（王蘧妻）墓志铭》，郑州：中州古籍出版社，2016 年。

石公弼：字国佐，越州新昌人，石衍之孙。公弼初名公辅，徽宗以与杨公辅同名，改为公弼。登进士第，调卫州司法参军。

约北宋哲宗时期调涟水县县丞。供奉高公备纲舟行淮，以溺告。公弼曰："数日无风，安有是？"使尉核其所载，钱失百万。呼舟人物色之，乃公备与寓客妻通，杀其夫，畏事觉，所至窃官钱赂其下，故诡为此说。即收捕穷治，皆服辜。

转知广德县，召为宗正寺主簿。擢监察御史，进殿中侍御史。由右正言改左司谏。迁侍御史。大观二年（1108），拜御史中丞。徙太常少卿，迁起居郎，兼定王、嘉王记室。因星变言之，竟出京杭州。张商英入相，欲引为执政，何执中、吴居厚交沮之。以枢密直学士知扬州。改述古殿直学士、知襄州。蔡京再辅政，罗致其罪，责秀州团练副使，台州安置。逾年，遇赦归。卒，年五十五。后三岁，复其官。

【史料来源】

（宋）施宿等撰：（嘉泰）《会稽志》卷一五《人物志·侍从》，载《宋元方志丛刊》第7册，北京：中华书局，1990年。

（元）脱脱等：《宋史》卷三四八《石公弼传》，北京：中华书局，1977年。

许师古：**北宋哲宗时期任零陵县县丞。**

【史料来源】

（清）李瀚章、裕禄等编纂：（光绪）《湖南通志》卷一一一《职官志二·宋一》，长沙：岳麓书社，2009年。

张耒（1054—1114）：字文潜，号柯山，人称宛丘先生、张右史，楚州淮阴县人。幼颖异，十三岁能为文，十七岁时作《函关赋》，已传人口。游学于陈，学官苏辙爱之，因得从轼游，轼亦深知之，称其文汪洋冲淡，有一唱三叹之声。北宋神宗熙宁六年（1073）登进士第，历临淮主簿、寿安县尉。

北宋哲宗时期任咸平县县丞。

入为太学录，范纯仁以馆阁荐试，迁秘书省正字、著作佐郎、秘书丞、著作郎、史馆检讨。居三馆八年，顾义自守，泊如也。擢起居舍人。绍圣初，请郡，以直龙图阁知润州。坐党籍徙宣州，谪监黄州酒税，徙复州。徽宗立，起为通判黄州，知兖州，召为太常少卿，甫数月，复出知颍、汝二州。崇宁初，复坐党籍落职，主管明道宫。初，耒在颍，闻苏轼讣，为举哀行服，言者以为言，遂贬房州别驾，安置于黄。崇宁五年（1106），得自便，居陈州。晚监南岳庙，主管崇福宫，北宋徽宗政和四年（1114）卒，年六十一。建炎初，赠集英殿修撰。著有《柯山集》一百卷、《宛丘集》《柯山诗余》等。

【史料来源】

（宋）彭百川：《太平治迹统类》卷二八《祖宗科举取人·仁宗》，文渊阁《四库全书》本。

（元）脱脱：《宋史》卷四四四《张耒传》，北京：中华书局，1977年。

张汝明：字舜文，世为吉州庐陵人，徙居真州，张汝贤弟。汝明少嗜学，刻意属文，下笔辄千百言。北宋哲宗元祐六年（1091）登进士第，历卫真、江阴、宜黄、华阴四县主簿，杭州司理参军。

约北宋哲宗时期转亳州鹿邑县县丞。母病疽，更数医不效，汝明刺血调药，傅之而愈。江阴尉贫且病，市物不时予直，部使者欲绳以法，汝明为鬻橐中装，代偿之。华阴修岳庙，费巨财窘，令以属汝明。汝明严与为期，民德其不扰，相与出力佐役，如期而成。他庙非典祀、妖巫凭以惑众者，则毁而惩其人。滞州县二十年，未尝出一语干进，故无荐者。

大观中，改宣教郎。擢监察御史。尝摄殿中侍御史，即日具疏劾政府市恩招权，以蔡京为首。帝奖其介直，京颇惮之，徙司门员外郎，犹虞其复用，力排之，出通判宁化军。坐责监寿州麻步场。遇赦，签书汉阳判官。田法行，受牒按境内。时主者多不亲行，汝明使四隅日具官吏所至，而躬临以阅实，虽雨雪不渝，以故吏不得通贿谢，而税均于一路最。晚知岳州，属邑得古编钟，求上献，年五十四，卒于官。有《易索书》《张子卮言》《太究经》传于世。

【史料来源】

（元）脱脱等：《宋史》卷三四八《张汝明传》，北京：中华书局，1977年。

（明）盛仪辑：（嘉靖）《惟扬志》卷一九《人物志上·宋进士》，扬州：江苏广陵书社有限公司，2013年。

朱兴宗：越州山阴县人，北宋哲宗元祐三年（1088）登进士第。

约北宋哲宗时期任睦州青溪县县丞。

【史料来源】

（宋）李焘：《续资治通鉴长编》卷五〇四“哲宗元符元年十二月辛卯”条，北京：中华书局，2004年。

（宋）张淏撰：（宝庆）《会稽续志》卷六《进士》，载《宋元方志丛刊》第7册，北京：中华书局，1990年。

朱蒙正：字养源，邵武人，公少豪迈，年甫冠，始折节读书，下笔为文，语辄惊人。元丰八年（1085）登进士第，释褐调扬州江都县主簿，升南康军都昌县县令。其治都昌如江都，尤恶其下植党以倾善良，告诫弗从，即痛以法绳之，风俗为革。

约北宋哲宗时期丁母忧，服除，授衡州茶陵县县丞。

茶陵剧邑，久阙令，仓庾圮坏，吏缘为奸，租赋不时入，公至领县事。北宋哲宗元符三年（1100）任定州安喜县知县。约北宋徽宗朝任鼎州龙阳县县令。丁通议公忧。大观初，始雪正前事，复官。约北宋徽宗初年任开封府长垣县知县。未数月差通判火山军。秩满造朝，权司农寺丞，通判德顺军，赐五品服。政和四年（1114）秋，以疾乞致仕。政和八年（1118）夏得疾，至七月十二日不起，享年六十有四。

【史料来源】

（宋）李纲著，王瑞明点校：《李纲全集》卷一六七《宋故朝请郎朱公墓志铭》，长沙：岳麓书社出版社，2004年。

（清）陆心源撰，徐旭、李建国点校：《宋诗纪事补遗》卷二四《朱蒙正》，太原：山西古籍出版社，1997年。

吕汴：**约北宋哲宗时期任平江府吴县县丞。**

【史料来源】

（宋）李焘：《续资治通鉴长编》卷五一六“哲宗元符二年闰九月辛巳”条，北京：中华书局，2004年。

江淮：建宁府瓯宁县人，一作建阳人。元丰五年（1082）登进士第。初授南昌主簿。

约北宋哲宗初期改掖县县丞。

转知侯官县。签书邵武军判官，知漳州。

【史料来源】

（明）夏玉麟等修，（明）汪佃等纂：（嘉靖）《建宁府志》卷一五《选举志·进士·宋》，厦门：厦门大学出版社，2009年。

（明）黄仲昭修纂：（弘治）《八闽通志》卷四九《选举志·科第·建宁府·宋》，福州：福建人民出版社，2006年。

刘毅：字刚中，建宁府浦城县人。北宋哲宗元祐三年（1088）登进士第，调吉州吉水县县尉。

北宋哲宗时期转洪州丰城县县丞。

转知南丰县，裁抑税官恣横，后转知龙泉县。

【史料来源】

（明）夏玉麟等修，（明）汪佃等纂：（嘉靖）《建宁府志》一五《选举志·进士·宋》，厦门：厦门大学出版社，2009年。

（明）黄仲昭修纂：（弘治）《八闽通志》卷四九《选举志·科第·建宁府·宋》，福州：福建人民出版社，2006年。

吴宗胜：饶州余干县人。治《春秋》，北宋哲宗元祐六年（1091）登进士第，初授龙泉县县尉。

北宋哲宗绍圣二年（1095）转黄冈县县丞。

不久相继转知长山、泰宁、泰和三县。大观四年（1110）任邓州通判，以军储功，特授行光禄少卿直秘阁。

【史料来源】

（明）陈策纂修：（正德）《饶州府志》卷二《学校志科贡附·余干·进士》，载《天一阁藏明代方志选刊续编》，上海：上海书店出版社，1990年。

（清）汤惠修，（清）石景芬纂：（同治）《饶州府志》卷一四《选举志一·进士·宋》，上海：上海古籍出版社，2010年。

陈宽夫：**北宋哲宗时期任零陵县县丞。**

【史料来源】

（清）李瀚章、裕禄等编纂：（光绪）《湖南通志》卷一一一《职官志二·宋》，长沙：岳麓书社，2009年。

陈皓：**北宋哲宗元祐四年（1089）为杭州仁和县县丞。**

【史料来源】

（宋）李焘：《续资治通鉴长编》卷四三二“哲宗元祐四年八月乙丑”条，北京：中华书局，2004年。

李昭玘：字成季，巨野人。少与晁补之齐名，为东坡所知。擢进士第，徐州教授。用李清臣荐，为秘书省正字、校书郎，加秘阁校理。

北宋哲宗元祐元年（1086）任常州晋陵县县丞。

入为秘书丞、开封推官，俄提点永兴、京西、京东路刑狱，坐元符党夺官。徽宗立，召为左（右）司员外郎，迁太常少卿。韩忠彦欲用为起居舍人，曾布持之，布使山陵，命始下。为陈次升所论，出知沧州。崇宁初，诏以昭玘尝倾摇先烈，每改元丰敕条，倡从宽之邪说，罢主管鸿庆宫，遂入党籍中。居闲十五年，自号乐静先生。晚知歙州，辞不行。靖康初，复以起居舍人召，而已卒。绍兴初，追复直徽猷阁。

【史料来源】

（宋）李焘：《续资治通鉴长编》卷三八〇“哲宗元祐元年六月壬寅”条，北京：中华书局，2004年。

（元）脱脱等：《宋史》卷三四七《李昭玘传》，北京：中华书局，

1977年。

李新：字元应，自号跨鳌先生，仙井人。北宋哲宗元祐三年（1088）登进士第，刘泾尝将之推荐给苏轼。

北宋哲宗晚期累官承议郎南郑县县丞。

元符末年上书夺官，贬谪于遂州，大观三年（1109）遇到赦免而还。宣和中累官至郡二。有《跨鳌集》三十卷。

【史料来源】

（宋）晁公武撰，孙猛校证：《郡斋读书志校证》卷一九《别集类下》，上海：上海古籍出版社，1990年。

（清）厉鹗撰：《宋诗纪事》卷二六《李新》，上海：上海古籍出版社1983年。

林天锡：字仲彝，福州长溪县人。北宋哲宗元祐三年（1088）登诸科。

约北宋哲宗时期仕至温州永嘉县县丞。

【史料来源】

（明）闵文振著，林校生点校：（嘉靖）《宁德县志》卷八《科贡志·诸科》，福州：福建人民出版社，2015年。

（明）殷之辂修，朱梅等纂：（万历）《福宁州志》卷一〇《选举志下·诸科·宋》，载《日本藏中国罕见地方志丛刊》，北京：书目文献出版社，1990年。

周沔：字朝宗，苏州人。

北宋哲宗元祐三年（1088）登进士第，元祐时期官溧水县县丞。

【史料来源】

（宋）范成大撰，（宋）汪泰亨等续修：（绍定）《吴郡志》卷二八《进士题名》，载《宋元方志丛刊》第1册，北京：中华书局，1990年。

（清）冯桂芬撰：（同治）《苏州府志》卷五九《选举志·进士·宋》，南京：江苏古籍出版社，1991 年。

周谭（1065—1118）：字恭儒，京兆人，为当地望族，娶宗室仲玘之女，授假承务郎。元祐元年（1086）调凤州河池县尉，又为康定军鄜城县尉，获巨盗八人，归其功于县令，士大夫纪之。为凤翔府录事参军，监岷州长道县盐官镇，**为耀州云阳县丞**，丁外艰，服除，调兴州录事参军，屡迁承直郎，用荐章改通直郎，知耀州三原县，赐五品服，转奉议郎，擢通判梓州，未赴，改通判庆州，再除通判河中府。政和八年（1118）二月二十七日卒。

【史料来源】

何新所编著：《新出宋代墓志碑刻辑录・北宋卷》《周谭墓志（一一二四）》，北京：文物出版社，2019 年。

季复（1050—1110）：字晞颜，其先金陵人，徙临川。元丰八年（1085）登进士第。释褐，调歙州司户参军。北宋哲宗时期任徽州休宁县县令。又任黟县县令。哲宗年间用荐者六人改兴国军通山县令。哲宗年间任达州巴渠县县令。

北宋哲宗时期改节度推官知南康军建昌县县丞。

改宣德郎，任鄂州崇阳县知县。崇阳民悍吏奸，素号难治，凡为令者，多以罪去。惟张尚书咏，在任六年，善政可纪，民绘其像而祀之。徽宗即位，迁奉议郎，赐绯衣银鱼。用磨勘法，转承议郎，差通判南剑州事。转朝散郎，受代，赴部，以劳并转朝奉大夫，加飞骑尉，差知渠州军州事。大观四年（1110）八月以疾卒于家，享年六十。其为文章学西汉之法，而步骤规摹以韩愈欧阳修为师，有文集十卷。

【史料来源】

（宋）谢逸撰，夏汉宁主编：《〈溪堂集〉〈竹友集〉校勘》卷一〇《故朝奉大夫渠州使君季公行状》，广州：中山大学出版社，2011 年。

（清）王梓材、冯云濠编撰，沈芝盈、梁运华点校：《宋元学案补遗》卷二三《季先生复》，北京：中华书局，2012年。

范祖羲：成都府华阳县人，范百禄子。

北宋哲宗元祐时期登进士第，曾任雄州军事推官、开封府祥符县县丞。

【史料来源】

（宋）范祖禹：《范太史集》卷四四《资政殿学士范公（百禄）墓志铭》，文渊阁《四库全书》本。

（清）常明修，杨芳灿纂：（嘉庆）《四川通志》卷一二二《选举志·进士》，清嘉庆二十一年（1816）刻本。

姜周臣（1055—1111）：字仁辅，睦州建德人。北宋神宗元丰八年（1085）登进士第，授温州永嘉县尉，调江宁德化县尉，境内安然，民皆赖之，移衢州录事参军，断狱严明，辟监洪州丰城市易务。

北宋哲宗初期改任明州象山县县丞。

逢受宝恩，迁文林郎，数行令事，为政简易，人便安之。政和元年（1111）卒，年五十七。周臣善于画山水，得石田之遗意，下笔老健，阴晴浓淡，烟云缥缈，皆得其法，又善画牡丹，勾勒设色俱佳。

【史料来源】

（宋）陈公亮修，刘文富纂：（淳熙）《严州续志》卷一《登科记》，载《宋元方志丛刊》第5册，北京：中华书局，1990年。

（宋）葛胜仲：《丹阳集》卷一四《文林郎姜公（周臣）墓志铭》，《宋集珍本丛刊本》第32册，北京：线装书局，2004年。

姚素（1065—1116）：字安礼，渠江人。既冠，游太学，得试礼部，复不第。

约北宋哲宗时期调渠江县县丞。

后调遂宁司法，政和六年（1116）九月卒，年五十二。

【史料来源】

李国玲：《宋人传记资料索引补编·有宋儒林郎渠江姚安礼墓志铭》，成都：四川大学出版社，1994年。

赵措：**北宋哲宗元祐七年（1092）为奉天县县丞。**

【史料来源】

（元）李好文撰：《长安志图》卷中《高宗乾陵绘象记》，清《经训堂丛书》本。

郭三益：字慎求，常州人，一作秀州嘉兴县人。

北宋哲宗元祐三年（1088）登进士第，初授平江府常熟县县丞。

转任湖南安抚使。南宋高宗建炎元年（1127）十一月自试刑部尚书迁中大夫、除同知枢密院事。

【史料来源】

（宋）史能之撰：（咸淳）《重修毗陵志》卷一一《文事·科名》，扬州：广陵书社，2005年。

（元）脱脱等：《宋史》卷二一三《表四·宰辅表四》，北京：中华书局，1977年。

高元常（1042—1099）：字复明，符离人。君幼开敏，高魏孙，用魏恩为试将作监主簿，十岁能自力于学。初调滑州司户，用举者改京兆府司理，监沧州都作院。

北宋哲宗时期任嘉兴县县丞。嘉兴县剧，令不任事，则求持檄出旁郡，讼牒如山，君暂领其事。

迁忠武节度推官，知泰州录事，改宣德郎知鄞县事，以亲老不行。转通直郎任山阳县知县。县当江淮道，吏窘将迎賝事，而君优游办治，过者亦皆满意。在山阳三年，狱为七空。转奉议郎，服五品，勋武骑尉，又差监泗州粮科院，复以亲疾不行。元符二年（1099）三月庚辰卒于家，年五十八。

【史料来源】

（宋）晁补之：《鸡肋集》卷六五《奉议郎高君墓志铭》，长春：吉林出版集团，2005年。

（清）陆心源辑：《宋史翼》卷二〇《高元常传》，杭州：浙江古籍出版社，2016年。

翁邵：初名翁醇，字好德，南剑州顺昌县人。北宋哲宗元丰八年（1085）登进士第，博学工文，初授建宁府崇安县县尉。

北宋哲宗元祐时期迁福清县县丞。清慎方正，当路闻其名，欲罗致之，檄至公堂，尤责以苛礼，邵拂衣回。有弃官意，檄者愧，委曲慰安之。

已而以疾归乡里，县令俞伟大兴学校，屈邵主师席，邵牢让不出，友人杨时遗书敦譬，邵不获已而应之，数州之士负笈集，以儒学鸣于一时，官至宣教郎。

【史料来源】

（明）陈能修，（明）郑庆云、（明）辛绍佐纂：（嘉靖）《延平府志》卷一四《选举志·进士·宋》，载《天一阁藏明代方志选刊》，上海：上海古籍书店，1961年。

（明）夏玉麟等修，（明）汪佃等纂：（嘉靖）《建宁府志》卷六《名宦志·宋》，厦门：厦门大学出版社，2009年。

盛允升（1059—1116）：字德常，盛侨子，其先余杭人，徙睦州建德。元祐三年（1088），哲宗皇帝亲郊，遂以集贤公荫补太庙斋郎，调开封府酸枣县主簿。未赴，会集贤公捐舍馆，护丧归葬润州。卒丧，尉润之金坛，哀弗忘也。秩满，奉太夫人还居吴兴。属岁饥，盗斥境内，州将病之。

北宋哲宗晚期任苏州昆山县县丞。

崇宁元年（1102）官制行，授登仕郎。崇宁三年（1104），召至阙，改宣德郎、签判杭州。未几代回，摄开封府司刑曹事。迁通直郎、通判扬州。大观二年（1108），上躬受八宝，恩迁奉议郎。宋徽宗政和二年（1112），以旧领阶官司开封府户曹事。上所著《乐书》数万言，论辨古乐，所以析用中正之法甚悉。上嘉用之，改仪曹兼大晟府制造官。政和三年（1113），累迁朝请郎。九月燕乐成，特恩迁朝奉大夫。逾月，赐服三品，皆异数也。政和四年（1114），迁朝散大夫。俄得请知秀州。政和五年（1115），迁朝请大夫。政和六年（1116）卒。

【史料来源】

（宋）沈与求：《沈忠敏公龟溪集》卷一二《朝请大夫盛公行状》，载《宋集珍本丛刊》第39册，北京：线装书局，2004年。

（明）董斯张：（崇祯）《吴兴备志》卷一三《寓公征第七》，文渊阁《四库全书》本。

黄赍：字仲实，建州浦城县人。北宋哲宗元祐六年（1091）登进士第，初授赣县县尉。

北宋哲宗时期任宣城县县丞。

调隆兴府奉新县县令，不赴。少尝著《易传》，推明大衍之数，时号为精确。

【史料来源】

（明）夏玉麟等修，（明）汪佃等纂：（嘉靖）《建宁府志》卷一五《选举志上·进士·宋》，厦门：厦门大学出版社，2009年。

（明）黄仲昭修纂：（弘治）《八闽通志》卷四九《选举志·科第·建宁府·宋》，福州：福建人民出版社，2006年。

葛书思（1032—1104）：字进叔，晚号虚游子，江阴人。北宋神宗熙宁六年（1073）登进士第，初授建德县主簿。以志行荐为泗州教授，弗就。居父丧，哀毁骨立，盛暑不释苴麻，终禫不忍去冢舍。累年，乃出仕，历封丘县主簿。

约北宋哲宗时期转涟水县县丞。

时兄书元为望江县县令，同隶淮南监司，有舍兄而荐己者，移书乞改荐，兄不许，则封檄还之。其笃行类皆若此。仕至朝奉郎，亦告老，父子归休皆不待年。卒，年七十三，特谥曰清孝，封温国公。子胜仲，孙立方，皆以学业至侍从，世为儒家。著有《安遇集》十卷。

【史料来源】

（宋）葛胜仲撰：《丹阳集》卷一五《葛书思行状》，载《宋集珍本丛刊》第32册，北京：线装书局，2004年。

（明）赵锦修，（明）张衮纂，刘徐昌点校：（嘉靖）《江阴县志》卷一七《列传·乡贤·宋》，上海：上海古籍出版社，2011年。

湛执中：字适权，永福县人，北宋哲宗绍圣元年（1094）登进士第。

北宋哲宗时期终官从事郎南顿县县丞。

【史料来源】

（明）黄仲昭修纂：（弘治）《八闽通志》卷四六《选举志》，福州：福建人民出版社，2006年。

（清）陆心源撰，徐旭、李建国点校：《宋诗纪事补遗》卷三〇《湛执中》，太原：山西古籍出版社，1997年，第680页。

曾迪：**北宋哲宗时期任零陵县县丞。**

【史料来源】

（清）李瀚章、裕禄等编纂：（光绪）《湖南通志》卷一一一《职官志二·宋一》，长沙：岳麓书社，2009年。

褚庭坚：字季长，润州金坛县人。

北宋哲宗元祐六年（1091）登进士第，授繁昌县丞，庭坚弃官不任，时人高其隐操。

【史料来源】

（宋）刘宰撰，王勇、李金坤校证：《京口耆旧传校证》卷八《褚籍》，镇江：江苏大学出版社，2016年。

（元）俞希鲁编撰，杨积庆、贾秀英等校：（至顺）《镇江志》卷一八《科举志·土著》，南京：凤凰出版社，1999年。

傅楫：字元通，兴化军仙游县人。少自刻厉，从孙觉、陈襄学。北宋神宗治平四年（1067）登进士第，调扬州司户参军，摄天长令，发擿隐伏，奸猾屏迹。

北宋哲宗时期转福清县县丞，受郡守曾巩重视，巩弟布方执政，由是荐楫为太常博士。

升知龙泉县。除太学博士，居四年，未尝一迹大臣门。既满，径赴铨曹。徽宗以端王就资善堂学，择师傅为说书，升楫记室参军，进侍讲、翊善。中人莅事于府者，多与官僚狎，楫独漠然不可亲，一府严惮之。五年不迁。邹浩得罪贬，楫以赆行免官。徽宗即位，召为司封员外郎，历监察御史、国子司业、起居郎，拜中书舍人。年六十一卒。

【史料来源】

（宋）汪藻撰：《浮溪集》卷二六《傅（公）楫墓志铭》，清《武英殿聚珍版丛书》本。

（元）脱脱等：《宋史》卷三四八《傅楫传》，北京：中华书局，1977 年。

楼光：明州鄞县人，楼郁之子。北宋神宗熙宁九年（1076）年登进士第。元丰时期任浦江县县尉。后调为无为州判官。

约北宋哲宗时期任仁和县县丞。

绍圣时为濠州团练推官，后宰畿县。不惧上级威势，罢去。不久后卒。

【史料来源】

（宋）张津撰：（乾道）《四明图经》卷一二《进士题名记》，载《宋元方志丛刊》第 5 册，北京：中华书局，1990 年。

（宋）慕容彦逢：《摛文堂集》卷七《宣德郎楼光转一官制》，文渊阁《四库全书》本。

晏防（1053—1100）：字宗武，临川人。丞相晏殊侄孙，其母乃王安石夫人之妹。幼学于王荆公，以恩补将仕郎，试将作簿，历江州德安县县尉、抚州崇仁县主簿、南康军都昌县县令。

北宋哲宗时期任万载县县丞。

终官通仕郎。防宽厚好学，安于义命，甘于清贫，为县丞时欲归乡探亲而苦无盘费，故遣家奴致米乃得归。大观四年（1110）二月二十日客死京师，年四十八。有《侯门集》十卷、《俱胝集》一卷。

【史料来源】

（宋）谢逸撰，夏汉宁主编：《〈溪堂集〉〈竹友集〉校勘》卷九《晏宗武墓志铭》，广州：中山大学出版社，2011 年。

（清）黄宗羲撰，（清）全祖望补修，陈金生、梁运华点校：《宋元学案》卷九八《县丞晏先生防》，北京：中华书局，1986 年。

穆翚（1064—1112）：字彦翔，齐州章丘人。宋哲宗元祐末登通礼科，以荫补官，历衢州司法参军、监郓州酒。

北宋哲宗时期任淄州长山县及黎阳县县丞。

转怀州防御判官，未赴，致仕，授宣德郎。起家掾曹，司法衢州。判官怀州，将赴复止，曰予休哉，遂致其事。历阶幕府、文儒二林。政和二年（1112）六月，以疾终于齐州章丘县里第。年四十九。九月庚申，葬龙盘乡女郎山之原。

【史料来源】

（宋）刘跂撰《学易集》卷八《穆府君墓志铭》，文渊阁《四库全书》本。

蔡康国（1072—1119）：字儒效，筠州新昌人。熙宁五年（1072）四月丙子生。登绍圣元年（1094）进士科，初授洪州南昌县主簿。

北宋哲宗时期任舒州太湖县县丞。

历饶州知录，后转宣教郎，监在京粳米界，知临江军临淦县，转奉议郎。岁满，差知邵武军邵武县。未行，宣和元年（1119）六月卒，年四十八。

【史料来源】

（明）熊相：（正德）《瑞州府志》卷八《选举志·科第》，载《天一阁藏明代方志选刊续编》，上海：上海书店出版社，2014年。

陈柏泉编：《江西出土墓志选编·宋故奉议郎新差邵武军邵武县事管勾学事管勾劝农公事蔡公（康国）墓志铭》，南昌：江西教育出版社，1991年。

第八章 宋徽宗朝（1101—1125）

丁广：兴化军莆田县人，丁景常弟。

北宋徽宗宣和三年（1121）登进士第，历临安府仁和县县丞。

【史料来源】

（明）黄仲昭修纂：（弘治）《八闽通志》卷五三《选举志·科第·兴化府·宋》，福州：福建人民出版社，2006年。

（明）何乔远：《闽书》卷一〇五《英旧志·兴化府·莆田县·科第·宋》，福州：福建人民出版社，1994年。

王公恕：**北宋徽宗大观年间前后任褒信县丞**。其妻为舒之翰长女。

【史料来源】

郭茂育、刘继保编著：《宋代墓志辑释·宋故仁和县君王氏（舒之翰妻）墓志铭并序》，郑州：中州古籍出版社，2016年，第431页。

王居正（1087—1151）：字刚中，号竹西先生，扬州江都县人。少嗜学，工文辞。北宋徽宗宣和三年（1121）登进士第二人。未几，服太夫人丧，筑室墓左，疏食水饮，尽三年，里人始识古丧礼。

约北宋徽宗宣和六年（1124）调饶州安仁县丞、荆州教授，皆不赴。

大名、镇江两帅交辟教授府学，亦不就。除太常博士，迁礼部员外郎。试太常少卿兼修政局参议。出知婺州。召为太常少卿，迁起居舍人兼权中书舍人、史馆修撰。兼权直学士院，又除兵部侍郎。出知饶州，寻改吉州。南宋高宗绍兴二十一年（1151）卒，年六十五。著有《春秋本义》十二卷、《春秋本义》、《孟子疑难》十四卷、《西垣集》五卷、《书辨学》十三卷、《诗辨学》二十卷、《周礼辨学》五卷、《辨学外集》一卷等。居正仪观丰伟，声音洪畅。奉禄班兄弟宗族，无留者。郊祀恩以任其弟居厚，及卒，季子犹布衣。其学根据“六经”，杨时器之。

【史料来源】

（宋）李心传撰，胡坤点校：《建炎以来系年要录》卷一〇一“高宗绍兴二十一年十月乙未”条，北京：中华书局，2013年。

（元）脱脱等：《宋史》卷三八一《王居正传》，北京：中华书局，1973年。

王明哲：字季通，汀州府长汀县人，王逸子。北宋徽宗大观三年（1109）登进士第，任南剑州法曹参军。

约北宋徽宗中期终官邵武军邵武县县丞。

【史料来源】

（明）解缙编：《永乐大典》卷七八九四《临汀府·进士题名》，北京：中华书局，1986年。

（明）邵有道：（嘉靖）《汀州府志》卷一三《人物志·进士·宋》，载《天一阁藏明代方志选刊续编》，上海：上海书店出版社，1990年。

王彦隆（1078—1128）：字仲礼，江州德安人，以季父厚任补承务郎，官七迁至朝奉郎，赐五品服。历任陈州湖城县尉，汝州司刑曹掾，熙河兰会路安抚司干当公事，丁内艰不赴。

北宋徽宗晚期监无为军酒税，不厘务，任河宁府永宁县县丞。

南宋高宗建炎二年（1128）任河南县知县。建炎二年七月以疾卒，享年五十一。

【史料来源】

（宋）王洋：《东牟集》卷一四《右朝奉郎王公墓志》，文渊阁《四库全书》本。

王庭珪：字民瞻，吉州安福县人。

北宋徽宗政和八年（1118）登进士第，授衡州茶陵县县丞。以上官不合，弃官去，隐居卢溪者五十年，自号卢溪真逸少。

南宋孝宗乾道六年（1170）再召赴阙，特初直敷文阁。

【史料来源】

（宋）杨万里撰，辛更儒笺校：《杨万里集笺校》卷八〇《卢溪先生文集序》，北京：中华书局，2007年。

（宋）李心传撰，胡坤点校：《建炎以来系年要录》卷一五九“高宗绍兴十九年六月丁巳”条，北京：中华书局，2013年。

王登（1066—1126）：赐名王因，字廷锡。婺州金华县人。公幼孤困穷痛，自奋激学问，既长，名通经能文词，远近学子请业者甚众。北宋徽宗政和二年（1112）登进士第。

约北宋徽宗政和年间任衢州盈川县、楚州涟水县二县县丞。

升越州诸暨县知县，宣和年间任潭州湘潭县知县。迁奉议郎，逢天子践祚恩，迁承议郎。所到之处皆有政绩，民甚感恩。湘潭官期满，逾年无趋治意。靖康元年（1126）四月某甲子逝，年六十一。

【史料来源】

（宋）葛胜仲：《丹阳集》卷一三《承议郎王公墓志铭》，载《宋集珍本丛刊》第32册，北京：线装书局，2004年。

（宋）楼钥撰，顾大朋点校：《楼钥集》卷九十《少师观文殿大学士鲁国公致仕赠太师王公行状》，杭州：浙江古籍出版社，2010年。

王震（1079—1146）：字东卿，开封人。登宋徽宗大观三年（1109）上舍第，注均州司法参军，提举曾弼爱其才，荐为教官。

北宋徽宗政和四年（1114），调太原阳曲县县丞。

政和七年（1117）改京秩，为坊州教授。宣和三年（1121），为京西转运司主管文字。宣和七年（1125），改鄜延路经略司主管机宜文字。后除判西京国子监。绍兴元年（1131），应荆南镇抚使辟，为参谋。绍兴六年（1136），知沅州。绍兴八年（1138），除湖南转运判官。绍兴十三年（1143），再为湖北转运判官。绍兴十六年（1146）七月一日无疾而终，享年六十八，历官至左朝请大夫。王震幼而慧，不嬉游，年七岁得欧阳公《五代史》，一读辄成诵。通亮纯厚，不汲汲进取，廉洁自持，诚心好善，有文集二十卷。

【史料来源】

（宋）胡寅：《斐然集》卷二六《左朝请大夫王公墓志铭》，文渊阁《四库全书》本。

方适：字彦周，兴华军莆田县人。北宋哲宗元符三年（1100）特奏名登进士第。

北宋徽宗初期任福清县县丞。

入元祐党籍。终宣义郎。

【史料来源】

（宋）李俊甫撰：《莆阳比事》卷四，清嘉庆《宛委别藏》本。

（明）黄仲昭修纂：（弘治）《八闽通志》卷五二《选举志·科第·兴化府·宋》，福州：福建人民出版社，2006 年。

方洙：字圣德，一字圣傅，徽州婺源县人，一说饶州浮梁县人。北宋哲宗元符三年（1096）登进士第。

北宋徽宗崇宁五年（1100）为宣德郎、知县丞，管勾学事。

【史料来源】

（宋）罗愿撰：（淳熙）《新安志》卷八《进士题名》，载《宋元方志丛刊》第 8 册，北京：中华书局，1990 年。

（明）陈策纂修：（正德）《饶州府志》卷二《学校志科贡附·余干·进

士》，载《天一阁藏明代方志选刊续编》，上海：上海书店出版社，1990年。

方符：兴化军兴化县人，偕从子，北宋徽宗崇宁二年（1103）登进士第。**北宋徽宗早期任泉州府同安县县丞。**

【史料来源】

（明）黄仲昭修纂：（弘治）《八闽通志》卷五二《选举志·科第·邵武府·宋》，福州：福建人民出版社，2006年。

（明）何乔远：《闽书》卷九四《英旧志·建宁府·瓯宁县·科第·宋》，福州：福建人民出版社，1994年。

仇悆（？—1134）：字泰然，益都人。宋徽宗大观三年（1109）登进士第，授邠州司法，谳狱详恕，多所全活。为邓城令，满秩，耆幼遮泣不得去。徙武陟令，属朝廷方调兵数十万于燕山，悆馈饟毕给。

北宋徽宗时期调任高密县县丞。俗尚嚚讼，悆摄县事，剖决如流，事无淹夕，民至怀饼饵以俟决遣。猾吏杨盖每阴疏令过，胁持为奸，悆暴其罪黥之，无不悦服。

转邠州阙司录，命悆摄事。南迁，丁母忧。服除，知建昌军，入为考功员外。后迁右司及中书门下检正诸房公事，俄为沿海制置使。后主管太平观。以淮西宣抚知庐州。后加徽猷阁待制。后改浙东宣抚使、知明州，进秩一等。后进直学士，为湖南安抚使。数月，召还，加宝文阁学士、陕西都转运使。后以左朝奉郎、少府少监分司西京，全州居住。起知河南府，未行。乃复待制，再知明州，改知平江府。后提举太平观。积官至左朝议大夫，爵益都县伯。卒，赠左通议大夫。

【史料来源】

（宋）楼钥，顾大朋点校：《楼钥集》卷五十五《沿海制置司参议厅壁记》，杭州：浙江古籍出版社，2010年。

（元）脱脱等：《宋史》卷三九九《仇悆传》，北京：中华书局，1977年。

史才：字德夫，一字闻道，明州鄞县人。北宋徽宗政和八年（1118）登进士第。

北宋徽宗时期任处州遂昌县县丞。方腊起义，攻陷遂昌，官吏惊溃，史才又召集兵勇，克服遂昌，民皆德之。

高宗绍兴十七年（1147）为国子监主簿、右谏议大夫。绍兴二十三年（1153）任权参知政事，二十四年（1154）任端明殿学士、参知政事兼签书枢密院事。赠三世为东宫三少。史才未著文集，仅有诗三首存于世，皆收录于董沛《甬上宋元诗略》。

【史料来源】

（宋）王洋：《东牟集》卷七《史才国子监主簿制》，文渊阁《四库全书》本。

（宋）李心传撰，胡坤点校：《建炎以来系年要录》卷一五六“高宗绍兴十七年十一月戊辰”条，北京：中华书局，2013 年。

石公揆：字道任，一作道佐，越州新昌县人，石景衡子，治《周礼》。

北宋徽宗政和二年（1112）上舍及第，初授华亭县县丞。

高宗时，曾任太常博士，侍御史，终左宣教郎。追复直龙图阁。

【史料来源】

（宋）施宿撰：（嘉泰）《会稽志》卷一五《人物志·侍从》，载《宋元方志丛刊》第 7 册，北京：中华书局，1990 年。

（宋）陈骙：《南宋馆阁录》卷八《官联下》，北京：中华书局，1998 年。

叶庭珪：一作廷珪，字嗣忠，号翠岩。建宁府瓯宁县人。

北宋徽宗政和五年（1115）登进士第，授武邑县县丞。

历太常寺丞、兵部郎中，仕至左朝请大夫，与秦桧不和，出知泉州、漳州。

【史料来源】

（宋）李心传撰，胡坤点校：《建炎以来系年要录》卷一五二“高宗绍兴十四年八月甲申”条，北京：中华书局，2013 年。

（明）夏玉麟等修，（明）汪佃等纂：（嘉靖）《建宁府志》卷一五《选举志·进士·宋》，厦门：厦门大学出版社，2009 年。

田积中（1074—1135）：以父田待问恩补太庙斋郎，靖康时期覃恩，加承议郎，八迁至右朝奉郎。初调蕲州罗田县尉。

约北宋徽宗晚期调舒州望江县县丞。

监蕲州在城酒税。迁颍昌府阳翟县知县，宿州灵璧县知县，监泰州如皋县盐场，知泰州海陵县，通判扬州平江军府。绍兴五年（1135）卒，年六十二。

【史料来源】

《田积中墓志》，载北京图书馆金石组编《北京图书馆藏中国历代石刻拓片汇编》第 43 册，郑州：中州古籍出版社，1989 年。

吕丕问：宋徽宗朝登进士第。宣和五年（1123）任朝奉郎、**知孟州河阳县丞**。绍兴五年（1135），迁左朝请大夫、工部员外郎。绍兴六年（1136）九月，以右朝请大夫知处州。

【史料来源】

（宋）李心传撰，胡坤点校：《建炎以来系年要录》卷九二、卷一〇五，北京：中华书局，2013 年。

何新所编著：《新出宋代墓志碑刻辑录·北宋卷·张好礼座化铭（一一二三）》，北京：文物出版社，2019 年。

孙杞（1073—1137）：字德发，常州晋陵县人，大观三年（1109）试上舍赐出身，授将仕郎任济州运城县主簿。

北宋徽宗初期秩满，调太原府文水县县丞，遭宜人丧，去位，服除，改从政郎任商州丰阳县县令。北宋徽宗宣和五年至七年（1123—1125）用举者改宣教郎任徽州婺源县知县。七年（1125）转奉议郎。钦宗即位，迁承议郎。

高宗即为迁朝奉郎，赐五品服。绍兴三年（1133）转朝散郎、主管亳州明道宫。五年（1135）转朝请郎。绍兴七年（1137）卒，年六十五。

【史料来源】

（宋）孙觌：《鸿庆居士集》卷三三《宋故左朝请郎主管亳州明道宫孙公墓志铭》，文渊阁《四库全书》本。

孙伟：**北宋徽宗时期任零陵县县丞。南宋高宗时期任武陵县县丞。**

【史料来源】

（清）曾国荃：（光绪）《湖南通志》卷一一一《职官志二·宋一》，长沙：岳麓书社，2009年。

孙畋（1080—1151）：字无逸，常州武进人。政和二年（1112）试上舍第，授登仕郎泗州司工曹事，七年（1117）升文林郎除郑州州学教授，宣和四年（1122）用荐者改宣教郎、监太医局熟药所。坐小法，贬秩一等。

北宋徽宗宣和六年（1124）任宣州南陵县县丞。

南宋高宗绍兴元年（1131），知钱塘县，以谗谤免官，差建宁府粮科院，未赴。改知湖州安吉县，历签书镇江判官，就除提举江南东路茶盐事，所治皆有绩，以朝议大夫致仕。畋冲淡寡言，守法如山，人不可夺。绍兴二十一年（1151）八月戊子感疾卒，官至左朝请大夫，享年七十二。

【史料来源】

（宋）孙觌：《鸿庆居士集》卷三五《宋故左朝议大夫致仕孙公墓志铭》，文渊阁《四库全书》本。

（明）董斯张：（崇祯）《吴兴备志》卷七，文渊阁《四库全书》本。

孙荩（1084—1164）：字道祖，镇江丹徒人。政和五年（1115）以上舍擢第，任平州繁昌主簿。

北宋徽宗宣和年间转庐州合肥县县丞。

调饶州鄱阳县监，屡迁至知兴化军，改知严州，奉祠。起知真州，调泰州，除淮南路转运判官兼提刑，迁知信州，丐归。隆兴二年（1164）卒，年八十一。

【史料来源】

（宋）刘宰撰，王勇、李金坤校证：《京口耆旧传校证》卷二《孙荩》，镇江：江苏大学出版社，2016 年。

（元）俞希鲁编撰，杨积庆、贾秀英等校：（至顺）《镇江志》卷一八《人材》，南京：凤凰出版社，1999 年。

孙朝宗：字力道，杭州临安县人。北宋徽宗政和五年（1115）登进士第，登第时已年近四十。然风姿尤美，达官显宦争欲婿之者十数，力道皆谢去，独与孀妇舒氏相洽，及舒氏归，已经满头白发矣，两人欢度终生。

北宋徽宗时期终江山县县丞。

【史料来源】

（宋）潜说友：（咸淳）《临安志》卷六一《进士》，载《宋元方志丛刊》第 4 册，北京：中华书局，1990 年。

（清）嵇曾筠：（雍正）《浙江通志》卷一二三《选举志 · 进士 · 宋》，上海：上海古籍出版社，1991 年。

伍懋：字深道，汀州宁化人，伍祐孙。北宋哲宗时期元符三年（1100）进士。授饶州乐平县县尉。

北宋徽宗初期转任江州德安县县丞。

历知雩都、遂安、游溪、将乐四县，终承议郎。卒年八十二。

【史料来源】

（清）李瀚章、裕禄等编纂：（光绪）《湖南通志》卷一三四《选举志 · 进士 · 宋》，上海：上海古籍出版社，1995 年。

庄必强：字弱翁，润州金坛县人。大观三年（1109）登进士第，授婺州兰溪尉。

北宋徽宗政和初期用赏改秩，调太平州繁昌县县丞。

北宋徽宗时期迁知处州丽水、明州奉化、湖州武康等县，皆有治声。南宋高宗绍兴三年（1133）以荐除太常丞，迁兵部员外郎，改度支员外郎，丁父忧归。服除，为祠部郎官，旋除右司郎中，罢归。起知常州，未几卒。

【史料来源】

（宋）刘宰撰，王勇、李金坤校证：《京口耆旧传校证》卷七《庄必强》，镇江：江苏大学出版社，2016 年。

（宋）刘宰：《漫塘文集》卷三二《故衡州判官庄承直圹志》，《宋集珍本丛刊》第 72 册，北京：线装书局，2004 年。

向仲堪（1100—1157）：字元仲，乐平人，向伯奋弟，太学生，释褐授承务郎主管亳州明道宫。

约北宋徽宗晚期兼任开封县县丞。

转任长溪县县令，官赣州通判。绍兴二十七年（1157）卒，年五十八。

【史料来源】

（宋）洪迈撰：《夷坚支景》卷一〇《向仲堪》，北京：中华书局，2006 年。

朱彦美（1064—1143）：字师实，自号机山闲人，秀州华亭人。以父伯虎任子恩授太庙斋郎，调郴州司理参军，年尚少也，而据法持议，已能使老吏惮惊。

北宋徽宗初期丁母吴国夫人孙氏忧，又丁少师忧，忧除，授杭州于潜县丞。

秩满，监磁州裕民，不赴，改承奉郎，充制置发运司干办公事。转任杭州仁和县知县。在任期间，籍记凶恶，束缚奸吏，所禁无不改儿，征租不遣一吏，大署其门予之期，期至人趋，令如水赴壑，无一人后者。岁满，监在京杂买务，就除通判阶州，未行改杭州，公名闻徽宗，召见，赐五品服除措置河北路籴使，寻除江淮荆湖两浙等路制置发运判官，除改两浙路转运判官，未几提点江州太平观，宣和二年（1120）除京西路计度转运副使，宣和五年（1123）除陕府西路计度转运副使，未行，进直秘阁，再任六年，朝廷拜免大臣易置诸路使者，公例罢为提点南京鸿庆宫，靖康以还，天下多故，凡三请祠观，遂告老，绍兴五年（1135）七月守本官致仕，积官至右中奉大夫，职直秘阁。绍兴十三年（1143）卒，年八十。

【史料来源】

（宋）李心传撰，胡坤校：《建炎以来系年要录》卷九一“高宗绍兴五年七月”条，北京：中华书局，2013年。

（宋）孙觌撰：《鸿庆居士集》卷三三《宋故右中奉大夫直秘阁致仕朱公墓志铭》，文渊阁《四库全书》本。

朱虡：朱寿昌四世孙，北宋徽宗政和八年（1118）登进士第。

北宋徽宗宣和七年（1125）任和州乌江县丞，权县尉。

南宋高宗建炎二年（1128）任左从事郎潭州浏阳县县令。建炎四年（1130）军贼杜彦荨陷浏阳，虡力战三日死之，湖南安抚司闻诸朝，赠通直郎，与其子朱柔嘉将仕郎恩泽，因柔嘉历仕，赠至大中大夫。

【史料来源】

（宋）周应合撰：（景定）《建康志》卷三二《儒学志·进士·宋》，载《宋元方志丛刊》第2册，北京：中华书局，1990年。

（元）张铉撰：（至大）《金陵新志》卷九《儒籍》，文渊阁《四库全书》本。

刘甸：字德俊，澧州慈利县人，刘畤弟。

北宋徽宗政和二年（1112）登进士第，终官长林县县丞。

【史料来源】

（明）李文明、刘玑纂修：（弘治）《岳州府志》卷十《慈利县·科甲志·进士》，上海：上海书店出版社，1990年。

（清）巴哈布、（清）王煦：（嘉庆）《湖南通志》卷九〇《选举志·进士·宋》，清嘉庆二十五年（1820）刻本。

刘拱（1055—1139）：字持道，湖州归安人。公生五岁而孤，杂端公为择师教焉，嗜学自立，不类儿童。弱冠，荐名乡书，乡先生秘丞朱公临见而异之。宋徽宗崇宁五年（1106）春，以特奏名授汀州文学，时年五十八。大观二年（1108）冬，调汉阳军汉阳县尉。

北宋徽宗政和初期任满，以捕寇赏改承务郎，转承事郎，授密州高密县县丞。

未几，就除通判饶州。终更造朝，除监明州船场，未赴，改授通判严州。阅岁乞闲，除主管亳州明道宫、江州太平观。绍兴五年（1135），公第三子宁止任权尚书户部侍郎，自承事郎以年老致仕，及遇渊圣皇帝、今皇帝即位，霈泽序迁，明堂礼成，宁止初除徽猷阁直学士恩封，凡八转至右朝请郎、赐五品服。绍兴九年（1139）二月某甲子终于嘉禾郡舍，寿八十有五。以其年九月丙午葬于乌程县澄静乡郎村某山之原。

【史料来源】

（宋）刘一止：《苕溪集》卷四九《叔父朝请墓志铭》，载《宋集珍本丛刊》第34册，北京：线装书局，2004年。

刘侯亚：字彦亦，福州闽县人，刘绶从子。北宋徽宗重和元年（1118）登进士第。

约北宋徽宗时期为兴华军仙游县县丞。

绍兴间为南剑州通判。终朝请郎。

【史料来源】

（宋）梁克家撰：（淳熙）《三山志》卷二七《人物类·科名·本朝》，载《宋元方志丛刊》第8册，北京：中华书局，1990年。

（明）陈能修，（明）郑庆云、（明）辛绍佐纂：（嘉靖）《延平府志》卷七《官师志·历官·文职宋》，载《天一阁藏明代方志选刊》，上海：上海古籍书店，1961 年。

刘倚友：字梦泽，处州青田县人。

北宋徽宗政和二年（1112）登进士第，授宁海县县丞。

累迁权知开封府，所治有声。靖康初金人犯阙，受檄为东壁弹劾使，登城按视，为金人所获，胁迫其投降，坚决不屈，骂不绝口，死之。

【史料来源】

（宋）林表民编：《赤城集》卷四《宁海县丞厅壁记》，文渊阁《四库全书》本。

（清）嵇曾筠：（雍正）《浙江通志》卷一二四《选举志·进士·宋》，上海：上海古籍出版社，1991 年。

刘章（1067—1129）：字微之，吉州庐陵县人。

北宋徽宗宣和三年（1121）进士，授宾州上林县县丞。会村民有告邻妇杀其妻者，君适权尉事，验视以为非，太守怒，欲按之，君争不已，忽遇赦，两赦之，由是太守知其贤，与诸司交荐之。

升从事郎，迁贺州贵岭令，秩满。建炎三年（1129）以疾卒于容州，年六十三。章为人倜傥，善于谈论前代治乱存亡兴衰之事，莫能与之抗。于书无所不读，名动场屋，后进皆仰慕之。

【史料来源】

（宋）王庭珪：《卢溪先生文集》卷四五《故桂岭刘府君墓志铭》，载《宋集珍本丛刊》第 34 册，北京：线装书局，2004 年。

刘彰：字微之，吉州庐陵县人。

北宋徽宗宣和三年（1121）登进士第，授宾州上林县县丞，升从事郎，转任贺州桂岭县县丞。

秩满，以疾终于容州，年六十三。

【史料来源】

（宋）王庭珪：《卢溪先生文集》卷四五《刘府君（彰）墓志铭》，载《宋集珍本丛刊》第34册，北京：线装书局，2004年。

（清）定祥等修，（清）刘绎等纂，汪泰荣点校：（光绪）《吉安府志》卷二一《选举志·进士·宋》，北京：中华书局，2016年。

江惇提（1079—1138）：字安中，兰溪人。君少沉厚秀整，闭门读书，不关世事，游太学，以俊伟称。大观三年（1109）擢进士第，调湖州司法参军。授歙州司士曹事，婺源令阙，州以属君。约宋徽宗政和年间，除郓州州学教授。以父忧，居家。移处州丽水令。

北宋徽宗时期以功改宣教郎、权衢州江山县县丞。

迁奉议郎、通判宣州。迁承议郎，诏诣行在所，入对合旨，除知处州，迁朝奉郎。未行，卒，年六十。汪学士藻志其墓曰："崇宁初，余入太学为诸生，始识安中，望其容，粹然而温，听其言，款然而诚。与之谈经，超然得其指归，及其议论，反复确然莫可回夺也。"由是可见惇提之学问与操守。

【史料来源】

（宋）汪藻：《浮溪集》卷二七《左朝奉郎知处州江君墓志铭》，文渊阁《四库全书》本。

（清）王梓材、（清）冯云濠编撰，沈芝盈、梁运华点校：《宋元学案补遗》卷六《江先生惇提》，北京：中华书局，2012年。

汤鹏举（约1087—1165）：字致远，金坛县城东乡人，青年时由润州州学推举到京城太学读书。他在京城读书四年，试上舍生第一，登政和八年（1118）进士第，开始了他的仕途生涯，初任建平分宁县主簿。

约北宋徽宗宣和时期任晋陵县县丞。

后升任太平州当涂县知县。绍兴十八年（1148）六月，除直敷文阁知临安府。次年，鹏举着手治理西湖。秦桧死，诏鹏举为殿中侍御史，请求罢黜秦桧姻亲，而释放赵鼎子汾及李孟坚、王之奇等，累官御史中丞，绍兴二十七年（1157）除参知政事，乾道元年（1165）卒，年七十八，谥敏肃。

【史料来源】

（宋）潜说友：（咸淳）《临安志》卷三二《山川志一一》，载《宋元方志丛刊》第 4 册，北京：中华书局，1990 年。

（宋）刘宰撰，王勇、李金坤校证：《京口耆旧传校证》卷八《汤鹏举》，镇江：江苏大学出版社，2016 年。

吴升（1055—1139）：字潜道，明州鄞县人。吴渭子，吴矜从弟。九岁而孤，母守志鞠养。少时勤于读书，昼夜不息，遂博通经史。元丰时，朝廷以经术取士，君两预乡荐，大观三年（1109）登进士第，释褐授迪功郎，主宣州泾县主簿，摄永阳镇，郡太守累称其贤。

北宋徽宗时期考满，迁官乐清县县丞。裨赞县政，而弥缝其失，有政声。政有不便者，力争之，不能得，叹曰："予不负丞，令长其可负百姓乎？"愤然挂冠而去，以左宣教郎致仕归，时年六十二，后获赠左承议郎，赐五品服。归乡后闲居家中，怡然自得。绍兴九年（1139）无疾而终，年八十五。

【史料来源】

（宋）李光撰：《庄简集》卷一八《左承议郎吴君（升）墓志铭》，载《宋集珍本丛刊》第 33 册，北京：线装书局，2004 年。

（宋）罗濬：（宝庆）《四明志》卷一〇《进士》，载《宋元方志丛刊》第 5 册，北京：中华书局，2006 年。

吴必明：字若愚，建宁府崇安县人，用父吴仲虎之荫入官。

约北宋徽宗时期调福州府侯官县县丞。有豪贵占民田讼，久不决，必明判归原主，以廉明著称。

后转汀州通判，未赴。南宋高宗建炎四年（1130）除知邵武军，转朝请大夫、广东提举。

【史料来源】

（明）黄仲昭修纂：（弘治）《八闽通志》卷六四《人物志 · 建宁府 · 宋》，福州：福建人民出版社，2006 年。

（明）夏玉麟等修，（明）汪佃等纂：（嘉靖）《建宁府志》卷一六《选举志·进士·宋》，厦门：厦门大学出版社，2009年。

吴达老：初名天经，以朝廷诏不得以“天”字为名，改达老，字信遇。泉州惠安县人。

北宋徽宗政和五年（1115）登进士第，为南康军建昌县县丞。

转知惠州，大兴学校，令签判陈鹤掌其教事，执经者至数百人。承节郎谢革遣徒劫杀仇家，杀其主，焚其居。狱具，达老虑贼或夺囚，先处决之，乃自劾待罪。以母老乞祠侍养。后知潮州，卒于官。

【史料来源】

（明）张岳纂：（嘉靖）《惠安县志》卷一二《选举志·宋进士》，载《天一阁藏明代方志选刊》，上海：上海古籍书店，1962年。

（明）黄仲昭修纂：（弘治）《八闽通志》卷五〇《选举志·科第·泉州府·宋》，福州：福建人民出版社，2006年。

吴安中：字德固，建州瓯宁县人。

北宋徽宗政和五年（1115）登进士第，为睦州建德县丞。

方腊起义，招降有功，授御史台主簿。历知桂阳监、琼州。

【史料来源】

（明）夏玉麟等修，（明）汪佃等纂：（嘉靖）《建宁府志》卷一六《选举志·进士·宋》，厦门：厦门大学出版社，2009年。

（明）黄仲昭修纂：（弘治）《八闽通志》卷四九《选举志·科第·建宁府·宋》，福州：福建人民出版社，2006年。

吴表臣：字正仲，号湛然居士，温州永嘉人。北宋徽宗大观三年（1109）登进士第，擢通州司理。陈瓘谪居郡中，一见而器之。绍兴元年（1131），召为司勋郎中，迁左司，除左司谏。

北宋徽宗时期授台州黄岩县县丞。

寻除提点浙西刑狱，召为秘书少监，同修哲宗实录。帝如建康，诏表臣兼留司参议官，除中书舍人、给事中、兵部侍郎。徙礼部侍郎，迁吏部尚书兼翰林学士。俄起知婺州。会大水，发常平米赈贷之，然后以闻，郡人德之。除敷文阁待制。三岁请祠，进直学士，提举江州太平兴国宫。家居数年，卒，年六十七。

【史料来源】

（宋）陈骙：《南宋馆阁录》卷七《官联上》，北京：中华书局，1998 年。

（元）脱脱等：《宋史》卷三八一《吴表臣传》，北京：中华书局，1977 年。

吴宗穆：温州瑞安县人，吴宗达兄。

北宋徽宗宣和三年（1121）登进士第，授黄岩县县丞。

【史料来源】

（清）戴咸弼纂辑：《东瓯金石志》卷四《宋故吴氏三十五郎府君墓铭》，载《清末民初文献丛刊》，北京：朝华出版社，2017 年。

吴彦申（1064—1122）：一作彦中，字圣时，处州龙泉人。北宋徽宗政和二年（1112）中进士第丙科，调秀州司理参军，归未及家，而金华君捐馆舍，以不得拜亲为恨，哀动路人。服除，授宜州宣城县主簿。

北宋徽宗宣和初以举者改秩从政郎，授洪州南昌县县丞。

在官逾二年，以疾终于官舍，宣和四年（1122）十二月卒于任上，年五十九。

【史料来源】

（清）嵇曾筠：（雍正）《浙江通志》卷一七二《人物志四・武功・宋》，上海：上海古籍出版社，1991 年。

吴檦：平江人，北宋徽宗宣和二年（1120）登进士第。

约北宋徽宗宣和时期为攸县县丞，未赴。

【史料来源】

（清）李瀚章、裕禄等编纂：（光绪）《湖南通志》卷一三四《选举志·进士·宋》，长沙：岳麓书社，2009 年。

吴嘉谟：饶州安仁县人。宋徽宗政和二年（1112）登进士第。仕至承事郎、广州通判。**北宋末年任从政郎、洪州靖安县丞。**

【史料来源】

（明）陈策：（正德）《饶州府志》卷二，载《天一阁藏明代方志选刊续编》，上海：上海书店出版社，1990 年。

何新所编著：《新出宋代墓志碑刻辑录·南宋卷·姜降墓志（一一二八）》，北京：文物出版社，2020 年。

吴默之：福州闽县人，吴杲卿子。北宋徽宗政和五年（1115）特奏名进士第。

北宋徽宗宣和四年（1122）为安溪县县丞。

【史料来源】

（宋）梁克家撰：（淳熙）《三山志》卷二七《人物类·科名·本朝》，载《宋元方志丛刊》第 8 册，北京：中华书局，1990 年。

（明）黄仲昭修纂：（弘治）《八闽通志》卷四六《选举志·科第·福州府·宋》，福州：福建人民出版社，2006 年。

李文渊（1085—1146）：字深道，建州松溪人。父规，官至中奉大夫、夔州路提刑。文渊以少师恩入官，主陕州湖城簿，摄卢氏令。

北宋徽宗初期调郑州荥泽县县丞。

徽宗年间用荐者改通直郎为富阳县知县。政有惠爱，时府中鬻爵下属县，公力谢吾邑民贫，不敢受，邑民至今称之。徽宗宣和年间任明州鄞县知县。宣和四年（1122）权接伴高丽奉表使人，出戍卒当给犒赏，群吏要之，哗噪于庭，皆愕眙不敢问，公为驰入好谕之，请置吏于法，郡以无事。靖康难时，公亦丁内艰去。主管南外宗室财用，不赴，添差通判明州。在明三任，前后阅十年，积官至右朝请大夫。绍兴十六年（1146）九月己酉卒于嘉禾之寓舍，年六十有二。

【史料来源】

（宋）韩元吉撰：《南涧甲乙稿》卷一九《右朝请大夫知虔州赠通议大夫李公墓碑》，北京：中华书局，1985年。

李师愈：字梦授，袁州分宜县人。北宋徽宗宣和六年（1124）登进士第，初授吉州永新县主簿。

北宋徽宗时期转贵池县县丞。未之官，隐于家，匾其堂曰“见一”，取“林下何曾见一人”之意。有文集十五卷。

【史料来源】

（宋）王象之：《舆地纪胜》卷二八《人物》，载《中国古代地理总志丛刊》，北京：中华书局，2016年。

（明）严嵩：（正德）《袁州府志》卷八《人物志·宋》，明正德刻本。

李如篪：字季牗，崇德人。少游上庠，博学能文，天文、地理、历数、礼乐、兵机之学无不精通。有《东园丛说》《舆地新书》十卷。

北宋徽宗时期以特科官舒州桐城县县丞。

【史料来源】

（宋）曾丰撰：《撙斋先生缘督集》卷一七《李季牗舆地新书序》，《宋集珍本丛刊》第65册，北京：线装书局，2004年。

（元）脱脱：《宋史》卷八一《律历志十四》，北京：中华书局，1977年。

李周南（1065—1116）：字正雅，赵郡人。是时年甚少，父奇之，听许。宋氏移书趣，十余返，竟不受。已而举进士中第，为单州鱼台主簿。令以罪闻，州守疑之。檄主簿问状，正雅别白其诬，令得以理去父丧除，为济州司户参军。为陈州录事参军，领市事卖价平允，所治不哗而办。无抵罪者，人德之。换通仕郎，亲监郓州盐场。母丧服除，约宋哲宗年间调河南府军巡判官，不赴。母丧服除，调河南府军巡判官，不赴。

北宋徽宗时期改堂邑县县丞。

考满归，遂不复起。政和六年（1116）秋，赵郡李正雅属疾东平崇仁坊里第，粤十月辛酉朔九日己巳卒于适寝，享年五十二。

【史料来源】

（宋）刘跂撰：《学易集》卷八《堂邑县丞李正雅墓志铭》，文渊阁《四库全书》本。

（清）钱保塘编：《历代名人生卒录》卷五，民国海宁钱氏清风室刻本。

李挺方：邯郸人。

北宋徽宗崇宁三年（1104）五月为将仕郎、襄陵县县丞。

【史料来源】

（清）胡聘之撰：《山右石刻丛编》卷一六《晋州神山县重新尧庙像记》，清光绪二十七年（1901）刻本。

余公瑞：字镇臣，信州弋阳县人。北宋徽宗政和五年（1115）特奏名登进士第。初授邵武军邵武县县尉。

北宋徽宗时期转虔化县县丞。

【史料来源】

（明）张士镐、（明）江洲璧等纂修：（嘉靖）《广信府志》卷一四《选举志·进士·宋》，《四库全书存目丛书》本，济南：齐鲁书社，1997年。

（清）刘坤一：（光绪）《江西通志》卷二三《选举表·宋特奏名》，载《中国地方志集成》，南京：凤凰出版社，2009年。

邹扬：字廷光，丰城县人。

北宋徽宗政和八年（1118）举进士第，任乐平县县丞。

靖康初，勤王师起，建昌当闽、广、荆、蜀走集，前令无具，邑里骚然，郡守使扬代其任。

【史料来源】

（明）李贵纂修：（嘉靖）《丰乘》卷二《科第表》，载《天一阁藏明代方志选刊续编》，上海：上海书店出版社，1990年。

（清）刘坤一：（光绪）《江西通志》卷二一《选举表・宋进士》，载《中国地方志集成》，南京：凤凰出版社，2009年。

张宇发：字叔光，两宋之际绍兴府会稽人。大观三年（1109）举进士第，任和州含山县主簿。

北宋徽宗时期任瑞安县与和河南府登封县两县县丞。

调监炒造丹粉所、京东排岸司。靖康元年（1126），以李纲荐，除都官员外郎。次年正月，拜徽猷阁待制，奉命副陈过庭宣谕两河。未几，金兵破开封，两人皆被金军扣留异域，后殁于云中。洪皓见其榇旅寄荒寺，携至燕山葬焉，追赠左朝请大夫。

【史料来源】

（宋）施宿：（嘉泰）《会稽志》卷一五《侍从》，载《宋元方志丛刊》第7册，北京：中华书局，1990年。

（清）陆心源辑：《宋史翼》卷一一《张宇发传》，杭州：浙江古籍出版社，2016年。

张豸：字正仲，建宁府浦城县人。北宋徽宗大观三年（1109）登进士第。

约北宋徽宗大观时期任弋阳县县丞。

迁知海盐县，后辟治武冈军，命未下而卒。著有《双溪漫叟集》二十卷、《松窗摭遗》十二卷。

【史料来源】

（明）夏玉麟等修，（明）汪佃等纂：（嘉靖）《建宁府志》卷一五《选举志・进士・宋》，厦门：厦门大学出版社，2009年。

（明）黄仲昭修纂：（弘治）《八闽通志》卷四九《选举志・科第・建宁府・宋》，福州：福建人民出版社，2006年。

张甸（1081—1153）：字述功，其先居吴郡，待其父徙至湖州。君自少颖悟，不肯碌碌，崇宁五年（1106）擢进士第一，授将仕郎，调婺州兰溪尉。

北宋徽宗大观中用八宝赦恩转登仕郎，以荐升杭州钱塘县县丞。

迁知严州铜陵县。高宗即位，授签书宁国军节度判官厅公事。久之，以荐除知南剑州，寻知徽州，任满再知严州铜陵县，以疾致仕，绍兴二十三年（1154）终于家，年七十三。

【史料来源】

（宋）刘一止：《苕溪集》卷五〇《宋故左朝请大夫致仕张府君墓志铭》，载《宋集珍本丛刊》第34册，北京：线装书局，2004年。

张运（1095—1171）：字南仲，信州贵溪县人，唐宰相张文瓘之后，右通直郎张贯子。

北宋徽宗宣和三年（1121）以太学生登进士第，赐同上舍出身，调桂阳监蓝山县县丞。县阙令，运摄县事。县与诸獠接壤，因俗为治，吏民安之。临武寇与诸獠合，大剽掠，运亲率兵擒之。迁潭州攸县尉。高宗南渡，剧贼王在据岐山，潭帅征兵戍岳，运将二千人先至岳。贼平，**南宋高宗时期改临江新淦县县丞。**县新被兵，令不能支，沿江抚谕使张汇劾罢之，以运摄县事。运拨煨烬，考版籍，正租赋，数月之间，弊除而民定。

绍兴五年（1135），通判鼎州。丁母及父忧，服除，起知桂阳监。除知达州。召为度支郎中。兼枢密院检详，迁军器监。寻改大理少卿，请正两浙盐法。拜刑部侍郎。兼权户部侍郎。会金人渝盟，特迁户部侍郎，以专馈饷。丞授集英殿修撰，出知太平州。孝宗既受禅，运亦请老，以敷文阁待制提举江州太平兴国宫，寻授广东经略，不赴，乃复祠禄。乾道七年（1171）以疾卒，年七十五。赠少师、左光禄大夫，官其后三人。南宋宁宗嘉定六年（1213）赠开府仪同三司。

【史料来源】

（宋）李心传撰，胡坤点校：《建炎以来系年要录》卷九一“高宗绍兴五年七月丙戌”条，北京：中华书局，2013 年。

（元）脱脱等：《宋史》卷四〇四《张运传》，北京：中华书局，1977 年。

张泽：**宋徽宗年间曾任奉议郎、前知邓州内乡县丞。**

【史料来源】

何新所编著：《新出宋代墓志碑刻辑录·北宋卷·富直方妻范氏墓志（一一二二）》，北京：文物出版社，2019 年。

张敦书：字载道，建宁府瓯宁县人。载道清白旷远，遇事无凝滞。

北宋徽宗政和二年（1112）登进士第，任弋阳县县丞，善治狱，政平讼理，邑人赖之，为之立生祠。

升任江夏县知县。

【史料来源】

（明）夏玉麟等修，（明）汪佃等纂：（嘉靖）《建宁府志》卷一五《选举志·进士·宋》，厦门：厦门大学出版社，2009 年。

（明）黄仲昭修纂：（弘治）《八闽通志》卷六五《人物志》，福州：福建人民出版社，2006 年。

张端礼（1082—1132）：字南仲，处州龙泉人。君少机敏，自强学问，为文尚理，致下笔辞意过人。北宋徽宗崇宁五年（1106）登进士第，调陕州司户参军，未赴。差除管干尚书兵部架阁文字，岁再周以省罢。升开封府陈留县主簿，升幕职官，调秀州军事推官。

约宋徽宗大观年间改行颍昌府长社县县丞。

以举者改京秩，调襄州司刑曹事，改广济军司录事，又改泰州司户录事。约北宋徽宗时期升任常州武进县知县，所治有声。辟杭州司仪曹事。秩满，调无为军司录事，赐五品服。居二岁，丁朝请君忧，去官。服除，以母老乞宫祠，除主管南京鸿庆宫，得请再任，以疾卒于里第，实绍兴二年（1132）七月二十二日也。积阶至朝请郎，享年五十一。

【史料来源】

（宋）李纲著，王瑞明点校：《李纲全集》卷一六九《宋故朝请郎主管南京鸿庆宫张公墓志铭》，长沙：岳麓书社出版社，2004 年。

（清）嵇曾筠：（雍正）《浙江通志》卷一二四《选举志·进士·宋》，上海：上海古籍出版社，1991 年。

汪汝则：字方叔，徽州泾县人。嗜学能属文，工文辞。

北宋徽宗宣和二年（1120）为芜湖县县丞。

南宋高宗建炎时期以助平方腊之功转衢州士曹，迁承直郎。秩满，转绍兴府通判，以不附秦桧守祠，转信州知州，徙衢州知州。时有登对论郡守人才者，上曰："使人人如汪汝则，何患不治。"不久以疾乞归。

【史料来源】

（明）黎晨修，李默纂：（嘉靖）《宁国府志》卷八《人文纪中》，明嘉靖刻本。

（清）赵宏恩修：（乾隆）《江南通志》卷一四三《人物志·宦绩·宁国府》，扬州：江苏广陵书社有限公司，2010 年。

陈汝楫（1093—1153）：字济夫，泉州府同安县人，徙温州平阳县。北宋徽宗政和八年（1118）上舍出身，补官迪功郎，建州工曹掾。属官省不行，调南剑州顺昌主簿。约宋徽宗宣和年间，秩满，权漳州司户参军，行长泰事，代为漳岩主簿。丁内外忧，终制，升从政郎，为汀州司法参军。未行，改宣教郎，转奉议郎。

北宋徽宗宣和年间调宁化县县丞。

追荣其考妣，以承事郎、孺人告第，四加至今官封。而陈汝楫自宁化罢归，历承议、朝奉、朝散郎，凡十年不调，晏如也。年六十一，以绍兴二十三年（1153）三月二十六日终于家。

【史料来源】

（宋）朱熹撰，朱杰人、严佐之、刘永翔主编：《晦庵先生朱文公文集》

卷九七《朝散郎致仕陈公行状》，载《朱子全书》第25册，上海：上海古籍出版社，合肥：安徽教育出版集团，2002年。

（明）黄仲昭修纂：（弘治）《八闽通志》卷五〇《选举志·科第·泉州府·宋》，福州：福建人民出版社，2006年。

陈琙（1077—1114）：字伯成，润州金坛县人，陈廓长子。入太学升内舍，中元符三年（1100）进士第，初授秀州海盐县主簿。

约北宋徽宗建中靖国年间调钱塘县县丞，丁忧归。

约北宋徽宗时期终文林郎、知真州扬子县。未上，政和四年（1114）卒，年三十八。

【史料来源】

（宋）周必大撰：《文忠集》卷三四《朝散大夫直秘阁陈公从古墓志铭》，文渊阁《四库全书》本。

（宋）杨万里撰，辛更儒笺校：《杨万里集笺校》卷一二八《陈先生墓志铭》，北京：中华书局，2007年。

陈最：字季常，福州长溪县人。

北宋徽宗宣和三年（1121）登进士第，初授新昌县县丞。

由左修职郎改左承事郎。授诸司科粮院，佐郑刚中使川陕，时秦桧方主和议，最力阻之，桧不悦，出知兴国军。

【史料来源】

（宋）梁克家撰：（淳熙）《三山志》卷二九《人物类·科名·本朝》，载《宋元方志丛刊》第8册，北京：中华书局，1990年。

（宋）李心传撰，胡坤点校：《建炎以来系年要录》卷一二六“高宗绍兴九年二月己未”条，北京：中华书局，2013年。

陈植：建昌军南昌县人，陈端子。北宋徽宗政和八年（1118）登进士第。

约北宋徽宗时期任乐平县县丞。

【史料来源】

（明）夏良胜纂修：（正德）《建昌府志》卷一五《选举志·进士·宋》，载《天一阁藏明代方志选刊》，上海：上海古籍书店，1964年。

（清）：刘坤一（光绪）《江西通志》卷二一《选举表·宋进士》，载《中国地方志集成》，南京：凤凰出版社，2009年。

陈舜邻：建宁府建安县人。北宋徽宗政和二年（1112）登进士第。

约北宋徽宗时期为连江县县丞。

【史料来源】

（明）夏玉麟等修，（明）汪佃等纂：（嘉靖）《建宁府志》卷一五《选举志·进士·宋》，厦门：厦门大学出版社，2009年。

（明）黄仲昭修纂：（弘治）《八闽通志》卷四九《选举志·科第·建宁府·宋》，福州：福建人民出版社，2006年。

陈熊：字毅然，福州罗源县人。北宋徽宗政和五年（1115）登进士第。

北宋徽宗时期终奉议郎、剑浦县县丞。

宣和时期任德化县知县，又知安溪县。

【史料来源】

（宋）梁克家：（淳熙）《三山志》卷二七《人物类·科名·本朝》，载《宋元方志丛刊》第8册，北京：中华书局，1990年。

（明）林有年纂：（嘉靖）《安溪县志》卷三，载《天一阁藏明代方志选刊》，上海：上海书店出版社，1963年。

利养吾：**北宋徽宗政和二年（1112）为光泽县县丞（一说知县）。**

【史料来源】

（明）邢址修，（明）陈让纂：（嘉靖）《邵武府志》卷四《秩官志·宋》，载《天一阁藏明代方志选刊》，上海：上海古籍书店，1964年。

（明）凌迪知撰：《万姓统谱》卷九三《利》，文渊阁《四库全书》本。

苏祥：泉州德化县人。北宋徽宗政和二年（1112）特奏名登进士第。

北宋徽宗宣和时期授侯官县县丞。

【史料来源】

（明）黄仲昭修纂：（弘治）《八闽通志》卷五〇《选举志·科第·泉州府·宋》，福州：福建人民出版社，2006年。

（明）何乔远：《闽书》卷九〇《英旧志·泉州府·同安县·科第·宋》，福州：福建人民出版社，1994年。

苏携（1065—1140）：字季升，两宋之际润州人，一说晋江人，徙丹徒，丞相苏颂第六子。神宗时，其父因陈世儒狱被劾，下御史台诏狱。苏携年方十三，乃随至京师，衣举子服，诉其诬于待漏院。宰相吴充、王珪大奇之，苏携以此知名。以父荫补瀛洲防御推官，徽宗即位，转通直郎，累官至光禄少卿。

北宋徽宗时期任镇江府丹阳县县丞，岁饥，携请米于有司，有司难之，请至再三，得米，亲自量米赈济，不以委吏，唯恐不均，虽临邑归者亦受而不辞，全活以千万计。

钦宗初，进直龙图阁知明州。绍兴初，召赴行在所，除宗正少卿、中书门下检正诸房公事，皆不拜，复主管临安府洞霄宫。起知温州，亦不拜。召为太常少卿，力辞于朝，不可，则见上以辞。翌日，诏权尚书刑部侍郎。居无何，得微疾，上章请老，除徽猷阁待制致仕。数日，以不起闻，上嗟悼之。绍兴十年（1140）正月九日病故，年七十六。积官至右朝议大夫，赠通议大夫。

【史料来源】

（宋）刘一止撰：《苕溪集》卷四五《苏携除太常少卿》，载《宋集珍本丛刊》第34册，北京：线装书局，2004年。

（元）俞希鲁编撰，杨积庆，贾秀英等校：（至顺）《镇江志》卷二〇，南京：凤凰出版社，1999年。

陆惇彦（1069—1115）：字德充，余杭人，师闵子。北宋哲宗绍圣元年（1094）以辞赋中第，历怀州武陟县主簿，京兆府蓝田县主簿、凤翔府盩厔县主簿，迁瀛洲防御推官。

北宋徽宗中期转任澶州濮阳县县丞。

辟监解州盐池，兼知县事，未赴，丁父丧。除丧为从事郎，除陕西路转运司勾当公事，累迁承直郎，丁母艰。除丧为奉议郎，为颍昌府司兵曹事，未赴，除监在京作坊物料库，迁承议郎。政和五年（1115）卒，年四十七。

【史料来源】

（宋）晁说之：《嵩山文集》卷一九《承议郎陆公墓志铭》，《四部丛刊续编》本。

陆宲（1088—1148）：字符珍，越州山阴县人，陆佃第五子。

约北宋宋徽宗年间调台州宁海县县丞。

历杭州仁和县县尉、越州司工曹，事以举。为苏州长洲县，以最迁郎，就命通判真州事。后为随军勘计官。更为通判登州，徙制置发运司干当公事，未赴，除江南东路转运判官，避亲嫌，移提举京畿常平等事。绍兴十八年（1148）闰八月四日卒，年六十一，官至右朝散大夫。

【史料来源】

（宋）陆游著，马亚中，涂小马校注：《渭南文集校注》卷三二《右朝散大夫陆公墓志铭》，杭州：浙江古籍出版社，2015 年。

（明）凌迪知撰：《万姓统谱》卷一一一《陆》，文渊阁《四库全书》本。

陆韶之（1080—1125）：字虞仲，杭州钱塘县人，陆子正父。先生幼孤，鞠于大父，器质严重如成人。大父卒，依诸父，皆爱重之，聪悟不凡，甫冠举进士，为榜首，北宋哲宗元符三年（1100）登进士第，益刻意问学，时誉籍甚。初授复州景陵县县尉。

北宋徽宗时期苏州常熟丞。

改宣教郎、知开封府卫南县。稍厌吏役，试教授，中之，除真定府海州教授。讲说答问，多自得之旨，学晚益粹，发为文辞，温厚典雅。宣和元年（1119），以朝奉郎、海州州学教授应试词学兼茂科，考入此等，循两资，除书官局。久之授大晟府按协声律，出判宣州，吏民皆爱之。迁太常丞，擢监察御史，未上，以疾病致仕。宣和七年（1125）十一月二十日卒于京师，年止四十六。虞仲为官，清正耿介，以风节著称，其谈经论文，伦类该贯，妙极理致，所为诗文，以意为主，不事华靡。

【史料来源】

（宋）张守撰，刘云军点校：《毗陵集》卷一二《朝奉郎陆虞仲墓志铭》，上海：上海古籍出版社，2018 年。

（清）王梓材、冯云濠编撰，沈芝盈、梁运华点校：《宋元学案补遗》卷二七《御史陆先生韶之》，北京：中华书局，2012 年。

杨密：字之损。

北宋徽宗宣和时期为吴江县县丞。

【史料来源】

（明）王鏊撰：（正德）《姑苏志》卷五九《纪异》，载《天一阁藏明代方志选刊》，上海：上海古籍书店，1990 年。

杜崟：字藏用，江宁府人，后徙洪州南昌县。北宋徽宗政和五年（1115）登进士乙科，解褐授将仕郎，历官池州司仪曹事。

约北宋徽宗宣和时期转饶州余干县县丞。

改京官宣教郎。绍兴元年（1131）七月卒，年五十三。

【史料来源】

（宋）黄彦平：《三余集》卷四《杜崟赞》，文渊阁《四库全书》本。

（清）许应鑅、（清）王之藩修：（同治）《南昌府志》卷二九《选举志·进士·宋》，扬州：江苏古籍出版社，1996 年。

林大声（1079—1161）：字欲仲，政和二年（1112）赐上舍出身，授池州东流县尉，未赴，改荆南府府学授教。丁令人忧，忧除，除睦州州学教授。北宋徽宗年间以承事郎任婺州武义县知县。

北宋徽宗时期丁中大夫忧，卒丧，调温州永嘉县县丞。

转任平阳县令。断治皆自己出，县庭阒然无行迹，讼事一清。会建昌军新去乱，朝廷议择守，户部尚书章谊以公名闻除知建章军。擢尚书度支员外郎，总领湖广、京西、江西诸路钱粮。召还，迁本曹郎中、进太府少卿，总领淮南东路军马钱粮，就除直秘阁、淮南路转运副使。未行，改江东。俄徙江西路提点刑狱。绍兴二十六年（1156）主管江州太平宫，累官左朝请大夫。绍兴三十一年（1161）三月二十一日被疾卒，享年八十三。

【史料来源】

（宋）孙觌撰：《鸿庆居士集》卷三七《宋故左朝请大夫直秘阁林公墓志铭》，文渊阁《四库全书》本。

（宋）李心传撰，胡坤点校：《建炎以来系年要录》卷一七八“高宗绍兴二十七年十月乙未”条，北京：中华书局，2013年。

林安行：字彦由，福州长乐县人，林代工子。

北宋徽宗宣和三年（1121）登进士第，官终从事郎、泉州晋江县县丞。

【史料来源】

（宋）梁克家撰：（淳熙）《三山志》卷二八《人物类·科名·本朝》，载《宋元方志丛刊》第8册，北京：中华书局，1990年。

（明）黄仲昭修纂：（弘治）《八闽通志》卷三二《秩官》，福州：福建人民出版社，2006年。

林岂：字厚之，号无惑，福州长溪人，林仰父。君自幼童知好学，刻意钻研，砺志寒暑饥渴。元祐六年（1091）始登进士第，授温州瑞安县县尉，未赴。相继丁内外艰。服除，调临江军司法参军，再调邵武军司户参军。建州松溪县县令。

约北宋徽宗时期授泉州晋江县县丞。

约徽宗年间任建宁府瓯宁县县令。徽宗朝用荐改宣教郎任湖州归安县知县。转奉议郎，再转承议郎、权宗子博士。以年高请补外，除通判安肃军。转朝奉郎，赐五品服，遇钦宗登极恩，迁朝散郎。卒，年七十一。

【史料来源】

（宋）刘一止撰：《苕溪集》卷五〇《宋故左朝散郎通判安肃军林君墓志铭》，载《宋集珍本丛刊》第34册，北京：线装书局，2004年。

周光：字天锡，台州临海县人，周洎祖。北宋徽宗政和五年（1115）特奏名登进士第。

约北宋徽宗终恭城县县丞。

【史料来源】

（宋）陈耆卿：（嘉定）《赤城志》卷三四《人物志·本朝·仕进·进士科》，载《宋元方志丛刊》第7册，北京：中华书局，1990年。

周滂（1063—1124）：字彦霈，晋陵人。公幼颖悟，后母俞氏待之如己出，公虽壮长不知其复有生母。北宋哲宗绍圣四年（1097）进士，调开封府鄢陵县尉。

约徽宗崇宁大观间迁通仕郎台州临海县县丞。

改宣教郎，授建昌军司录，以疾请老，遂以奉议郎致仕，宣和六年（1124）十一月卒，年六十二。

【史料来源】

（宋）史能之撰：（咸淳）《重修毗陵志》卷一一《文事·科名》，扬州：广陵书社，2005年。

（宋）葛胜仲撰：《丹阳集》卷一三《奉议郎致仕周公墓志铭》，载《宋集珍本丛刊》第32册，北京：线装书局，2004年。

郑载文：字焕之，福州府福清县人。政和五年（1115）登进士第。

约北宋徽宗时期终建昌军南城县县丞。

【史料来源】

（宋）梁克家撰：（淳熙）《三山志》卷二七《人物类·科名·本朝》，载《宋元方志丛刊》第8册，北京：中华书局，1990年。

（明）何乔远：《闽书》卷九四《英旧志·福州府·福清县·科第·宋》，福州：福建人民出版社，1994年。

钟万：温州瑞安县人。

北宋徽宗宣和六年（1124）登进士第。历新昌县县丞。

【史料来源】

（明）汤日昭撰：（万历）《温州府志》卷一〇《选举志·进士·宋》，明万历刻本。

（清）嵇曾筠撰：（雍正）《浙江通志》卷一二四《选举志·进士·宋》，上海：上海古籍出版社，1991年。

赵令诜：字君序，以父任补右班殿直。政和中，迁成忠郎，召试，授从事郎。

北宋徽宗宣和二年（1120），以贡士试舍选合格，授宣教郎，调信州永丰县县丞。

南宋高宗中兴初，累迁福州运判，兼提点刑狱公事。秦桧方柄用，安定郡王绝封者十余年。桧死，次令衿当封，适以事被拘，遂命令诜袭封。乃升令诜秘阁修撰，知台州，移知绍兴府，召权户部侍郎，领严、饶二州铸钱局诏褒之，迁敷文阁直学士。南宋高宗绍兴十八年（1148）十一月任左朝请大夫，绍兴二十三年（1153）七月任左朝议大夫，绍兴二十七年（1157）四月以中奉大夫充秘阁修撰，引疾乞祠以归，隆兴初薨，年六十八。令诜莅事明敏有风采，然在广东日，尝与副使章芰不协，阴中以法，陷芰于死，世以此少之。

【史料来源】

（宋）李心传撰，胡坤点校：《建炎以来系年要录》卷一七〇“高宗绍兴二十五年十一月庚午”条，北京：中华书局，2013年。

（宋）梁克家：（淳熙）《三山志》卷二五《秩官类·提刑司官》，载《宋元方志丛刊》第8册，北京：中华书局，1990年。

赵察（1058—1115）：字晦叔。滁州来安县人。北宋徽宗崇宁时期释褐。

北宋徽宗时期调桂州永福县县丞，一说仕至永安县县丞。

政和五年（1115）正月卒，年五十八。

【史料来源】

（清）刘廷槐纂：（道光）《来安县志》卷一三，载《中国地方志集成·安徽府县志辑》，江苏古籍出版社、上海书店出版社、巴蜀书社，1998年。

梁启超：（光绪）《安徽通志》卷一五五《选举志·进士·宋》，载《中国地方志集成》，南京：凤凰出版社，2011年。

费季文：温州永嘉县人。

北宋徽宗政和八年（1118）举进士第，历诸暨县县丞。

【史料来源】

（明）汤日昭撰：（万历）《温州府志》卷一〇《选举志·进士·宋》，明万历刻本。

（清）嵇曾筠：（雍正）《浙江通志》卷一二四《选举志·进士·宋》，上海：上海古籍出版社，1991年。

胡温恭：泉州府惠安县人。北宋徽宗政和五年（1115）特奏名登进士第。

约北宋徽宗时期仕至吉安县县丞。

【史料来源】

（明）张岳纂：（嘉靖）《惠安县志》卷一二《选举志·宋进士》，载《天一阁藏明代方志选刊》，上海：上海古籍书店，1962年。

（明）黄仲昭修纂：（弘治）《八闽通志》卷五〇《选举志·科第·泉州府·宋》，福州：福建人民出版社，2006年。

胡澄：字清卿，饶州浮梁县人，胡涓弟。

北宋徽宗政和八年（1118）举进士第，任乐平县县丞。

【史料来源】

（清）汤悳修，（清）石景芬纂：（同治）《饶州府志》卷一四《选举志一·进士·宋》，上海：上海古籍出版社，2010年。

（清）刘坤一：（光绪）《江西通志》卷二一《选举表·宋进士》，载《中国地方志集成》，南京：凤凰出版社，2009年。

郭永：大名府元城人。少刚明勇决，身长七尺，须髯若神。约宋徽宗政和年间，以祖任为丹州司法参军，守武人，为奸利无所忌，永数引法裁之。守大怒，盛威临永，永不为动，则缪为好言荐之朝。后守欲变具狱，永力争不能得，袖举牒还之，拂衣去。

北宋徽宗晚期调清河县县丞。

寻知大谷县。调东平府司录参军，府事无大小，永咸决之。通判郑州，燕山兵起，以永为其路转运判官。移河北西路提举常平。迁河东提点刑狱。靖康元年（1126）冬，卒，年五十三。永博通古今，得钱即买书，家藏书万卷，为文不求人知。见古人立名节者，未尝不慨然掩卷终日，而尤慕颜真卿为人。南宋高宗绍兴初，赠中大夫、资政殿学士，谥勇节，官其族数人。

【史料来源】

（宋）汪藻：《浮溪文粹》卷九《郭永传》，《宋集珍本丛刊》第34册，北京：线装书局，2004年。

（元）脱脱：《宋史》卷四四八《郭永传》，中华书局，1977年，第13205—13208页。

郭孝友（1086—1162）：字次仲，吉安龙泉人，北宋徽宗政和五年（1115）登进士第，历任国子学正，迁司业。

北宋徽宗宣和时期因奏事得罪蔡京，被贬为赣州瑞金县县丞。南宋高宗建炎初，丁忧，去职。

靖康元年（1126）闰十一月二十五日，金兵攻克汴京，郭孝友同潘良桂等奉使于金。南宋建炎初起复知筠州，召为礼部员外郎，提点东西路刑狱，孝友清正廉明，桂帅胡陟荐孝友为监司，请其留任，不肯，辞别。召为司封员外郎，迁起居舍人，权工部侍郎。秦桧与舍人约和，廷议多左，孝友亦曰和议非至计，秦桧不悦。孝友寻以敷文阁待制致仕。

【史料来源】

（明）董天锡撰：（嘉靖）《赣州府志》卷八《名宦志·瑞金·宋》，载《天一阁藏明代方志选刊》，上海：上海古籍书店，1962年。

（明）凌迪知撰：《万姓统谱》卷一〇九《郭》，文渊阁《四库全书》本。

郭僎：字同升，两宋之际开封府祥符人。徽宗时，以父任补官，为东海县尉，权祥符县尉。任祥符尉时，童贯子师闵死，敕葬邑境，僎任道途之役，贯命撤民屋之当道者，僎先籍童氏屋数十楹，欲毁之，贯遽令勿毁，由是民屋得免。

约北宋徽宗时期任滨州招安丞、又为蒙城丞。令以盐科邑民，僎争之不可。**转鹿邑丞**。中贵人杨逢周率军士二百人，以捕寇为名入邑境，所至骚动。僎檄逢周取所受文书，逢周不兴，僎令尉讥察之。逢周归，愬于徽宗，诏追僎赴开封府狱，狱以状闻，乃使还任。转咸平县丞。

建炎中，知宣城县。绍兴初，通判泉州，权知饶州浮梁县，为剧贼“张顶花”所杀，诏赠承议郎，录其后二人。

【史料来源】

（元）脱脱：《宋史》卷四五二《郭僎传》，北京：中华书局，1977年。

（清）嵇璜撰：《续通志》卷五一〇《忠义传》，杭州：浙江古籍出版社，2000年。

高世史（1086—1158）：字无隐，其先蒙城人，徙开封，高公纪从子，幼以宣仁皇后昆孙补太庙斋郎，博闻强记。

北宋徽宗大观初年，任同州澄城县县丞，吏不敢为奸。

政和四年（1114）升通仕郎，政和六年（1116）任唐州泌阳县县令，宣和五年（1123）改宣教郎任中山府唐县知县。宣和七年（1125）任京兆府樊川县知县。靖康元年（1126）覃恩转通直郎，寻赐绯服。南宋高宗绍兴二年（1132）任常州武进县知县。武进号剧邑，公优为之。绍兴五年（1135）任辰州通判，绍兴时期通判广德军，转真州，迁知无为军，再知衡州，所至皆以勤强著称。二十八年卒，年七十三。

【史料来源】

曾枣庄主编：《宋代传状碑志集成二·衡州太守高大夫行状》，成都：四川大学出版社，2012 年。

徐秉哲：饶州鄱阳县人。北宋徽宗政和八年（1118）登进士第。

北宋徽宗崇宁五年（1106）时为建州浦城县县丞。

徽宗宣和元年（1119）权领中书省。南宋高宗建炎元年（1127）六月徐秉哲假资政殿学士领开封府尹，充大金通问使，转昭信军节度副使。

【史料来源】

（宋）李心传撰，胡坤点校：《建炎以来系年要录》卷六“高宗建炎元年六月己未”条，北京：中华书局，2013 年。

（元）脱脱：《宋史》卷一五七《选举志三》，北京：中华书局，1977 年。

莫庭芬（1091—1139）：字国华，湖州归安县人，一说湖州乌程县人。君自幼颖悟，未冠入太学，北宋徽宗政和六年（1116）赐上舍出身，调单州成武县主簿。

北宋徽宗重和二年（1119）任满升从政郎，授黄州黄冈县县丞，以父忧去官。调平江府录事参军，治狱称平。**用荐改宣教郎授常州宜黄县县丞。**

待次里中，绍兴九年（1139）以疾卒，葬于湖州归安县，年四十九。

【史料来源】

（宋）刘一止：《苕溪集》卷四九《莫国华墓志铭》，载《宋集珍本丛刊》第34册，北京：线装书局，2004年。

（宋）谈钥：（嘉泰）《吴兴志》卷一七《进士题名》，载《宋元方志丛刊》第5册，北京：中华书局，1990年。

翁珪：建宁府建安县人。

北宋徽宗崇宁二年（1103）登进士第，为仙游县县丞。

【史料来源】

（宋）赵与泌：（宝祐）《仙溪志》卷二《令佐题名·县丞》，福州：福建人民出版社，1989年。

（明）夏玉麟等修，（明）汪佃等纂：（嘉靖）《建宁府志》卷一五《选举志·进士·宋》，厦门：厦门大学出版社，2009年。

唐稷（1088—1163）：字尧弼，赣州会昌西江人。幼时与祖父过雩都，见砚冈山水奇绝，故结庐其间，因以自号砚冈居士。北宋政和元年（1111）江西辛卯乡试第一名，中解元。

北宋徽宗政和二年（1112），赴京参加礼部省试，中进士，授抚州宜黄县县丞。

再任上犹县尉，后迁知江陵府监利县。宣和五年（1123）授潮州司士曹事，于冤狱多所平反。建炎三年（1129），擢江西转运判官，绍兴十年（1140），差诸王宫大小学教授，除枢密院编修官。后历任湖南湖北江西诸路安抚司机宜文字，得祠归。隆兴元年（1163）卒，葬于会昌县西北，年七十六。著有《砚冈集》五十二卷、《清源人物志》十三卷、《砚冈笔记》一卷。

【史料来源】

（宋）陈振孙著，徐小蛮、顾美华点校：《直斋书录解题》卷一一，《小说家类》，上海：上海古籍出版社，1987年。

（明）董天锡撰：（嘉靖）《赣州府志》卷八《名宦志·宜黄·宋》，载

《天一阁藏明代方志选刊》，上海：上海古籍书店，1962年。

徐瞻：字德望，泉州晋江县人。

北宋徽宗政和五年（1115）登进士第，任连江县县丞。

转任海阳县知县，终官潮州通判。

【史料来源】

（明）黄仲昭修纂：（弘治）《八闽通志》卷四六《选举志·科第·福州府·宋》，福州：福建人民出版社，2006年。

（明）何乔远：《闽书》卷九四《英旧志·泉州府·晋江县·科第·宋》，福州：福建人民出版社，1994年。

梁之仪：建宁府浦城县人，北宋徽宗重和元年（1118）登进士第。

北宋徽宗宣和五年（1123）权仙游县县丞。

【史料来源】

（宋）赵与泌：（宝祐）《仙溪志》卷二《令佐题名·县丞》，福州：福建人民出版社，1989年。

（明）夏玉麟等修，（明）汪佃等纂：（嘉靖）《建宁府志》卷一五《选举志·进士·宋》，厦门：厦门大学出版社，2009年。

梅安道：北宋徽宗**宣和年间前后任宣教郎、知陕州芮城县丞。**

【史料来源】

郭茂育、刘继保编著：《宋代墓志辑释·宋秉义郎周公（谔）墓志铭》，郑州：中州古籍出版社，2016年。

梁寅祖：宋徽宗年间曾任将仕郎、试**绛州稷山县丞。**为梁安祖（1079—1105）之弟，仁宗朝宰相梁适曾孙。

【史料来源】

何新所编著：《新出宋代墓志碑刻辑录·北宋卷·梁安祖墓志（一一〇

七）》，北京：文物出版社，2019年。

梁熙志：泉州晋江县人，熙载弟，经载从弟。崇宁五年（1106）登进士第。

北宋徽宗政和二年（1112）任邵武军邵武县县丞。

【史料来源】

（明）邢址修，（明）陈让纂：（嘉靖）《邵武府志》卷四《秩官志·宋》，载《天一阁藏明代方志选刊》，上海：上海古籍书店，1964年。

（明）黄仲昭修纂：（弘治）《八闽通志》卷五〇《选举志·科第·泉州府·宋》，福州：福建人民出版社，2006年。

龚久中：兴化军莆田县人。

北宋徽宗宣和三年（1121）登进士第，仕至县丞。

【史料来源】

（明）黄仲昭修纂：（弘治）《八闽通志》卷五三《选举志·科第·兴化府·宋》，福州：福建人民出版社，2006年。

（明）何乔远：《闽书》卷一〇五《英旧志·兴化府·莆田县·科第·宋》，福州：福建人民出版社，1994年。

曹夬：北宋徽州休宁县人，曹矩孙。崇宁五年（1106）登进士第。

徽宗宣和初，任睦州建德县丞。

宣和二年（1120）冬，方腊暴动，攻陷歙州，夬被杀。诏进秩三等，于三子恩泽。

【史料来源】

（明）彭泽修，（明）汪舜民纂：（弘治）《徽州府志》卷九《人物志·忠节·宋》，载《天一阁藏明代方志选刊》，上海：上海古籍书店，1964年。

（清）陆心源辑：《宋史翼》卷三〇《曹夬传》，杭州：浙江古籍出版社，2016年。

曹文：歙州黟县人。

北宋徽宗崇宁五年（1106）登进士第，初授建德县县丞。

终官承奉郎。

【史料来源】

（宋）罗愿：（淳熙）《新安志》卷八《进士题名》，载《宋元方志丛刊》第8册，北京：中华书局，1990年。

（明）彭泽修，（明）汪舜民纂：（弘治）《徽州府志》卷六《选举志·科第·宋》，载《天一阁藏明代方志选刊》，上海：上海古籍书店，1964年。

曹省：南康军都昌县人，北宋徽宗政和二年（1112）登进士第，初授岳州士曹。

约北宋徽宗时期任雍丘县县丞。

【史料来源】

（明）陈霖：（正德）《南康府志》卷六《甲科·进士·都昌县》，明正德刻本。

（明）林庭㭿、（明）周广纂修：（嘉靖）《江西通志》卷一三《南康府·科目·宋》，《四库全书存目丛书》本，济南：齐鲁书社，1997年。

章元任（1063—1129）：字萃民，宣城人。登绍圣元年（1094）进士第，调蕲州黄梅县主簿，秩满，丁太中公忧，服阙，授江宁府户曹参军，改通仕郎。

北宋徽宗初期改通仕郎移饶州鄱阳县县丞。

用举者改宣德郎知洪州新建县事，未赴，丁母忧，服除。政和年间任和州历阳县知县。差充淮南西路察访司主管文字，转承议郎充江宁府司刑曹事，转朝奉郎。钦宗即位以覃恩转朝散郎。高宗即位以覃恩转朝奉大夫。建炎三年（1129）卒，年六十七。

【史料来源】

（宋）周紫芝：《太仓稊米集》卷七〇《朝议大夫章公墓铭》，文渊阁《四库全书》本。

（明）程嗣功修，（明）王一化纂：（万历）《应天府志》卷二五《宦迹传二》，《金陵全书》本，南京：南京出版社，2011年。

黄升（1074—1138）：字进仲，黄艺子。北宋徽宗崇宁二年（1103）登进士第，初授济州郓城县主簿，丁中奉公忧。除服，为真定府真定县主簿。

北宋徽宗晚期授邓州南阳县丞，丁母忧。服除，授顺安军司户曹事，改宣教郎，授袭庆府仙源县县丞。

后升任真定府真定县知县、庐州合肥县知县。擢知邵州，改永州，主管建州冲佑观，台州崇道观，又除知筠州。绍兴八年（1138）十二月卒于临安旅舍，积官至左朝散大夫，享年六十有五。

【史料来源】

（宋）汪应辰：《文定集》卷二〇《黄公墓志铭》，上海：学林出版社2009年。

黄诚：字循道，洪州丰城县人。元符三年（1100）登进士第。**宋徽宗宣和年间曾任通直郎、虔州石城县丞。**又曾知德兴县。

【史料来源】

何新所编著：《新出宋代墓志碑刻辑录·北宋卷·陈奭墓志（一一二三）》，北京：文物出版社，2019年。

黄珪（？—1139）：字元功，侯官人。父臻。崇宁贡于辟雍，升补太学内舍。宋徽宗政和二年（1112）赴殿试，复中乙科，注官为襄州司理参军，旋为衢州州学教授。终更循从政郎，除杭州州学教授。

北宋徽宗重和时期三舍法罢，先生亦以溢员解去，从辟为盐官县县丞。

秩满，荐者应格，改宣教郎，除汾州、卫州教授，皆以亲老地远，不能赴。即除福建路提举茶盐司干办公事，官次居富沙，俄丁外艰。除主管官告院，改大理寺丞。绍兴四年（1134）之任，在官二年，擢监察御史。未数月，除刑部郎，明年迁吏部。绍兴九年（1139），以疾终于行在之官舍，积官至左朝请郎。

【史料来源】

（宋）张九成：《横浦集》卷二〇《黄吏部墓志铭》，文渊阁《四库全书》本。

（宋）梁克家撰：（淳熙）《三山志》卷二七《人物类·科名·本朝》，载《宋元方志丛刊》第8册，北京：中华书局，1990年。

黄彧：字文伯，汀州宁化县人，黄迪五世孙。尝举八行，游上庠，同舍皆钦服，北宋徽宗政和八年（1118）登进士第。

北宋徽宗政和八年（1118）调信州玉山县县丞。

仕至左儒林郎、建州观察推官。

【史料来源】

（宋）李心传撰，胡坤点校：《建炎以来系年要录》卷七七“高宗绍兴四年六月丙午”条，北京：中华书局，2013年。

（明）解缙：《永乐大典》卷七八九四《临汀府·进士题名》，北京：中华书局，2012年。

黄驳：泉州府晋江县人。北宋徽宗政和八年（1118）登进士第，初授建宁府崇安县县尉。

约北宋徽宗宣和时期转连江县县丞。

南宋高宗绍兴初年治东莞县。

【史料来源】

（明）黄仲昭修纂：（弘治）《八闽通志》卷五二《选举志·科第·泉州府·宋》，福州：福建人民出版社，2006年。

（明）何乔远：《闽书》卷九四《英旧志·泉州府·晋江县·科第·宋》，福州：福建人民出版社，1994年黄锾：字用和，建州浦城县人。从杨时学，杨时甚器重之。政和五年（1115）登进士第。及为工曹守将，高其才，多委以事。适诸邑大水，按视官希部使者意，多不以实闻，锾独减蠲田租十之八，使者怒，加诮责，终不可夺。

北宋徽宗政和重和年间调西安县县丞。

靖康初，李纲宣抚河东，辟锾为幕属。高宗即位，拜锾为监察御史，首陈七事，深蒙嘉纳。一日，问孟子与齐梁国君问答之说，锾对词义敷畅。高宗认为黄锾论人君治心事甚详，当处以谏官之职。但受到了阻碍，除江西提点刑狱，乞祠归。锾风节凛然，缙绅皆推重之，天下称其直。有《奏议杂著》《论语类》《观唐史》《笃论》共二十卷。

【史料来源】

（宋）李心传撰，胡坤点校：《建炎以来系年要录》卷一〇一“高宗绍兴六年五月乙未”条，北京：中华书局，2013 年。

（明）黄仲昭修纂：（弘治）《八闽通志》卷六五《人物志》，福州：福建人民出版社，2006 年。

黄璘（1087—1126）：字邦美，建州浦城县人，幼孤嗜学。

北宋徽宗政和八年（1118）登进士第，除分水县县丞。改密州教官，再任拱州襄邑县县丞。

靖康元年（1126）金人进犯拱州，城陷落，太守死于难。金人占据拱州，郡县吏役皆听从金人使唤，独璘坚称有病而不出，金人逼迫急切，璘赴井而死，年仅四十，后事闻，诏赠朝奉郎官。璘无子，以弟之子为嗣。

【史料来源】

（明）黄仲昭修纂：（弘治）《八闽通志》卷六五《人物志》，福州：福建人民出版社，2006 年。

（清）陆心源辑：《宋史翼》卷三〇《黄璘传》，杭州：浙江古籍出版社，2016 年。

崔纵：字元矩，抚州临川人。北宋徽宗政和五年（1115）登进士第，初授确山县主簿。

约北宋徽宗时期转仙居县县丞。

累迁承议郎、干办审计司。二帝北行，高宗将遣使通问，廷臣以前使者相继受系，莫肯往。纵毅然请行，乃授朝请大夫、右文殿修撰、试工部尚书以行。比至，首以大义责金人，请还二帝，又三遗之书。金人怒，徙之穷荒，纵不少屈。久之，金人许南使自陈而听其还，纵以王事未毕不忍言。又以官爵诱之，纵以恚恨成疾，竟握节以死。

【史料来源】

（宋）李心传撰，胡坤点校：《建炎以来系年要录》卷一五〇“高宗绍兴十三年十二月庚子”条，北京：中华书局，2013 年。

（元）脱脱：《宋史》卷四四九《崔纵传》，北京：中华书局，1977 年。

晁载之：字伯宇，澶州清丰县人。与悦之、冲之、补之为兄弟辈行。崇宁二年（1103）以锁厅举进士第，授予陈留县尉，捕贼于法云寺，皆崇宁五年（1106）七月至八月所抄，下僚奔走，手不废书。

约北宋徽宗初期转濠州参军，终官任封丘县县丞、朝散大夫。

命途多舛，坎坷终生，有《封丘集》。

【史料来源】

（宋）晁公武撰，孙猛校证：《郡斋读书志校证》卷一九《晁氏封丘集》，上海：上海古籍出版社，1990 年。

（清）厉鹗：《宋诗纪事》卷四二《晁载之》，上海：上海古籍出版社，1983 年。

梅溶（？—1121）：浦阳人，其先建安吴兴人，后徙金华。溶执礼于从父，以儒学荐单州助教。

北宋徽宗宣和初，睦州方腊反，连破六州五十二县，弃官而遁者往往而

是，独溶以单州助教摄松阳丞。时溶年七十余。

宣和三年（1121）死于节，官其二子敦时、敦成，敦时后为遂安令。

【史料来源】

（明）宋濂：《浦阳人物记》卷上《忠义篇》，文渊阁《四库全书》本。

（清）吴运焜：《补续群辅录》卷六《宋》，载《四库未收书辑刊》，北京：北京出版社，1997年。

萧铧：字棠仲，号萧夫子，漳州龙溪县人。北宋徽宗大观三年（1109）登进士第，初授古田县县尉。

约北宋徽宗政和年间调任南康军南康县县丞，后转任福清县县丞。

终官知南恩州，年八十九卒。

【史料来源】

（明）刘天授修，（明）林魁、（明）李恺纂：（嘉靖）《龙溪县志》卷七《选举志·宋·进士》，明嘉靖十四年（1535）刻本。

（明）黄仲昭修纂：（弘治）《八闽通志》卷五一《选举志·科第·漳州府·宋》，福州：福建人民出版社，2006年。

程大任：字华老，饶州乐平县人。

北宋徽宗宣和三年（1121）登进士第，授上高县县丞。

【史料来源】

（清）汤惪修，（清）石景芬纂：（同治）《饶州府志》卷一四《选举志一·进士·宋》，上海：上海古籍出版社，2010年

（清）刘坤一：（光绪）《江西通志》卷二一《选举表·宋进士》，载《中国地方志集成》，南京：凤凰出版社，2009年。

程敦书（1101—1167）：字通叟，眉州人。

北宋徽宗宣和二年（1120）以父任补承务郎，为资阳县丞，监金堂县税，调江原县丞。

擢判达州，知涪、普二州，官至知邛州。拦江堰久废，敦书力治之，复可灌溉，民皆赖之。岁饷汉中诸军八十万，前守者常先一岁取民输以充赋，民皆苦之，敦书上其状以请，卒除十万，民大悦。乾道三年（1167）卒，年六十七。

【史料来源】

（清）徐松辑，刘琳、刁忠民等校点：《宋会要辑稿》食货七之五四，上海：上海古籍出版社，2014年。

董昌裔：字梦贶，吉州吉水县人。自少力学。宣和四年（1122）补将仕郎，历临海县尉。郴州司户参军，摄永兴令。蛮人犯省地，发丁壮授方略，捍御境土，民以奠枕。移连州录事参军。守恚其执法屡窘以事，昌裔不为屈。或诬良民为盗，平反之。

北宋徽宗时期改钱塘县县丞，摄县令，事赤县。

差通判婺州，又为湖南转运司主管文字。金人作乱，擢知兴国军，宗室犯法绳治不少恕。修学校，增给生徒，时号循吏。以年老丐闲，得浙东安抚司参议官。秩满，改江西以归。积官朝奉大夫，赐服金紫。淳熙七年（1180）卒，年七十八。

【史料来源】

（宋）周必大：《平园续稿》卷三二《参议董昌裔墓志铭（庆元五年）》，文渊阁《四库全书》本。

（明）余之祯：（万历）《吉安府志》卷一八《董昌裔传》，北京：书目文献出版社，1991年。

储惇叙：一作敦叙，字彦伦，泉州晋江县人。

北宋徽宗崇宁五年（1106）登进士第，初授漳州龙溪县县丞。

宣和四年（1122）擢知宁德县。清慎自持，多惠政，民为之立祠，累官贺州通判。惇叙历官三十余年，清正廉明，屋不增一椽，田不增一亩。著有《玉泉集》。

【史料来源】

（明）陈应宾修，闵文振纂：（嘉靖）《福宁州志》卷一一《人物志·名臣·宋》，载《天一阁藏明代方志选刊续编》，上海：上海书店出版社，1990年。

（明）黄仲昭修纂：（弘治）《八闽通志》卷五〇《选举志·科第·泉州府·宋》，福州：福建人民出版社，2006年。

傅崧卿：字子骏，号樵枫，越州山阴县人，傅墨卿从兄弟。政和五年（1115）进士甲科，除辟雍正，改婺州州学教授，迁国子正充校正御前文籍，以忧去职。服除，召考功员外郎，兼任太子舍人。

北宋徽宗时期方士林灵素得幸，造符书号神霄录，自三公辅臣以下皆从灵素，独李纲、傅崧卿、曾几以有疾不从，被林灵素所谮，出为蒲圻县县丞。

高宗初，除知太平州，数日罢。久之，召为中书门下省检正诸房公事，自越将幸四明，崧卿殿后乘障尽死力，以为浙东及衢信州防遏使。明年，罢防遏使，除直龙图阁，知越州，改知婺州，召拜秘书监兼权户部侍郎，寻除宣谕淮南东路左仆射。崧卿自国家多事，常慷慨欲以功名自见，与客言及国事，辄愤诧或至流涕，揽镜见齿发衰落，叹徒有报国之志而无报国之功。有《樵风溪堂集》六十卷、《奏议》十五卷、《西掖制诰》三卷，又作《夏小正》传行于世。

【史料来源】

（宋）徐梦莘撰：《三朝北盟会编》卷一三五“高宗建炎三年十二月二十二日丙申”条，上海：上海古籍出版社，2008年。

（元）马端临撰：《文献通考》卷三二《选举考五》，北京：中华书局，2002年。

鲁詹（1082—1133）：字巨山，秀州嘉兴县人，徙杭州海盐县，鲁寿宁子，鲁詧兄。北宋徽宗崇宁五年（1106）登进士第。初授将仕郎、扬州天长县县尉。

北宋徽宗政和五年（1115）官文林郎、平江府常熟县县丞。

南宋高宗建炎二年（1128）任转运判官，终官左朝奉大夫、枢密院检详诸房文字。绍兴三年（1133）卒，年五十二。

【史料来源】

（宋）周必大：《省斋别稿》卷三二《左朝请大夫鲁公督墓志铭（乾道七年）》，载《丛书集成三编》，上海：商务印书馆，1937 年。

（宋）葛胜仲撰：《丹阳集》卷一三《左奉议郎致仕鲁公（寿宁）墓志铭》，载《宋集珍本丛刊》第 32 册，北京：线装书局，2004 年。

楚执柔：**北宋徽宗政和三年（1113）为江阴军江阴县县丞。**善于治理水道，尝治横河市墩新河代洪港，使水疏而不壅，节而不滥。白鹿化成等十乡之田苦于旱涝，执柔尽除其患，农田资利计亩共六千七百五十三有奇。

南宋高宗绍兴三年（1133）罢右朝奉郎新通判宣州职。

【史料来源】

（宋）李心传撰，胡坤校：《建炎以来系年要录》卷六十九“高宗绍兴三年十月甲午”条，北京：中华书局，2013 年。

（明）赵锦修，（明）张衮纂，刘徐昌点校：（嘉靖）《江阴县志》卷一二《官师表·宋》，上海：上海古籍出版社，2011 年。

雷协：字彦一，宁化人。充贡上庠，以易学知名，虽僻书杂传，涉猎通遍。徽宗时期登政和二年（1112）进士，任上饶县尉。

北宋徽宗时期迁上犹县县丞。

转古田县县令，终宣教郎、兴化军教授。

【史料来源】

（明）凌迪知：《万姓统谱》卷一六《雷》，文渊阁《四库全书》本。

（清）李清馥撰，徐公喜、管正平、周明华点校：《闽中理学渊源考》卷一四《教授雷彦一先生协》，南京：凤凰出版社，2011 年。

詹鲁：**北宋徽宗政和五年（1115）十一月官文林郎、平江府常熟县县丞。**

【史料来源】

（明）王鏊撰：（正德）《姑苏志》卷五五，载《天一阁藏明代方志选刊》，上海：上海古籍书店，1990年。

谭知古（1093—1143）：字邦鉴，潭州善化人，世勋子、少聪敏，刻意于古学，尤其熟于易，凡历代史之兴亡治乱，必考其源。以延赏补承务郎，尝摄镡津令。

北宋徽宗时期辟潭州衡山县县丞。

转湖南率属。后以父死国事，遂专以侍奉祖左右以尽孝道，不复出仕。绍兴十三年（1143）卒，年五十一。

【史料来源】

（宋）胡寅：《斐然集》卷二六《右承事郎谭君墓志铭》，北京：中华书局，1993年。

谭知柔：字胜仲，润州金坛县人，一作镇江府丹阳县人，治《书》。

北宋徽宗政和二年（1112）登进士第，授宣州太平县县丞。

除刑部郎官，大理寺少卿，除左司郎中，改邵州通判，历秘书丞，终秘书少监。

【史料来源】

（宋）陈骙：《南宋馆阁录》卷七《官联上》，北京：中华书局，1998年。

（宋）刘宰，王勇、李金坤校证：《京口耆旧传校证》卷八《谭知柔》，镇江：江苏大学出版社，2016年。

蔡章：漳州龙溪县人。北宋徽宗重和元年（1118）登进士第。

约北宋徽宗宣和时期为仙游县县丞。

【史料来源】

（宋）赵与泌：（宝祐）《仙溪志》卷二《令佐题名 · 县丞》，福州：福建人民出版社，1989 年。

（明）黄仲昭修纂：（弘治）《八闽通志》卷三五《秩官志·仙游县·丞》，福州：福建人民出版社，2006 年。

缪潜：累官至通仕郎、**熙州狄道县丞**。宋徽宗大观元年（1107），以祖父母有德行，特循一资。政和四年（1114），为文林郎、新授庆源军节度推官。

【史料来源】

（清）徐松辑，刘琳、刁忠民、舒大刚、尹波等点校：《宋会要辑稿》礼六一之五，上海：上海古籍出版社，2014 年。

何新所编著：《新出宋代墓志碑刻辑录·北宋卷·智深上人经幢铭（一一〇五）》，北京：文物出版社，2019 年。

滕伯奇：**约北宋徽宗时期任泰州海陵县县丞。**

【史料来源】

（宋）李昭玘撰：《乐静集》卷二八《晁次膺墓志铭》，文渊阁《四库全书》本。

潘蔚：温州永嘉县人。北宋徽宗政和五年（1115）登进士第。

北宋徽宗时期任徽州休宁县县丞。

【史料来源】

（明）汤日昭撰：（万历）《温州府志》卷一〇《选举志·进士·宋》，明万历刻本。

（清）嵇曾筠：（雍正）《浙江通志》卷一二四《选举志·进士·宋》，上海：上海古籍出版社，1991 年。

魏孝孙：建宁府建安县人。

北宋徽宗宣和三年（1121）登进士第，历莆田县县丞。

【史料来源】

（明）夏玉麟等修，（明）汪佃等纂：（嘉靖）《建宁府志》卷一五《选举志·进士·宋》，厦门：厦门大学出版社，2009年。

（明）黄仲昭修纂：（弘治）《八闽通志》卷四九《选举志·科第·建宁府·宋》，福州：福建人民出版社，2006年。

魏虎臣：字义夫，政和时期升贡，补丰城县县尉。

约北宋徽宗晚期转潮州潮阳县县丞。

【史料来源】

（明）陈能修，（明）郑庆云、（明）辛绍佐纂：（嘉靖）《延平府志》卷一八，载《天一阁藏明代方志选刊》，上海：上海古籍书店，1961年。

向子愚：**北宋徽宗宣和中宗时期为涿县丞。**调役不均，乃以户口高下均定所役之数，众服其平允。使部伍相为保，无人逸者。以愧运不乏，循从事郎。

惟公负大器识，忠耿亮直，敢于为义，所至有迹。褰帷持斧，奸邪辟易不敢呼吸，折节而取高位，退隐湘山而放身自乐于闲寂。世之小人犹且望风而忌疾，然百炼之钢终不可屈，虽常以是而得谤，亦因是而名声赫奕。

【史料来源】

（宋）王廷珪：《卢溪先生文集》卷四七《故左奉直大夫直秘阁向公行状》，载《宋集珍本丛刊》第34册，北京：线装书局，2004年。

傅察（1089—1125）：字公晦，孟州济源人，中书侍郎傅尧俞从孙。察自幼嗜学，同辈或邀其嬉游，不肯就，端重有操，为文温丽，平居喜愠不行于色，遇事若无所可否，非其意萃然不可为。北宋徽宗崇宁五年（1106）登进士第，调青州司法参军。蔡京欲以女妻之，拒弗答。

历永平、淄川县丞，入为太常博士，迁兵部、吏部员外郎。宣和七年（1125）十月，接伴金国贺正旦使，道逢金太子斡离不，令其下跪，抗辩不屈而死，年三十七。诏赠徽猷阁待制。乾道中，赐谥曰忠肃。

【史料来源】

（宋）傅察：《傅忠肃公文集》卷下《（宋）晁公休〈宋故朝散郎尚书吏部员外郎赠徽猷阁待制傅公（察）行状〉》，载《宋集珍本丛刊》第39册，北京：线装书局，2004年。

（元）脱脱等：《宋史》卷四四六《傅察传》，北京：中华书局，1977年。

第九章　宋钦宗朝（1126—1127）

王干：泉州晋江县人。北宋徽宗宣和六年（1124）登进士第。

北宋钦宗靖康元年（1127）权平江府昆山县县丞。

【史料来源】

（宋）赵与泌：（宝祐）《仙溪志》卷二《令佐题名·县丞》，福州：福建人民出版社，1989年。

（明）黄仲昭修纂：（弘治）《八闽通志》卷五〇《选举志·科第·泉州府·宋》，福州：福建人民出版社，2006年。

赵不弱：宋宗室，**北宋钦宗靖康时期为黄岩县县丞，**因家焉。

【史料来源】

（明）袁应祺修，（明）牟汝忠等纂：（万历）《黄岩县志》卷五《人物志上·科名·宋·进士》，载《天一阁藏明代方志选刊》，上海：上海古籍书店，1963年。

第十章　宋高宗朝（1127—1162）

丁长卿：字晋叔，温州永嘉县人。南宋高宗绍兴二十一年（1151）登进士第。

南宋高宗绍兴二十九年（1159）任黄岩县县丞。

南宋孝宗乾道时期任闽县知县，累迁衢州通判。

【史料来源】

（明）袁应祺修，（明）牟汝忠等纂：（万历）《黄岩县志》卷四《职官志·县官·宋》，载《天一阁藏明代方志选刊》，上海：上海书店，1963年。

（清）嵇曾筠撰：（雍正）《浙江通志》卷一二五《选举志·进士·宋》，上海：上海古籍出版社，1991年。

丁安议（1099—1153）：字居中，湖州德清人。君少警悟，记忆力惊人，喜道古论今。以特进仕为从事郎，监吉州酒税，历淮西帅司属官，潭州南岳庙。

约南宋高宗时期用荐，改右宣教郎，知秀州海盐县县丞。

通判绍州，南宋绍兴二十三年（1153）正月壬辰卒于家，享年五十有五，累阶右承议郎，赐五品服。

【史料来源】

（宋）刘一止撰：《苕溪集》卷四九《丁居中墓志铭》，载《宋集珍本丛刊》第34册，北京：线装书局，2004年。

丁兴宗：**约南宋高宗建炎年间千乘县县丞。**

建炎间青州士兵赵晟聚众为乱，城陷，死于难。诏赠其二官，官其二子。

【史料来源】

（宋）李心传撰，胡坤点校：《建炎以来系年要录》卷一二“高宗建炎二年一月癸卯”条，北京：中华书局，2013年。

（宋）刘时举撰，王瑞来校：《续宋中兴编年资治通鉴》卷一《宋高宗一》，北京：中华书局，2016年。

上官端义：字方叔，邵武人。南宋高宗绍兴十七年（1147）释褐，以荫为惠安县主簿，催科，示民以信，民自乐输。调袁州司法，适岁饥，被委以发粜，民或有不足于直，出己资以补之。

南宋高宗绍兴时期迁建宁府建安县县丞，摄浦城、瓯宁二邑，所至皆有惠政。

【史料来源】

（明）邢址修，（明）陈让纂：（嘉靖）《邵武府志》卷八《选举志·进士·宋》，载《天一阁藏明代方志选刊》，上海：上海古籍书店，1964年。

（明）黄仲昭修纂：（弘治）《八闽通志》卷七《人物志·邵武府·良吏·宋》，福州：福建人民出版社，2006年。

王之道：无为人。

南宋高宗建炎三年（1129）金人陷无为军，守臣朝散大夫李知几挈其帑藏与其民皆南归，历阳县丞王之道率遗民据山寨以守。

【史料来源】

（宋）李心传撰，胡坤点校：《建炎以来系年要录》卷二九“高宗建炎三年十一月己酉”条，北京：中华书局，2013年。

王允功：字元鼎，小名鼎哥，小字季行，其先祟德人，徙钱塘县。南宋高宗绍兴十八年（1148）登进士第。

南宋高宗建炎二年（1128）为北海县县丞。金人攻维州，允功与维州知州韩浩等率众守城，力战，知州韩浩及通判朱庭杰皆战死，允功及司理参军王荐皆全家殁，赠禄有差。

【史料来源】

（宋）佚名：《绍兴十八年同年小录》，文渊阁《四库全书》本。

（元）脱脱等：《宋史》卷四四八《韩浩传》，北京：中华书局，1977年，第13208页。

王伯熊：祁门人，王观国子。

南宋高宗时期为赣州安远县县丞。

【史料来源】

（明）彭泽修，（明）汪舜民纂：（弘治）《徽州府志》卷九《人物志·忠节·宋》，载《天一阁藏明代方志选刊》，上海：上海古籍书店，1964年。

王杰：字才礼，一字才特，小字升亲，小名显郎，福州府永福县人。南宋高宗绍兴十八年（1148）登进士第五甲二十三人。

南宋高宗时期历宣议郎、东莞县县丞。

【史料来源】

（宋）佚名：《绍兴十八年同年小录》，文渊阁《四库全书》本。

（明）黄仲昭修纂：（弘治）《八闽通志》卷四六《选举志·科第·福州府·宋》，福州：福建人民出版社，2006年。

王裳：平江府人，王棠弟。北宋徽宗政和五年（1115）登进士第。

北宋高宗绍兴元年（1131）任秀州海盐县县丞。

【史料来源】

（宋）葛胜仲：《丹阳集》卷一四《宣义郎致仕王公（绎）墓志铭》，载《宋集珍本丛刊》第32册，北京：线装书局，2004年。

（宋）范成大撰，（宋）汪泰亨等续修：（绍定）《吴郡志》卷二八《进士题名》，载《宋元方志丛刊》第1册，北京：中华书局，1990年。

王镇（1116—1193）：字靖之，陈留人，徙开封。君幼以门荫补将仕郎，后任承务郎。

南宋高宗绍兴十五（1145）年任鄂州蒲圻县县丞，为政有方，民不忍其去。

南宋绍兴十八年到绍兴二十三年（1148—1153）任安丰军六安县知县，绍兴二十三年到绍兴二十五年（1153—1155）任吉州吉水县知县，乾道七年到淳熙二年（1171—1175）任赣州安远县知县。绍兴二十三年（1153）任吉州吉水县知县，吉水县地广事繁，君平心遣争讼，不问强弱贫富，惟直是从，善良既伸，奸恶亦化。绍兴二十五年（1155）丁母忧，服阕。乾道七年（1171）任赣州安远县知县。淳熙二年（1175）调任邵州通判，移潭州，除提举荆湖北路常平茶盐公事，后主管华州云台台州崇道观。绍熙四年（1193）六月十九日卒，享年七十有八。有集《西汉文录》二十卷，著述七百余篇，号覆瓿编积。官朝散大夫，赐服金紫。

【史料来源】

（宋）周必大：《文忠集》卷七七《朝议大夫赐紫金鱼袋王君镇墓碣》，文渊阁《四库全书》本。

王肇：**南宋高宗绍兴二十四年（1154）十二月时任明州鄞县县丞**，诬告程纬慢上，无人臣之礼，致兴大狱。

【史料来源】

（宋）李心传撰，胡坤点校：《建炎以来系年要录》卷一六七“高宗绍兴二十四年十二月丁酉”条，北京：中华书局，2013年。

（元）脱脱等：《宋史》卷三一《高宗纪八》，北京：中华书局，1977年。

马藻：其夫人任氏（1112—1151），潼川郪县桂林人。**绍兴二十一年（1151）其妻去世时马藻任遂宁府小溪县丞。**

【史料来源】

何新所编著：《新出宋代墓志碑刻辑录·南宋卷·马藻夫人任氏墓志（一一五二）》，北京：文物出版社，2020年。

方台符：兴华军莆田县人。南宋高宗绍兴二十七年（1157）登进士第。

约南宋高宗时期任番禺县县丞。

终官儒林郎、广州市舶司干办官。

【史料来源】

（明）黄仲昭修纂：（弘治）《八闽通志》卷五三《选举志·科第·兴化府·宋》，福州：福建人民出版社，2006年。

（明）何乔远：《闽书》卷一〇五《英旧志·兴化府·莆田县·科第·宋》，福州：福建人民出版社，1994年。

方兴：兴化军莆田县人。南宋高宗绍兴二十七年（1157）特奏名登进士第。

约南宋高宗时期任浦城县县丞。

【史料来源】

（明）黄仲昭修纂：（弘治）《八闽通志》卷五三《选举志·科第·兴化府·宋》，福州：福建人民出版社，2006年。

（明）何乔远：《闽书》卷九四《英旧志·兴化府·莆田县·科第·宋》，福州：福建人民出版社，1994年。

方扩（1107—1166）：字端之，福建莆田人，为方希叔之子。绍兴二年（1132）登进士第。调为南雄州保昌县尉。

南宋高宗绍兴初期循从政郎差补建宁府建安县县丞。

升任福州闽县知县，后迁温州平阳县知县。后升迁为临安府通判，累迁朝奉大夫，继而出知岳州。孝宗登极，恩转朝散大夫，乾道元年（1165）主管台州崇道观。乾道二年（1166）卒，年六十。

【史料来源】

（清）陆心源辑：《宋史翼》卷二〇《方扩传》，杭州：浙江古籍出版社，2016年。

方伯謇：方峤长子，方叔完兄。曾任福州府侯官县县尉。有盗杀人，追捕无验，伯謇聚里民各寻姓名，至曾忍者熟视之，曰："杀人者，汝也。"一讯而服。

南宋高宗绍兴七年（1137）移为建阳县县丞。特部使者行县，欲摭令事延伯謇，使言令所为且许荐之，伯謇曰："錾人以自进所不敢为，且实不知知，亦不当言也，部使者惭而罢。"

转任虔州会昌县县令，卒于任上。

【史料来源】

（明）郑岳编，黄起龙校正：《莆阳文献传》卷一四《方峤》，北京：中国文史出版社，2014年。

（明）黄仲昭修纂：（弘治）《八闽通志》卷三七《秩官志·建阳县·宋》，福州：福建人民出版社，2006年。

方翼亮：兴化军莆田县人。南宋孝宗乾道二年（1166）登进士第。

南宋高宗时期终安远县县丞。

【史料来源】

（明）黄仲昭修纂：（弘治）《八闽通志》卷五三《选举志·科第·兴化府·宋》，福州：福建人民出版社，2006年。

（明）何乔远：《闽书》卷九四《英旧志·兴化府·莆田县·科第·宋》，福州：福建人民出版社，1994年。

尤昂：福建延平人。

南宋高宗绍兴五年（1135）任赣州雩都县县丞。

南宋孝宗乾道六年（1170）时为邵武县知县，作县门。

【史料来源】

（宋）陆游著，马亚中、涂小马校注：《渭南文集校注》卷二〇《记·〈邵武县兴造记〉》，杭州：浙江古籍出版社2015年。

（明）董天锡撰：（嘉靖）《赣州府志》卷七《秩官志·雩都·县丞·宋》，载《天一阁藏明代方志选刊》，上海：上海古籍书店，1962年。

司马宗召：**南宋高宗绍兴六年（1136）八月由吉州万安县县丞转两浙路转运司干办公事。**

【史料来源】

（宋）李心传撰，胡坤点校：《建炎以来系年要录》卷一〇四“高宗绍兴六年八月己亥”条，北京：中华书局，2013年。

（宋）佚名撰，孔学辑校：《皇宋中兴两朝圣政辑校》卷二〇“高宗绍兴六年八月己亥”条，北京：中华书局，2019年。

田如鳌：一作汝鳌，字邦镇，号痴叟，大庾人，一作南康军南康县人，田辟子。北宋徽宗宣和六年（1124）登进士第。南宋高宗绍兴元年（1131）南安贼吴忠与其徒宋破坛、刘洞天作乱，聚众数千人，焚烧上犹、南康等三县，杀害廷尉，进犯军城。统制官张中彦、李山屡次举兵讨伐之，不克。

南宋高宗绍兴元年（1131）江西提点刑狱公事苏恪以从事郎田如鳌权南康军南康县县丞，以应对吴忠之乱，令其与朝奉大夫、权通判魏彦杞往招捕。未几，破坛为彦杞所杀，如鳌寻遣兵焚贼寨，杀洞天等，民得以安。

【史料来源】

（宋）李心传撰，胡坤点校：《建炎以来系年要录》卷四五“高宗绍兴元年六月庚寅”条，北京：中华书局，2013年。

（明）刘昭文纂修：（嘉靖）《南康县志》卷六《选举志·进士·宋》，载《天一阁藏明代方志选刊续编》，上海：上海古籍书店出版社，1990年。

石师能：新昌人，石象孙。南宋高宗绍兴五年（1135）登进士第。

南宋高宗绍兴时期任镇江府丹阳县县丞。

【史料来源】

（宋）罗濬：（宝庆）《四明志》卷一〇《郡志十·叙人下》，载《宋元方志丛刊》第5册，北京：中华书局，1990年。

（宋）张淏撰：（宝庆）《会稽续志》卷六《进士》，载《宋元方志丛刊》第7册，北京：中华书局，1990年。

冯时行（1100—1163）：字当可，因读书缙云山中，因以号缙云先生，祖籍浙江诸暨紫岩乡祝家坞，生于重庆府璧山县。北宋徽宗宣和六年（1124）登进士第，为状元。建炎中，调奉节县县尉。

南宋高宗绍兴初期任崇庆府江原县县丞。

绍兴二十七年（1157）起知黎州，擢左朝请大夫、提点成都府路刑狱，因阻和议被废，隆兴元年（1163）卒于四川雅安，年六十四。著有《缙云文集》四十三卷、《缙云易解》等。

【史料来源】

（宋）李心传撰，胡坤点校：《建炎以来系年要录》卷九六"高宗绍兴五年十二月己亥"条，北京：中华书局，2013年。

（清）陆心源：《宋史翼》卷一〇《冯时行传》，杭州：浙江古籍出版社，2016年。

冯颀（1121—1201）：字子长，时称双桂老人，洛人，南渡以后居住于严陵双桂坊，冯拯之后。

南宋高宗绍兴晚期为仁和县县丞。绍兴三十一年（1161）县丞任上主管试院诸司。

历江州通判，孝宗淳熙八年（1181）官至京西安抚司参议官，出所著述三卷，名曰《自得上论经》，上卷十六事，中为史评二十二，下卷为诗话四十六，其推明圣贤之意，考订古今之说，往往出人以表。诗文情丽奔绝，豪放洒脱，年八十而终。

【史料来源】

（宋）周必大：《文忠集》卷四九《书冯颀自得集后》，文渊阁《四库全书》本。

（宋）杨万里撰，辛更儒笺校：《杨万里集笺校》卷七八《双桂老人诗集后续》，北京：中华书局，2007年。

冯滋：明州慈溪县人，冯泾弟。北宋徽宗崇宁五年（1106）登进士第。北宋徽宗政和七年（1115）八月任奉议郎晋陵县知县。

南宋高宗建炎初为朝奉郎知处州丽水县县丞，赐绯鱼袋。

【史料来源】

（宋）罗濬：（宝庆）《四明志》卷一〇《进士》，载《宋元方志丛刊》第5册，北京：中华书局，1990年。

（宋）张津撰：（乾道）《四明图经》卷一二《进士》，载《宋元方志丛刊》第5册，北京：中华书局，1990年。

卢灿：婺州永康县人。

南宋高宗绍兴五年（1135）登进士第，终官县丞。

【史料来源】

（明）王懋德等修，（明）陆凤仪等编：（万历）《金华府志》卷一八《科第志·宋进士》，北京：国家图书馆出版社，2014年。

（清）嵇曾筠撰：（雍正）《浙江通志》卷一二五《选举志·进士·宋》，上海：上海古籍出版社，1991年。

卢苇：温州永嘉县人。

南宋高宗绍兴十二（1142）年登进士第。终黄岩县县丞。

【史料来源】

（明）王瓒撰，胡珠生点校：（弘治）《温州府志》卷一三《人物志·科第·宋》，上海：上海社会科学院出版社，2006年。

（清）嵇曾筠：（雍正）《浙江通志》卷一二五《选举志·进士·宋》，上海：上海古籍出版社，1991年。

叶荐：字宋颖，建宁府建安县人。南宋高宗建炎二年（1128）登进士第。

南宋高宗绍兴时期为福州府侯官县县丞。

转福建帅幕，汀寇作，存被檄招降，直造巢穴，谕以祸福，寇悉听命。南宋高宗绍兴时期调罗源县县令，率民筑白柯塘以捍田寨。官获强盗余二十人，在法，县令当被赏，荐悉从轻典释之。

【史料来源】

（明）黄仲昭修纂：（弘治）《八闽通志》卷六四《人物志·建宁府·宋》，福州：福建人民出版社，2006年。

（明）夏玉麟等修，（明）汪佃等纂：（嘉靖）《建宁府志》卷一五《选举志·进士·宋》，厦门：厦门大学出版社，2009年。

叶畬：饶州德兴县人。

南宋高宗建炎四年（1130）二月辛丑钟相攻陷澧州，澧州知州黄琮、迪功郎澧阳县丞叶畬与其子叶侁皆战死。

【史料来源】

（宋）王象之：《舆地纪胜》卷一二《荆湖北路·澧州·官吏》，北京：中华书局，2016年。

（宋）李心传撰，胡坤校：《建炎以来系年要录》卷三一“高宗建炎四年六正月辛丑”条，北京：中华书局，2013年。

甘晋：建昌军南丰县人。

南宋高宗绍兴八年（1138）进士，历从政郎、上犹县县丞。

【史料来源】

（明）夏良胜纂修：（正德）《建昌府志》卷一六《人物志》，载《天一阁藏明代方志选刊》，上海：上海古籍书店，1964年。

（清）刘坤一：（光绪）《江西通志》卷二一《选举表·宋进士》，载《中国地方志集成》，南京：凤凰出版社，2009年。

甘阅：建昌军南丰县人。南宋高宗绍兴十二年（1142）登进士第。

约南宋高宗时期任建宁府崇安县县丞。

【史料来源】

（明）夏良胜纂修：（正德）《建昌府志》卷一五《选举志·进士》，载《天一阁藏明代方志选刊》，上海：上海古籍书店，1964年。

（清）刘坤一：（光绪）《江西通志》卷二二《选举表·宋进士》，载《中国地方志集成》，南京：凤凰出版社，2009年。

向子伟：**南宋高宗绍兴二十七年（1157）三月时任明州鄞县县丞，**孝亲敬长，除军器监主簿。

【史料来源】

（宋）李心传撰，胡坤点校：《建炎以来系年要录》卷一七六"高宗绍兴二十七年三月丙子"条，北京：中华书局，2013年。

吕大伦：字时叙，河南人，吕骊中次子。

南宋高宗绍兴十五年（1145）武义县县丞。

尝取官之弃材，筑豹隐堂与兄弟讲习道义于其间。绍兴二十三年（1153）任右宣义郎，福建提举常平司干办公事。

【史料来源】

（宋）汪应辰：《汪文定公集》卷九《豹隐堂记》，载《宋集珍本丛刊》第46册，北京：线装书局，2004年。

何新所编著：《新出宋代墓志碑刻辑录·南宋卷·吕大伦妻许氏墓记（一一四八）》，北京：文物出版社，2020年。

吕和：**南宋高宗绍兴十年（1140）时任池州铜陵县县丞。**

【史料来源】

（元）脱脱：《宋史》卷一二三《礼志二十六》，北京：中华书局，1977年。

刘子翔：**南宋高宗时期任湘潭县县丞。**

【史料来源】

（清）李瀚章、裕禄等编纂：（光绪）《湖南通志》卷一一一《职官志二·宋一》，长沙：岳麓书社，2009年。

刘汝舟：字元造，建州浦城县人。北宋徽宗政和二年（1112）登进士第，调兴华军司法参军。

南宋高宗时期任零陵县县丞。

【史料来源】

（明）夏玉麟等修，（明）汪佃等纂：（嘉靖）《建宁府志》卷一五《选举志·进士·宋》，厦门：厦门大学出版社，2009年。

（明）何乔远：《闽书》卷九九《英旧志·建宁府·莆田县·科第·宋》，福州：福建人民出版社，1994年。

刘廷直（1100—1160）：一作庭直，字谔卿，一字养浩。世为吉州安福县人。绍兴初元，复元祐诗赋科，公与兄禹锡以文章炜然同升里选，而公在第二，州闾称二刘焉。已而禹锡登科，公闻罢。又十一年，禹锡死，公以经赋两科再诣太常。南宋高宗绍兴十五年（1145）登进士第，调鄂州户掾。鄂州太守张抟荐之朝，迁左从政郎。

南宋高宗绍兴年间调鼎州武陵县县丞。

就摄郡博士，逾年用礼部侍郎辛公次膺及诸公荐，改秩左宣教郎，知临江军新喻县。而疾作，致仕，得左奉议郎。绍兴三十年（1160）八月一日卒，年六十有一。家有文集二十卷，又作《易集传》，未成而殁。绍兴三十二年（1162）十二月甲申，葬于清化乡黄田庙坑之原。

【史料来源】

（宋）杨万里撰，辛更儒笺校：《杨万里集笺校》卷一二二《新喻知县刘公墓表》，北京：中华书局，2007年。

（宋）王庭珪撰：《卢溪文集》卷四六《故左奉议郎刘君墓志铭》，载《宋集珍本丛刊》第34册，北京：线装书局，2004年。

刘师亮：字希武，福州闽县人。

南宋高宗绍兴五年（1135）登进士第。

南宋高宗时期终从政郎、漳州龙溪县县丞。

【史料来源】

（宋）梁克家撰：（淳熙）《三山志》卷二八《人物类·科名·本朝》，载《宋元方志丛刊》第8册，北京：中华书局，1990年。

（明）黄仲昭修纂：（弘治）《八闽通志》卷四六《选举志·科第·福州府·宋》，福州：福建人民出版社，2006年。

刘苡：温州永嘉县人。南宋高宗绍兴二十四年（1154）登进士第。

约南宋高宗时期历任古田县县丞。

【史料来源】

（清）嵇曾筠撰：（雍正）《浙江通志》卷一二五《选举三·宋》，上海：上海古籍出版社，1991年。

沈瑜庆：（民国）《福建通志》卷三二《职官志·宋》，北京：方志出版社，2016年。

刘易简：字至德，汀州府武平县人。南宋高宗绍兴八年（1138）特奏名登进士第。

南宋高宗时期任龙川县县丞。

【史料来源】

（明）解缙编：《永乐大典》卷七八九四《临汀志·进士题名》，北京：

中华书局，1986年。

(明) 黄仲昭修纂：(弘治)《八闽通志》卷五一《选举志·科第·福州府》，福州：福建人民出版社，2006年。

刘铨（1111—1165)：字全之，乐清人。举绍兴十二年（1142）进士。初调台州临海县县尉。秩满，丁父忧，终丧。

南宋高宗绍兴晚期任泰州如皋县县丞。

南宋孝宗隆兴年间以宣教郎任秀州海盐县知县。孝宗即位，覃恩转奉议郎，赐银绯。转承议郎。乾道二年（1166）十一月卒，年五十六。

【史料来源】

(宋) 王十朋：《梅溪集》卷第二九《刘知县墓志铭》，文渊阁《四库全书》本。

刘清之（1134—1190)：字子澄，号静春先生，先世临江军人，后迁徙至吉州庐陵县，授业于兄刘靖之，甘贫力学，博极书传。登绍兴二十七年(1157) 进士第，授袁州宜春主簿，未及上任丁父忧，服除，改严州建德县主簿。清之欲应博学鸿词科，及见朱熹，尽取所习焚烧之，慨然志于义理之学，母不逮养，展阅手泽，涕泗横流。吕祖谦、张栻皆神交心契，汪应辰、李焘亦敬慕之。

南宋高宗绍兴后期调瑞州万安县县丞。时江右大侵，郡檄视旱，徒步阡陌，亲与民接，凡所蠲除，具得其实。州议减常平直，清之曰："次惠不过三十里内耳，外乡远民势岂能来？老幼疾患之人必有馁死者。今有粟之家闭不肯粜，实窥伺攘夺者众也。在我有政，则大家得钱，细民得米。两适其便。"乃请均境内之地为八，俾有粟者分赈其乡，官为主之。规划防闲，民甚赖之。帅龚茂良以救荒实迹闻于朝，又偕诸公荐之。

改知抚州宜黄县。改太常主簿，通判鄂州，改衡州。作《谕民书》一编，宣传畏天积善、勤力务本、事亲睦族、教子祀先、谨身节用、利物济人。又以士风未振，增筑临蒸精舍，更作朱陵道院。被诬以劳民伤财，罢官主管云台观。遂归乡，筑槐阴精舍以处来学者。光宗即位，起知袁州，虽疾作，犹贻书执政论国事。绍熙元年（1190）卒，年五十七。所著有《衡州图经》《曾子内外杂篇》《训蒙新书》《外书》《戒子通录》《墨庄总录》《祭仪》《时令书》《续说苑》《文集》《农书》等。

【史料来源】

（元）脱脱等：《宋史》卷四三七《刘清之传》，北京：中华书局，1977年。

（明）熊相：（正德）《瑞州府志》卷七《名宦·州县·宋》，载《天一阁藏明代方志选刊续编》，上海：上海书店出版社，1990年。

刘翊之：简州阳安县人。

南宋高宗时期任兴道县县丞。

【史料来源】

（宋）李心传撰，徐规点校：《建炎以来朝野杂记》乙集卷九《时事二·蜀士立功立节次第》，北京：中华书局，2000年。

刘镇（1114—?）：字子山，小名阿崧，小字崧郎，一字可升，号方叔。温州乐清人，刘铨从弟。年三十五中绍兴十八年（1148）二甲第六名进士。与铨一起学习于其从父刘祖向，及登第，任隆兴府司法。

约南宋高宗绍兴二十一年（1151）任武义县县丞。

改知长溪县，政绩卓著，官至隆兴通判。有《待评集》，王十朋为之序，今不传。

【史料来源】

（宋）佚名：《绍兴十八年同年小录》，文渊阁《四库全书》本。

（明）徐象梅撰：《两浙名贤录》卷二六《吏治》杭州：浙江古籍出版社，2012年。

朱大椿：饶州鄱阳人。

南宋高宗绍兴十五年（1145）任赣州雩都县县丞。

【史料来源】

（明）董天锡撰：（嘉靖）《赣州府志》卷七《秩官志·雩都·县丞·宋》，载《天一阁藏明代方志选刊》，上海：上海古籍书店，1962年。

朱琇：一名“秀”，字廷玉，饶州浮梁县人。

南宋高宗绍兴二十四年（1154）登进士第，官县尉和县丞。

【史料来源】

（明）陈策纂修：（正德）《饶州府志》卷二《学校志科贡附·浮梁·进士》，载《天一阁藏明代方志选刊续编》，上海：上海书店出版社，1990年。

（清）汤惠修，（清）石景芬纂：（同治）《饶州府志》卷一四《选举志一·进士·宋》，上海：上海古籍出版社，2010年。

孙文：**南宋高宗绍兴十五年（1145）为安溪县县丞。**

【史料来源】

（明）林有年纂：（嘉靖）《安溪县志》卷三，载《天一阁藏明代方志选刊》，上海：上海古籍书店，1963年。

孙彦及：**南宋高宗建炎年间官县丞。**

为吴儆师，儆和其棣华堂诗韵，称其诗引授古今，发明大义，使学者知不徒事翰墨而已。及卒，儆为文祭之云：“呜呼，死生通乎昼夜，达者以为当然，朋友尽于始终，君子之甚笃，而况某于公有师弟子之分，在礼有心丧三年之服。呜呼哀哉，虽欲勿哭，焉得而勿哭。”

【史料来源】

（清）王梓材、（清）冯云濠编撰，沈芝盈、梁运华点校：《宋元学案补遗》卷七一《县丞孙先生彦及》，北京：中华书局，2012年。

宇文师献（1128—1174）：字德济，成都府华阳县人，宇文粹中子。季父宇文时中颇器重之，与其交流学习，有长进。以叔父宇文虚中受荫，任承务郎。

南宋高宗绍兴中后期转任德阳县县丞，改任绵竹县县丞，整顿科条，清查弊政，节省用度，兴办学校，行乡饮酒礼，使长幼有序，邻里和睦。

转知阆州，淳熙元年（1174）卒，年四十七。

【史料来源】

胡昭曦、刘复生、粟品孝著：《宋代蜀学研究》，成都：巴蜀书社，1997年。

汤玘：绍兴二十七年（1157）**前后任右迪功郎、赣州赣县丞。为**汤之尹之侄。

【史料来源】

何新所编著：《新出宋代墓志碑刻辑录·南宋卷·汤之尹墓志（一一五七）》，北京：文物出版社，2020年。

江洵直：福州府侯官县人。南宋高宗绍兴十五（1145）特奏名登进士第。**南宋高宗时期终修职郎、南康军南康县县丞。**

【史料来源】

（宋）周必大：《平园续稿》卷三二《广南提举市舶江公文叔墓志铭（庆元二年）》，文渊阁《四库全书》本。

（宋）梁克家：（淳熙）《三山志》卷二八《人物类·科名·本朝》，载《宋元方志丛刊》第8册，北京：中华书局，1990年。

江衮（1081—1146）：字圣潜，衢州开化县人。公幼知奋励，稍长操履不群，补太学生，自立嶷然，好古尚友，连丁二亲忧，执丧哀戚甚悼，庐于墓，次服除，再贡名礼籍，处太学十年，声闻秀令。中大观二年（1108）进士第，授通州静海县主簿。约北宋徽宗末期、南宋初年任磁州邯郸县县令。发奸擿伏，惠爱兼流。部刺史才之，辟权保州教授，邯郸民惜其去，遮道者众且远，用荐章改京秩。

南宋高宗初期人徐州彭城县县丞。未赴，除广亲北宅宗子博士，端靖居官，不事造请，言者劾公令邯郸日，部筑浚州城，斩官林为板干，罪也，黜送铨部。授平江府司兵曹事，后任杭州余杭县知县。绍兴十六年（1146）八月卒，享年六十六。

【史料来源】

（宋）胡寅：《斐然集》卷二六《左朝散郎江君墓志铭》，北京：中华书局，1993年。

江符：字信仲，建宁府建安县人。南宋高宗绍兴十二年（1142）登进士第。初授永丰县县尉，升从政郎。

南宋高宗绍兴中期改醴陵县县丞权茶陵县军使兼县事。

【史料来源】

（宋）薛季宣：《浪语集》卷三三《故醴陵县丞江公（符）墓志铭》，文渊阁《四库全书》本。

（明）夏玉麟等修，（明）汪佃等纂：（嘉靖）《建宁府志》卷一五《选举志·进士·宋》，厦门：厦门大学出版社，2009年。

江续之：**南宋高宗绍兴二十九年（1159）六月任右平议郎知平江府常熟县县丞时命其监登闻鼓院。**

【史料来源】

（宋）李心传撰，胡坤点校：《建炎以来系年要录》卷一八二“高宗绍兴二十九年六月己酉”条，北京：中华书局，2013年。

（宋）孙应时撰：（宝祐）《重修琴川志》卷三《叙官·宋》，载《宋元方志丛刊》第2册，北京：中华书局，1990年。

江琦（1085—1142）：字全叔，建州建阳县人，全叔资质警悟，自幼已谨厚老成，未冠试于转运司中选后，再预能书，宣和三年（1121）对策集英殿赐出身，任筠州高安县主簿，部使者知其才俾。北宋徽宗末期任新昌县令。善决疑狱，数被委，咸称。民负税有至十年者，全叔德信既孚，不待遣吏而载输告具。将去，父老凡三诣郡丐留。

约南宋高宗初期移信州永丰县县丞。丁丧事，寮友赙之甚厚，先生曰："大事当自尽矣，敢为诸公费。"

服除，得邵武军教授，授永州教授，改左宣教郎而归，主管台州崇道观。绍兴十二年（1142）正月感疾卒，年五十八。著《春秋经解》三十卷，《辨疑》一卷，《语说》、《孟说》各五卷。君于朋友重信义，有寸长辄诵誉之，惟恐人弗闻。苟有过失亦面折责之，每论事预料成败后必验，故公卿识之者喜与之谋，其交游甚广，于事无不知。

【史料来源】

（宋）胡寅：《斐然集》卷二六《左宣教郎江君墓志铭》，北京：中华书局，1993年。

（清）黄宗羲撰，（清）全祖望补修，陈金生、梁运华点校：《宋元学案》卷三四《教授江先生琦》，北京：中华书局，1986年。

江灏：字良弼，建宁府崇安县人。北宋徽宗宣和六年（1124）登进士第。初授上高县县尉。

高宗渡江，以勤王功迁剑浦县县丞。统义兵捕范汝为等。改无锡县县令。历知郴州、象州。廉名籍甚，郡人绘像祀之，高宗尝记其名于屏。

【史料来源】

（明）胡汉等纂，陈礼恒点校：（万历）《郴州志校注》卷二《秩官表上》，郑州：中州古籍出版社，2017年。

（明）夏玉麟等修，（明）汪佃等纂：（嘉靖）《建宁府志》卷一五《选举志二·进士·宋》，厦门：厦门大学出版社，2009年。

百彦金：**南宋高宗建炎四年（1130）任奉化县县丞。**

【史料来源】

（宋）李心传撰，胡坤点校：《建炎以来系年要录》卷三一“高宗建炎四年正月丙戌”条，北京：中华书局，2013年。

陈士宏（1114—1160）：士一作仕，字毅夫，兴化军莆田县人。毅夫幼而耽书，不好狎，十八九时自太史公所录近至欧阳氏新书皆通涉手自抄定。南宋高宗绍兴十二年（1142）登进士第，监惠州监泊头场盐税，历从政郎摄潮州揭阳县县令。

南宋高宗绍兴后期终官左宣教郎、泉州惠安县县丞。

南宋高宗绍兴三十年（1160）卒，年四十七。

【史料来源】

（宋）林光朝：《艾轩先生文集》卷九《惠安丞陈君墓志铭》，载《宋集珍本丛刊》第44册，北京：线装书局，2004年。

（明）黄仲昭修纂：（弘治）《八闽通志》卷五三《选举志·科第·兴化府·宋》，福州：福建人民出版社，2006年。

陈文昌：字蒙发，福州古田县人。南宋高宗建炎二年（1128）登进士第，任宣教郎。

南宋高宗绍兴年间任宣教郎、宜黄县县丞。

【史料来源】

（宋）梁克家：（淳熙）《三山志》卷二八《人物类·科名·本朝》，载《宋元方志丛刊》第8册，北京：中华书局，1990年。

（明）黄仲昭修纂：（弘治）《八闽通志》卷四六《选举志·科第·福州府·宋》，福州：福建人民出版社，2006年。

陈宁国：字安世，巴陵人。

南宋高宗绍兴时期任澧阳县丞。

宁国知兵善战，有文武材，韩世忠辟为裨将，讨贼刘忠等，追至静江，捷胜有功，冒瘴病卒。

【史料来源】

（清）李瀚章、裕禄等编纂：（光绪）《湖南通志》卷一五六《选举志·荐举一》，长沙：岳麓书社，2009年。

（清）李瀚章、裕禄等编纂：（光绪）《湖南通志》卷一六四《人物志·岳州府·宋》，长沙：岳麓书社，2009年。

陈迁：字安仲，福州长溪县人。北宋徽宗宣和六年（1124）登进士第。

约南宋高宗建炎年间终官修职郎剑浦县县丞。

【史料来源】

（宋）梁克家：（淳熙）《三山志》卷二八《人物类·科名·本朝》，载《宋元方志丛刊》第8册，北京：中华书局，1990年。

（明）黄仲昭修纂：（弘治）《八闽通志》卷五二《选举志·科第·福宁州·宋》，福州：福建人民出版社，2006年。

陈刚（？—1153）：两宋之际四川井研县人，陈咸祖父。徽宗时登进士第，建炎初，为晋原县尉。

约南宋高宗绍兴年间任罗江县县丞，以母忧去官，归家守丧。

绍兴十六年（1146），投匦上书论恢复事，以为当以和好为权宜，战守为实务。忤秦桧，以左朝奉郎除湖北路提举常平司干办公事。秩满代归，遂不复仕。刚为人强直，登第三十年，莅官才九考，所治皆有政声，绍兴二十三年（1153）卒于家。

【史料来源】

（宋）李心传撰，胡坤点校：《建炎以来系年要录》卷一五五“高宗绍兴十六年九月丙申”条，北京：中华书局，2013年。

（清）陆心源辑：《宋史翼》卷一一《陈刚传》，杭州：浙江古籍出版社，2016年。

陈汝舟：南康军建昌县人。南宋高宗建炎二年（1128）登进士第。

南宋高宗绍兴十三年（1143）为严州淳安县县丞。

【史料来源】

（明）解缙编：《永乐大典》卷七三二五《张轩陈汝舟并循右修职郎制》，北京：中华书局，1986年。

（明）姚鸣鸾修，（明）余坤等纂：（嘉靖）《淳安县志》卷一三《县学田记》，载《天一阁藏明代方志选刊》，上海：上海古籍书店，1965年。

陈沃：字德润。

南宋高宗绍兴五年（1135）为南剑州沙县县丞。

荐对，除诸王宫大小学教授，除枢密院编修官，秦桧以沃为赵鼎所荐，恶之，出知惠州。沃为政有古循吏风，初无心于惠爱，而民自悦。

【史料来源】

（宋）李心传撰，胡坤点校：《建炎以来系年要录》卷九一"高宗绍兴五年七月癸未"条，北京：中华书局，2013年。

（宋）佚名撰，汪圣铎点校：《宋史全文》卷一九中"高宗绍兴五年秋七月壬申"条，北京：中华书局，2016年。

陈伯山：字仁叔，小字正甫，号东湖寓客，小名惟忠，公器之侄孙，生于九月初九，兴化军莆田人，一说福州怀安人。绍兴十八年（1148）四甲第二十名进士，年二十三。

南宋高宗绍兴后期终官从政郎上高县丞。

【史料来源】

（宋）梁克家撰：（淳熙）《三山志》卷二八《人物类·科名·本朝》，载《宋元方志丛刊》第8册，北京：中华书局，1990年。

（明）黄仲昭修纂：（弘治）《八闽通志》卷四六《选举志·科第·福州府·宋》，福州：福建人民出版社，2006年。

陈驺：兴化军仙游县人，陈骥弟。

南宋高宗绍兴十二年（1142）登进士第。仕至永春县县丞。

【史料来源】

（宋）赵与泌：（宝祐）《仙溪志》卷二《令佐题名·县丞》，福州：福建人民出版社，1989 年。

（宋）李俊甫撰：《莆阳比事》卷一《父子一榜昆季同年》，续修《四库全书》本。

陈宗谔：字昌言，连州人。工于文章，不从时尚，家有养源堂，著述甚丰。张浚在连州时，独喜与其论文章，且命子张栻严事之。

南宋高宗绍兴年间以特奏名仕泷水县丞，摄端溪县令。

后浚欲荐之于朝，闻其卒乃止。有《养源集》行于世。

【史料来源】

（明）解缙编：《永乐大典》卷三一五四《陈·陈宗谔》，北京：中华书局，1986 年。

（清）王梓材、（清）冯云濠编撰，沈芝盈、梁运华点校：《宋元学案补遗》卷四四《县令陈先生宗谔》，北京：中华书局，2012 年。

陈扃：字纯中，建宁府瓯宁县人。年十八由乡举贡辟雍，绍兴八年（1138）中进士第，授严州建德县主簿。

南宋高宗绍兴年间转任饶州德兴县县丞。

改宣教郎，知兴化仙游县、福州闽县，通判信州。以荐就信州，信兵素骄，扃以恩威抚之。以治行，迁提举淮东盐事。丐祠，卒年七十三，官至朝请大夫。

【史料来源】

（宋）李心传撰，胡坤校：《建炎以来系年要录》卷一九八“高宗绍兴三十二年闰二月甲申”条，北京：中华书局，2013 年。

（明）黄仲昭修纂：（弘治）《八闽通志》卷四九《选举志·科第·建宁府·宋》，福州：福建人民出版社，2006 年。

陈骈：兴化军仙游县人，陈骥弟。北宋徽宗重和元年（1118）登进士第，初授武威军节度推官。

南宋高宗绍兴九年（1139）为安溪县县丞。

【史料来源】

（宋）赵与泌：（宝祐）《仙溪志》卷二《令佐题名·县丞》，福州：福建人民出版社，1989年。

（明）黄仲昭修纂：（弘治）《八闽通志》卷五三《选举志·科第·兴化府·宋》，福州：福建人民出版社，2006年。

陈康嗣：字起之，福州罗源县人。年四十八中绍兴十八年（1148）五甲第八十三名进士。

南宋高宗绍兴后期终官通直郎、崇安县丞。

【史料来源】

（宋）梁克家撰：（淳熙）《三山志》卷二八《人物类·科名·本朝》，载《宋元方志丛刊》第8册，北京：中华书局，1990年。

（明）黄仲昭纂修：（弘治）《八闽通志》卷四六《选举志·科第·福州府·宋》，福州：福建人民出版社，2006年。

陈璘：字季文，镇江府金坛县人，陈度侄。

南宋高宗绍兴二十二年（1152）登进士第，初授婺州义乌县县丞。

转知秀州海盐县，卒于池州通判任上。居官有贤誉，能以诗世其家。

【史料来源】

（宋）刘宰撰，王勇、李金坤校证：《京口耆旧传校证》卷六《陈亢》，镇江：江苏大学出版社，2016年。

（元）俞希鲁编撰，杨积庆，贾秀英等校：（至顺）《镇江志》卷一八《科举志·土著》，南京：凤凰出版社，1999年。

陈璹（1097—1158）：字国寿，建州建阳县人。

南宋高宗建炎二年（1128）登进士第，授左从事郎洪州观察推官，未赴，权建阳县县丞。时建阳弓手王延胜等啸聚，烧县舍、杀主簿，公讨捕之。

有功，迁知饶州，竭力赈灾，除广南西路转运判官，寻知静江府，兼主管广南西路经略安抚司公事，除直秘阁，知潭州，兼主管荆湖南路安抚司公事。改广州，在岭外，所调护流人甚厚。秦桧卒，调知湖州，改两浙转运副使。公不同流俗，所治皆有绩。绍兴二十八年（1158）卒，年六十二。

【史料来源】

（宋）汪应辰：《汪文定公集》卷二一《左朝散大夫直徽猷阁陈公墓志铭》，载《宋集珍本丛刊》第46册，北京：线装书局，2004年。

（宋）李心传撰，胡坤点校：《建炎以来系年要录》卷一六〇“高宗绍兴十九年九月壬寅”条，北京：中华书局，2013年。

杨万里（1127—1206）：字廷秀，吉州吉水人，杨芾子。南宋高宗绍兴二十四年（1154）登进士第，为赣州司户。

南宋高宗绍兴二十四年（1154）任调零陵县县丞。时张浚贬谪永州，杜门谢客，杨万里三往不得见，以书力请始见之。浚勉以正心诚意之学，万里服其教终身，乃名读书之室曰诚斋。

除临安府教授，未赴，丁父忧。南宋孝宗乾道六年至乾道七年（1170—1171）任隆兴府奉新县知县。孝宗时，召为国子监博士，迁太常博士，寻升丞兼吏部侍右郎官，转将作少监，出知漳州，改常州，寻提举广东常平茶盐，除提点刑狱，召为尚左郎官。绍熙元年，借焕章阁学士为接伴金国贺正旦使兼实录院检讨官。改知赣州，不赴。乞祠，除秘阁修撰、提举万寿宫，自是不复出矣。宁宗开禧二年（1206）族子言韩侂胄用兵事，万里痛哭失声，呼纸书其罪状，又书写十四言别妻子，掷笔而逝，年八十三，赠光禄大夫，谥号文节。有《诚斋易传》《诚斋集》《诗话》等著作。

【史料来源】

（宋）杨万里撰，辛更儒笺校：《杨万里集笺校》卷一三三《除宝文阁待制致仕制》，北京：中华书局，2007年。

（元）脱脱等：《宋史》卷四三三《杨万里传》，北京：中华书局，1977年。

杨应：南安军南康县人。南宋高宗绍兴十八年（1148）登进士第。

南宋高宗时期历迪功郎、番禺县县丞。

【史料来源】

（明）林庭㭿、（明）周广纂修：（嘉靖）《江西通志》卷九《饶州府志·科目·宋》，《四库全书存目丛书》本，济南：齐鲁书社，1997年。

（清）黄鸣珂：（同治）《南安府志》卷一二《选举志·进士表》，文渊阁《四库全书》本。

杨愿（1101—1152）：字原仲，吴郡人。宣和末，补太学录。二帝北迁，金人闻愿名，索之，愿匿民间。上书执政，请迎复元祐皇后。又奔济州元帅府劝进，辟为属。高宗即位，以元帅府结局恩，授修职郎，御营司辟机宜文字。

南宋高宗初期任新昌县县丞。

宋高宗初年，为越州判官。秦桧荐之，召改枢密院编修官。登绍兴二年（1132）进士第，迁计议官。召试馆职，罢。主管祟道观，复除秘书郎。通判明州。桧既专政，召为秘书丞。未几，拜监察御史。改司封员外郎，迁右司，起居舍人兼权中书舍人。绍兴十三年（1143），权直学士院，充金国贺正旦接伴使。绍兴十四年（1144），为御史中丞。逾月，升端明殿学士、签书枢密院事兼参知政事，仍兼修玉牒。绍兴十五年（1145）罢，提举太平观。绍兴十八年（1148），起知宣州。玉牒书成，加资政殿学士，移建康府。绍兴二十二年（1152），卒，年五十二。

【史料来源】

（宋）叶适：《叶适集》卷二三《资政殿学士参政枢密杨公墓志铭》，北京：中华书局，2010年。

（元）脱脱等：《宋史》卷三八〇《杨愿传》，北京：中华书局，1977年。

汪大猷（1120—1200）：字仲嘉，庆元府鄞县武康乡沿江里人，汪思温子。南宋高宗绍兴七年（1137）以父恩补官，授衢州江山县县尉，晓畅吏事。

南宋高宗绍兴十五年（1145）登进士第，授婺州金华县县丞，争财者谕以长幼之礼，悦服而退。李椿年行经界法，约束严甚，檄大猷复视龙游县，大猷请不实者得自陈，毋遽加罪。**绍兴二十年（1150）改建德县县丞。**

迁知昆山县。丁父忧，免丧，差总领淮西、江东钱粮干官，改干办行在诸司粮料院。参知政事钱端礼宣谕淮东，辟干办公事，充参议官，迁大宗丞兼吏部郎官，又兼户部右曹。除礼部员外郎。丞相洪适荐兼吏部侍郎，仍迁主管左选。庄文太子初建东宫，兼太子左谕德、侍讲。迁秘书少监，修五朝会要。金人来贺，假吏部尚书为接伴使。寻兼权刑部侍郎，又兼崇政殿说书，又兼给事中。权刑部侍郎，升侍讲。改权吏部侍郎兼权尚书。授敷文阁待制、提举太平兴国宫。起知泉州。进敷文阁直学士，留知泉州。逾年，提举太平兴国宫，改知隆兴府、江西安抚使。以大暑讨永新禾山洞寇，不利，自劾，降龙图阁待制，落职，南康军居住，提举太平兴国宫。殁，赠二官。庆元六年（1200）七月卒，年八十一。著有《适斋存稿》《备忘》《训鉴》等。

【史料来源】

（宋）周必大：《平园续稿》卷二七《敷文阁直学士宣奉大夫汪公大猷神道碑（嘉泰元年）》，文渊阁《四库全书》本。

（元）脱脱等：《宋史》卷四〇〇《汪大猷传》，北京：中华书局，1977年。

汪杞：字南美，旧名利国。少笃于学，方朝廷兴舍法于天下，公与兄利往俱选上舍，继而入辟雍，解于开封府。建炎二年（1128），太上皇帝龙飞，策进士，始中第，授迪功郎、南康军司法参军。

南宋高宗绍兴初期任建宁府崇安县县丞。

荐改右宣教郎、知饶州安仁县。南宋高宗年间任建昌军南丰县知县、信州玉山县知县。后任肇庆府通判，被檄摄英州，除公守韶州，年九十三卒，官朝散大夫，赐服三品。有诗文数十余卷，藏于家。

【史料来源】

（宋）韩元吉撰：《南涧甲乙稿》卷二二《韶州太守朝散大夫汪公墓志铭》，北京：中华书局，1985年。

梁启超：（光绪）《安徽通志》卷一八二《人物志·宦迹》，载《中国地方志集成》，南京：凤凰出版社，2011年。

张允之：**南宋高宗绍兴十七年（1147）为安溪县县丞。**

【史料来源】

（明）林有年纂：（嘉靖）《安溪县志》卷三《官制类·职官》，载《天一阁藏明代方志选刊》，上海：上海古籍书店，1963年。

张良裔：字景先，两宋之际宁化人。南宋高宗建炎二年（1128）登进士第，调抚州临川县主簿，以伯父年迈无人奉养而不就。

约南宋高宗建炎初期郡守高其行，复辟为武平县丞。到官会盗起，良裔单骑造营垒，喻以祸福，贼皆感泣而散。

良裔自幼端重不媚时好。宣和间，三经考学行，笃好程氏之学，虽屡黜不废。建炎间，学禁开，自中第后，一生历官及为人皆严格按照理学家的要求行事，学行无愧于儒者之称。

【史料来源】

（明）黄仲昭修纂：（弘治）《八闽通志》卷六九《人物志·汀州府·良吏·宋》，福州：福建人民出版社，2006年。

（明）邵有道：（嘉靖）《汀州府志》卷一三《人物志·进士·宋》，载《天一阁藏明代方志选刊续编》，上海：上海书店出版社，1990年。

张绚：字彦素，镇江府丹阳县人。北宋徽宗宣和六年（1124）登进士第。

南宋高宗绍兴三年（1133）任左文林郎、玉山县县丞。

绍兴三年十二月起为左宣教郎，不久因刘大中之荐，除秘书省正字。转殿中侍御史。仕至直龙图阁、提点两浙刑狱公事。张绚清修廉洁，文字过人。

【史料来源】

（宋）刘宰撰，王勇、李金坤校证：《京口耆旧传校证》卷五《张绚》，南京：江苏大学出版社，2016年。

（宋）李心传撰，胡坤点校：《建炎以来系年要录》卷六六“高宗绍兴三年六月壬辰”条，北京：中华书局，2013年。

张格非：字正夫，濮州人。

南宋高宗建炎时期任权清流县县丞。

绍兴元年（1131）迁滁州知州，尝呼虞侯陈用一声，不应，即命斩之，人皆股栗，格非治军严整，人皆叹服之。

【史料来源】

（宋）李心传撰，胡坤点校：《建炎以来系年要录》卷四四“高宗绍兴元年五月癸亥”条，北京：中华书局，2013年。

（宋）徐梦莘撰：《三朝北盟汇编》卷一五〇“高宗绍兴二年正月二十三日乙卯”条，上海：上海古籍出版社，2008年。

张维（1113—1181）：字振纲，一字仲钦，南剑州剑浦人。宋高宗绍兴八年（1138）登进士第，调贺州司理参军，不行，徙汀州军事推官。事有不可，未尝不力争，郡以故鲜败事。盗起属邑，附从万众，抄掠三郡之境。张维护巡尉兵会大军讨平之，身履巢窟，抚其余众而归。第功当为第一而赏不及，张维不以为意也。

南宋高宗绍兴时期更为漳州龙溪县县丞。

改左宣教郎、知福州闽县。得主管崇道观以归。后通判建康府事。乾道三年（1167），擢以为广南西路提点刑狱公事。未满岁，就除直秘阁，知静江府，主管经略安抚司公事。朝廷知张维可用，乃进直徽猷阁，留镇五年。孝宗欲北伐，召之为江南东路计度转运副使，留为尚书左司郎中。后除为司农少卿。后得管武夷山冲佑观，数月后拜命。淳熙八年（1181）八月六日卒，年六十九。

【史料来源】

（宋）朱熹撰，朱杰人、严佐之、刘永翔主编：《晦庵先生朱文公文集》卷九三《左司张公墓志铭》，载《朱子全书》第25册，上海：上海古籍出版社，合肥：安徽教育出版集团，2002年。

（宋）张栻著，杨世文，王蓉贵校点：《张栻全集》卷九《静江府学记》，吉林：长春出版社，1999年。

张遇：**南宋高宗绍兴时期任新淦县县丞。**

邑方被兵，令不能官，抚谕使张汇弹劾之，罢官。以张遇摄知县事。遇拨煨烬，考版籍，正租赋，数月弊除民定，皆大赞之。

【史料来源】

（明）管大勋修，（明）刘松纂：（隆庆）《临江府志》卷五《官师志·县丞》，载《天一阁藏明代方志选刊》，上海：上海古籍书店，1962年。

张鹗：温州永嘉县人。南宋高宗绍兴二十四年（1154）登进士第。

约南宋高宗时期历福清县县丞。

【史料来源】

（明）王瓒撰，胡珠生点校：（弘治）《温州府志》卷一三《人物志·科第·宋》，上海：上海社会科学院出版社，2006年。

（清）嵇曾筠：（雍正）《浙江通志》卷一二三《选举志·进士·宋》，上海：上海古籍出版社，1991年。

张璠：**南宋高宗时期英州文学琛以其兄议郎权鄄城县县丞，后战殁，赠承节郎。朝廷录其弟琛为英州文学。**

【史料来源】

（宋）李心传撰，胡坤点校：《建炎以来系年要录》卷九〇“高宗绍兴五年六月壬子”条，北京：中华书局，2013年。

李长庚（1）：字子西，号冰壶，道州宁远县人，居江华县，李彧子。

南宋高宗绍兴二十四年（1154）登进士第，初授贺州临贺县县丞。

累迁通判，官至朝请大夫。历仕五十年，廉洁有守，年八十六卒。

【史料来源】

（宋）杨万里撰，辛更儒笺校：《杨万里集笺校》卷二二《临贺别驾李子西同年寄五字诗》，北京：中华书局，2007年。

（明）姚昺撰，林华校正：（弘治）《永州府志》卷四《人物志·宋·江华》，北京：中国书店，1990年。

李扶：一作李秩，字持国，建州松溪人。父怿，元丰间中进士，官至朝奉郎，扶幼孤，侍母以孝。

南宋高宗绍兴十五年（1145）进士，授兴国军永兴县县丞。摄大冶县事，大冶为兵火所荡，扶招抚流散，安集田里，百姓晏然。

改知富阳县，县当水陆之冲，治以平恕，民乐其政，转广西帅司主管。不久，官知梧州军州事，在梧州时，治状最于两广。

【史料来源】

（明）黄仲昭纂修：（弘治）《八闽通志》卷六四《人物志·建宁府·良吏·宋》，福州：福建人民出版社，2006年。

（明）夏玉麟等修，（明）汪佃等纂：（嘉靖）《建宁府志》卷一五《选举志·进士·宋》，厦门：厦门大学出版社，2009年。

李孟传：字文授，越州上虞县人。资政殿学士李光季子。南宋高宗绍兴五年（1135）登进士第。初任干办江东提刑司，易浙东常平司。

母丧，免，南宋高宗时期调衢州江山县县丞。

弃去，监南岳庙、行在编估局未上，改楚州司户参军，单车赴官。知象山县，守荐为邑最，从官多合荐之，主管官告院，与同列上封事，请诣北宫，又移书宰相。迁将作监主簿，兼考功郎。知江州，复知处州。迁广西提点刑狱，改江东提举常平，移福建。迁浙东提点刑狱，未数月，申前请，章再上，加直秘阁，移江东，不赴，主管明道宫。进直宝谟阁，致仕，卒，年八十四。常诫子孙曰："安身莫若无兢，修己莫若自保，守道则祸至，求禄则辱来。"有《盘溪集》《宏词类稿》《左氏说》《读史》《杂志》《记善》《记异》等行于世。

【史料来源】

（宋）李光撰：《庄简集》卷一三《孟传赐进士及第谢表》，载《宋集珍本丛刊》第33册，北京：线装书局，2004年。

（元）脱脱等：《宋史》卷四〇一《李孟传传》，北京：中华书局，1977年。

李孟坚（1115—1169）：字文授，号西斋，参知政事李光次子，上虞五夫里人。早年以果敢刚毅力学见称，任承务郎，南宋高宗绍兴二十年（1150）因讥谤朝政被除名罢官，峡州编管。

南宋高宗绍兴二十五年（1155）十一月秦桧死，李孟坚得释被重新召用，任常州晋陵县县丞。

以叶衡荐，孝宗亲自召见，历知摄无锡知县、秀州知州，累官至提举淮东常平茶盐事。乾道五年（1169）卒，年五十五。

【史料来源】

（宋）李心传撰，胡坤校：《建炎以来系年要录》卷一六一"高宗绍兴二十年二月丙申"条，北京：中华书局，2013年。

（宋）韩元吉撰：《南涧甲乙稿》卷六《圣政更新诏书正告讦之罪因得小诗十首》，北京：中华书局，1985年。

李澮：字叔周，洛阳人，南渡后流寓吉水。靖康二年（1127）为金人所得，屈之使拜，不可，且曰："吾家世荷国恩，可为虏屈。"虏怒，击叔周首，流血且死，遇天雨得苏。约北宋哲宗时期尝摄楚州宝应县县尉，有缉捕淮北逸寇甚急，叔周获四人，诏加官。以荐改秩，历监秀州酒，扬州节度使推官，吉州军事推官。

约南宋高宗绍兴时期终官赣州兴国县县丞，年六十四卒于任上。有诗百余篇，皆慷慨愤激。

【史料来源】

（宋）杨万里撰，辛更儒笺校：《杨万里集笺校》卷一二八《李县丞叔周墓志铭》，北京：中华书局，2007年。

李宗质（1112—1184）：字文叔，洛阳人，绍兴八年（1138）以从父旼补将仕郎。赴调，授右迪功郎，监明州大嵩盐场。

南宋高宗绍兴十七年（1147）为洪州新建县县丞。绍兴二十年（1150）升右从政郎。南宋高宗绍兴二十年（1150）任处州遂昌县县令。时饥寇作于傍郡，或告豪民将率数百人侵昏犯邑者，公亟捕首恶，毙之杖下，而后闻于州，群党帖息。**绍兴晚期授湖州长兴县县丞。**

遇主上登极，恩循右文林郎。南宋孝宗隆兴元年（1163）改右宣教郎，知绍兴府萧山县。未赴，给事吴公芾为帅，以会稽剧邑，非健吏不可为，奏改命公。南宋孝宗隆兴元年任会稽县知县。丁展氏忧。服除，权通判明州。引寓居之嫌，改隆兴府。提辖行在杂买务杂卖场，改通判镇江府。荐于朝，差知台州。年余，擢提举两浙东路常平茶盐公事。寻差主管建宁府武夷山冲佑观。官五转至朝散郎。淳熙十一年（1184）卒，年七十三，楼钥志其墓。

【史料来源】

（元）袁桷撰：（延祐）《四明志》卷六《人物考·进士》，载《宋元方志丛刊》第6册，北京：中华书局，1990年。

（清）钱维乔：（乾隆）《鄞县志》卷一三《人物·宋》，清乾隆五十三年（1788）刻本。

李荐：**南宋高宗绍兴二十七年（1157）五月任左从政郎南康军都昌县县丞，**入对，论诸郡遣官编行属县常赋之外诛求宽剩钱动以万计，乞行禁止，从之。

【史料来源】

（宋）李心传撰，胡坤点校：《建炎以来系年要录》卷一七七“高宗绍兴二十七年六月戊申”条，北京：中华书局，2013年。

李彦颖：字秀叔，湖州德清县人。少端重，强记览。南宋高宗绍兴十八年（1148）登进士第，初授余杭主簿。

南宋高宗时期调建德县县丞，改秩。时宰知其才，将处之学官，或劝使一见，彦耻自献。**调富阳县县丞。**

御史周操荐为御史台主簿。改国子博士，权吏部郎中，以父丧去。免丧，复为吏部兼皇子恭王府直讲，权右史兼兵部侍郎。立皇太子，兼左谕德。未几，权礼部侍郎兼侍讲，升詹事，兼吏部侍郎，权尚书兼侍读。除吏部尚书。除端明殿学士、签书枢密院事。升参知政事。坠马在告，力求去，以资政殿学士知绍兴府，勤约有惠政。起知婺州，复知绍兴府，进资政殿大学士，再奉祠，进观文殿学士。绍熙元年（1190），致仕。家居凡十载，自奉淡约，食才米数合。室无姬媵，萧然永日，与州县了不相闻。薨，年八十一，赠少保，谥忠文。

【史料来源】

（宋）谈钥：（嘉泰）《吴兴志》卷一七《进士题名·德清县》，载《宋元方志丛刊》第5册，北京：中华书局，1990年。

（元）脱脱等：《宋史》卷三八六《李彦颖传》，北京：中华书局，1977年。

李显：字仲明，温州永嘉县人。

南宋高宗绍兴三十一年（1161）为黄岩县县丞。

【史料来源】

（明）袁应祺修，（明）牟汝忠等纂：（万历）《黄岩县志》卷四《职官志·县官·宋》，载《天一阁藏明代方志选刊》，上海：上海古籍书店，

1963年。

李致虚：**南宋高宗绍兴八年（1138）二月，一说绍兴七年（1137）当涂大火，县丞李致虚死焉。**时致虚摄县事，后求得其尸，尚握县印，事闻，诏镇江府太平州各给米二千石，赈民之贫乏者，官李致虚家一人。

【史料来源】

（宋）李心传撰，胡坤点校：《建炎以来系年要录》卷一〇九“高宗绍兴七年二月癸巳”条，北京：中华书局，2013年。

（元）脱脱等：《宋史》卷六三《五行志二上》，北京：中华书局，1977年。

李惟深：字彦溪，洪州丰城县人。

南宋高宗绍兴十二（1142）年登进士第，时年十九，历南康军都昌县县丞。

终官抚州宜黄县知县。

【史料来源】

（明）李贵纂修：（嘉靖）《丰乘》卷二《科第表》，载《天一阁藏明代方志选刊续编》，上海：上海书店出版社，1990年。

（清）许应鑅、（清）王之藩修：（同治）《南昌府志》卷二九《选举志·进士·宋》，南京：江苏古籍出版社，1996年。

李敦德：温州永嘉县人。南宋高宗绍兴十二（1142）年登进士第。

南宋高宗时期任长溪县县丞。

【史料来源】

（明）汤日昭撰：（万历）《温州府志》卷一〇《选举志·进士·宋》，明万历刻本。

（清）嵇曾筠：（雍正）《浙江通志》卷一二五《选举志·进士·宋》，上海：上海古籍出版社，1991年。

孟处义：**南宋高宗绍兴七年（1137）由左从政郎徽州歙县县丞进秩，初诏处义比类循资，而处义言自来修书推恩即无比类义体，乃命改次等京官。**

绍兴二十四年（1154）五月任左朝奉大夫，二十五年（1155）转淮南路转运判官。

【史料来源】

（宋）李心传撰，胡坤点校：《建炎以来系年要录》卷一〇八“高宗绍兴七年正月丁卯”条，北京：中华书局，2013年。

（宋）范成大撰，（宋）汪泰亨等续修：（绍定）《吴郡志》卷七，载《宋元方志丛刊》第1册，北京：中华书局，1990年。

沙世坚：**南宋高宗绍兴三十一（1161）十一月权海陵县县丞兼知县。**

世坚素武勇，乾道间坐赃，配隶静江府。郑少融命其捕盗，有功，稍复其官。淳熙三年（1176）守宜州，平剧贼，一路赖之。世坚素有韬略，累立边功，为群蛮所服。

【史料来源】

（宋）李心传撰，胡坤点校：《建炎以来系年要录》卷一九四“高宗绍兴三十一年十一月乙未”条，北京：中华书局，2013年。

（元）脱脱等：《宋史》卷四九五《蛮夷传三》，北京：中华书局，1977年。

吴交如（1118—1178）：字亨会，丹徒人，一说金坛人，吴中起曾侄孙。擢南宋高宗绍兴十五年（1145）进士乙科，为湖州乌程县尉。

南宋高宗绍兴时期迁绍兴府嵊县县丞。

后再中法科，入为大理寺评事，除刑部郎官出知邵州，历官刑部郎中、大理寺少卿、直秘阁提点两浙路公事，受命修定朝廷法令，书成，除大理寺卿。性资乐易，重于义而疏于财，人称长者。淳熙五年（1178）闰六月卒，年六十一。

【史料来源】

（宋）刘宰撰，王勇、李金坤校证：《京口耆旧传校证》卷二《吴交如传》，镇江：江苏大学出版社，2016年。

（元）俞希鲁编撰，杨积庆、贾秀英等校：（至顺）《镇江志》卷一八《人材》，南京：凤凰出版社，1999年。

吴仲达：字仲容，江阴军江阴县人。南宋高宗绍兴五年（1135）登进士第。

南宋高宗绍兴时期任青阳县县丞。

【史料来源】

（明）朱昱：（成化）《重修毗陵志》卷一三《文事志一·甲科·宋》，《中国方志丛书》本。

（清）黄之隽、（清）赵弘恩：（乾隆）《江南通志》卷一二〇《选举志·进士·宋》，扬州：江苏广陵书社有限公司，2010年。

吴廷宾：潮州潮阳县人。南宋高宗建炎二年（1128）登进士第。

南宋高宗初期任兴宁县县丞。

【史料来源】

（明）郭棐：（万历）《广东通志》卷四二《郡县志·潮州府·选举·进士·宋》，文渊阁《四库全书》本。

（明）郭棐撰，黄国声、邓贵忠点校：（万历）《粤大记》卷四《科第·宋进士科》，广州：广东人民出版社，2014年。

吴居仁（1126—1206）：字温父，福建建阳考亭人。父睿，知侯官县，清廉自守，有政声。居仁以特恩补官，为福州古田县尉。

南宋高宗后期转任攸县县丞。

秩满，约宋孝宗年间调融州节度推官。所至以儒学整饬吏人，听事必以人伦大义断是非曲直，部使者下其所断为州县式。居官常俸不足自给，君洗手奉法，一毫不妄取。开禧二年（1206）卒，年八十一。比殁，无以为殓，朱熹尝称其为真廉吏。

【史料来源】

（宋）黄榦：《勉斋先生黄文肃公文集》卷三五《吴节推墓志铭》，载《宋集珍本丛刊》第67册，北京：线装书局，2004年。

（明）黄仲昭修纂：（弘治）《八闽通志》卷六四《人物志》，福州：福建人民出版社，2006年。

吴荐：温州永嘉县人，一作处州丽水县人。南宋孝宗乾道二年（1166）登进士第。

南宋高宗时期历仙居县县丞。

【史料来源】

（明）王瓒撰，胡珠生点校：（弘治）《温州府志》卷一三《人物志·科第·宋》，上海：上海社会科学院出版社，2006年。

（清）嵇曾筠撰：（雍正）《浙江通志》卷一二五《选举志·进士·宋》，上海：上海古籍出版社，1991年。

何叔达：**南宋高宗绍兴时期任南城县县丞，**摄广昌县。

绍兴时期转知福清县，孝宗乾道时期知兴化县。

【史料来源】

（明）黄仲昭修纂：（弘治）《八闽通志》卷三五《秩官志·历官·兴化府兴化县·宋》，福州：福建人民出版社，2006年。

（明）夏良胜修纂：（正德）《建昌府志》卷一三《秩官志·名宦·寓宦·宋》，载《天一阁藏明代方志选刊》，上海：上海古籍书店，1964年。

何睿：抚州乐安县人。南宋高宗绍兴二十一年（1151）登进士第。

南宋高宗后期历荔浦县县丞。

【史料来源】

（明）杨渊纂：（弘治）《抚州府志》卷一八《科第·进士·宋》，载《天一阁藏明代方志选刊续编》，上海：上海书店出版社，1900 年。

（清）刘坤一：（光绪）《江西通志》卷二二《选举表·宋进士》，载《中国地方志集成》，南京：凤凰出版社，2009 年。

苏岘（1118—1183）：字叔子，眉州眉山人，苏峤之弟，曾怀女婿。过继于伯祖苏迨为后。南渡后，寓居信州上饶。荫补入仕，初任盐城县盐场官。

约南宋高宗绍兴初期转海陵县县丞。

累迁太常丞，易将作监丞。以荐除吏部侍郎，官终朝散郎、秘阁修撰、江南西路转运副使。淳熙十年（1183）卒，年六十六。岘学有家法，喜诗赋，有《绮语编》三卷。

【史料来源】

（清）陆心源辑：《宋史翼》卷四《苏岘传》，杭州：浙江古籍出版社，2016 年。

杨倩描：《宋代人物辞典》（上），保定：河北大学出版社，2015 年。

沈枢：字持要，一作持正。安吉县人，一说湖州德清县人。

南宋高宗绍兴十五年（1145）进士，授彭泽县县丞。

迁太子詹事兼吏部侍郎，旋以中大夫提举太平兴国宫，降三官，送往筠州居住。孝宗淳熙十二年（1185）起知温州，迁湖南安抚使，以宝文阁待制致仕，年八十二卒，谥号宪敏。著有《通鉴总类》二十卷。

【史料来源】

（宋）李心传撰，胡坤点校：《建炎以来系年要录》卷一七八“高宗绍兴二十七年十二月乙未”条，北京：中华书局，2013 年。

（明）栗祁、唐枢纂修：（万历）《湖州府志》卷六《甲科·进士·宋》，文渊阁《四库全书》本。

沈季长（1027—1087）：字道原，建安吴兴人，徙真州扬子，播子。年十七进士甲科，历越州法参，累官南京国子监教授、直讲、大理寺丞。

南宋高宗绍兴后期改任掖县县丞。

除国子监侍讲。元祐初，权知南康军，以事谪朝奉郎权发遣秀州。元祐二年（1087）卒，年六十一。有《文集》十五卷、《诗传》二十卷、《论语解》十卷、《对问》五卷。

【史料来源】

（明）盛仪辑：（嘉靖）《惟扬志》卷十二《经籍志》，《天一阁藏明代方志选刊》本。上海：上海古籍书店，1961年。

（清）陆心源撰，徐旭、李建国点校：《宋诗纪事补遗》卷二六《沈季长》，太原：山西古籍出版社，1997年。

宋绍恭（1132—1216）：字彦安，其先为赵州人，后徙开封，南渡后家于越州。历监南岳庙，明州比较务，建宁府崇安县主簿。

南宋高宗绍兴中后期转任丽水县县丞。

知温州永嘉县，造叶适，坐语常移日，意所纵夺，微辞抑扬，论承平至渡江公卿行事本末，其人贤不肖无一差忒。迁两浙运司干官，通判江州，终知峡州。嘉定九年（1216）十月初九日卒，年八十五。

【史料来源】：

（宋）叶适：《叶适集》卷二二《墓志铭·故朝奉大夫知峡州宋公墓志铭》，北京：中华书局，2010年。

（明）汤日昭撰：（万历）《温州府志》卷七《秩官志》，明万历刻本。

连涧：**南宋高宗绍兴二十五年（1155）为安溪县县丞。**

【史料来源】

（明）林有年纂：（嘉靖）《安溪县志》卷三《官制类·职官·县丞·宋》，载《天一阁藏明代方志选刊》，上海：上海古籍书店，1963年。

余幽：徽州婺源县人，一说饶州德兴县人。南宋高宗绍兴五年（1135）

登进士第。

南宋高宗时期历承议郎、上饶县县丞。

【史料来源】

（宋）罗愿：（淳熙）《新安志》卷八《叙进士题名》，载《宋元方志丛刊》第8册，北京：中华书局，1990年。

（明）彭泽修，（明）汪舜民纂：（弘治）《徽州府志》卷六《选举志·科第·宋》，载《天一阁藏明代方志选刊》，上海：上海古籍书店，1964年。

周刁：字少说，温州平阳县人。南宋高宗绍兴十八年（1148）登进士第四甲第九十八人。

南宋高宗时期终分宜县县丞。

【史料来源】

（宋）佚名：《绍兴十八年同年小录》，文渊阁《四库全书》本。

（清）嵇曾筠：（雍正）《浙江通志》卷一二五《选举志·进士·宋》，上海：上海古籍出版社，1991年。

周执羔：字表卿，信州弋阳县人。北宋徽宗宣和六年（1124）登进士第，廷试，徽宗擢为第二。授湖州司士曹事，俄除太学博士。建炎初，乘舆南渡，自京师奔诣扬州，不及，遂从隆祐太后于江西，还觐会稽。

约南宋高宗建炎时期以继母刘氏疾，乞归就养，调抚州宜黄县县丞。时四境俶扰，溃卒相挺为变，令大恐，不知所为，执羔谕以祸福，皆敛手听命。邑人德之，至绘像立祠。

绍兴五年（1135），改秩，通判湖州。丁母忧，服阕，通判平江府。召为将作监丞。绍兴六年（1136）春改太常丞。累迁右司员外郎。八月，擢权礼部侍郎，充贺金生辰使。使还，兼权吏部侍郎。绍兴十二年（1142）起知眉州，徙阆州，又改夔州，兼夔路安抚使。绍兴三十年（1150）知饶州，寻除敷文阁待制。乾道初，守婺州，召还，提举佑神观兼侍讲。乾道二年（1166）四月，复为礼部侍郎。拜本部尚书，升侍读。乾道六年（1170）卒，年七十七。执羔有雅度，立朝无朋比。治郡廉恕，有循吏风。手不释卷，尤通于易。

【史料来源】

（宋）李心传撰，胡坤点校：《建炎以来系年要录》卷一六七“高宗绍兴二十四年七月丙辰”条，北京：中华书局，2013年。

（元）脱脱等：《宋史》卷一四七《周执羔传》，北京：中华书局，1977年。

欧阳皤然（1091—1159）：字达可，吉州人。达可天资夙悟，尤邃于经。方三舍法行于郡国，达可携诸弟入泮宫，皆有声，每试皆出头角。宣和二年（1120）升补太学内舍，未及再试而三舍法罢。绍兴十二年（1142）登第，授迪功郎、潭州攸县尉。

约南宋高宗绍兴十五年（1145）改任县丞。

绍兴二十九年（1159）卒，年六十九。达可为官正直，有功不居，行己临官，皆有过人处。

【史料来源】

（宋）王庭珪：《卢溪先生文集》卷四三《故欧阳县丞墓志铭》，载《宋集珍本丛刊》第34册，北京：线装书局，2004年。

林进：**南宋高宗绍兴十二年（1142）为安溪县县丞。**

【史料来源】

（明）林有年纂：（嘉靖）《安溪县志》卷一三《官制类·职官·县丞·宋》，载《天一阁藏明代方志选刊》，上海：上海古籍书店，1963年。

林育：字德温，平江府吴县人，一说福州侯官县人，徙福州。南宋高宗绍兴二十一年（1151）登进士第。

约南宋高宗晚期终修职郎、光泽县县丞。

【史料来源】

（宋）梁克家：（淳熙）《三山志》卷二八《人物类·科名·本朝》，载

《宋元方志丛刊》第8册，北京：中华书局，1990年。

（明）黄仲昭修纂：（弘治）《八闽通志》卷四六《选举志·科第·福州府·宋》，福州：福建人民出版社，2006年。

林诞（1128—1196）：字仲成，其先固始人，八世祖著作林平迁福清，林遹子。公以父遗恩授承务郎，监绍兴府税。

南宋高宗绍兴中期迁漳浦县县丞。亲年高，求监南岳庙。

历福建路提举司干办公事，待江南西路转运司主管文字阙。丁刘恭人忧。知潮阳县，除提领户部犒赏所，知沅州。秩满乞闲，主管云台观，改冲佑观。积阶至奉直大夫，爵开国男。庆元二年（1196）八月十日卒，年六十九，葬县境之大湖山之原。累赠正奉大夫。

【史料来源】

（宋）刘克庄撰，王蓉贵、向以鲜校点，刁忠民审订：《后村先生大全集》卷一四八《林沅州墓志铭》，成都：四川大学出版社，2008年。

林俊民：南宋高宗绍兴十二年（1142）特奏名登进士第。绍兴时期为绍兴书画院待诏，习范宽山水。

南宋高宗绍兴三十一年（1161）为安溪县县丞。

妻谢氏族在蓬州都南外门建节孝坊。

【史料来源】

（宋）梁克家撰：（淳熙）《三山志》卷二八《人物类·科名·本朝》，载《宋元方志丛刊》第8册，北京：中华书局，1990年。

（明）林有年纂：（嘉靖）《安溪县志》卷三《官制类·职官·县丞·宋》，载《天一阁藏明代方志选刊》，上海：上海古籍书店，1963年。

林亮功：温州平阳县人。南宋高宗绍兴五年（1135）登进士第。

南宋高宗时期历从事郎、福州闽县县丞，兼权观察推官。

累迁至知兴华军莆田县。

【史料来源】

（宋）李心传撰，胡坤点校：《建炎以来系年要录》卷一六四“高宗绍兴二十三年五月甲午”条，北京：中华书局，2013年。

（宋）梁克家撰：（淳熙）《三山志》卷五《地里类五》，载《宋元方志丛刊》第8册，北京：中华书局，1990年。

林筜：字彦孜，福州闽县人。

南宋高宗绍兴五年（1135）登进士第，任文林郎，终官县丞。

【史料来源】

（宋）梁克家撰：（淳熙）《三山志》卷二八《人物类·科名·本朝》，载《宋元方志丛刊》第8册，北京：中华书局，1990年。

（明）黄仲昭修纂：（弘治）《八闽通志》卷四六《选举志·福州府》，福州：福建人民出版社，2006年。

林清卿：字季仁，温州平阳县人。

南宋高宗绍兴十八年（1148）登进士第四甲第七十九人，任南剑州沙县县丞。

转任政和县知县、沙县知县。

【史料来源】

（宋）佚名：《绍兴十八年同年小录》，文渊阁《四库全书》本。

（明）汤日昭撰：（万历）《温州府志》卷十《选举志·进士》，明万历刻本。

范寅孙：姑苏人，范仲淹曾孙。

南宋高宗绍兴十七年（1147）为温州平阳县县丞。以勤敏著称，在任期间兴修水利，民皆赖之。

【史料来源】

（明）张璁：（嘉靖）《温州府志》卷三《名宦·宋》，载《天一阁藏明代方志选刊》，上海：上海古籍书店，1964 年。

（明）凌迪知：《万姓统谱》卷九〇《范》，清文渊阁《四库全书》本。

郑杞：**南宋高宗绍兴二十四年（1154）八月，湘潭县丞郑杞以嘲毁朝政除名，徙之容州编管。**

【史料来源】

（元）脱脱等：《宋史》卷三一《高宗纪八》，北京：中华书局 1977 年。

（清）李瀚章、裕禄等编纂：（光绪）《湖南通志》卷一一一《职官志二·宋》，长沙：岳麓书社，2009 年。

郑噩（1128—1184）：字仲酉，平阳人。登绍兴第，为天台县县尉。

南宋绍兴年间调武义县县丞，上封事数千言，天子下其书，使第其可行者。

以临江军录事参军知其军知新淦县，治狱察辨而坚明，新淦素大邑，诛责厚累，噩尽疏邑病，颇有蠲损，三年之间，县以大治，声流江西，终宣教郎。淳熙十一年（1184）以疾卒于官，年五十六。

【史料来源】

（宋）叶适：《叶适集》卷一五《墓志铭·郑仲酉墓志铭》，北京：中华书局，2010 年。

（明）汤日昭：（万历）《温江府志》卷一一《人物志》，明万历刻本。

赵子英：开封人，宋宗室。

南宋高宗绍兴五年（1135 年）为安溪县县丞。以厚德称，民皆爱之。

秩满，留家于西桥。南宋孝宗乾道六年（1170）四月自本路转运副使迁左朝议大夫，直敷文阁，转福建路计度转副使，终宗正卿，秘书阁修撰。

【史料来源】

（宋）陈耆卿：（嘉定）《赤城志》卷一二《秩官·诸县属官》，载《宋元方志丛刊》第 7 册，北京：中华书局，1990 年。

(宋) 梁克家：(淳熙)《三山志》卷二五《秩官·提刑司官》，载《宋元方志丛刊》第8册，北京：中华书局，1990年。

赵子偁：太祖六世孙，北宋末年登进士第。北宋徽宗宣和元年（1119）舍试合格。

南宋高宗建炎元年（1127）调嘉兴县县丞。

子偁召赴都堂审察，改宣教郎通判湖州，寻除直秘阁，赐五品服。绍兴五年（1135），迁朝奉郎、秘阁修撰，知处州。已而乞祠，许之。累官左朝奉大夫。绍兴十三年（1143）秋致仕，明年春，卒于秀州。时孝宗为普安郡王，疑所服，诏侍从、台谏议。秦熺等请解官如南班故事，普安亦自请持服，许之。及普安建节，子偁以恩赠太子少师。既为太子，加赠太师、中书令，封秀王，谥安僖。

【史料来源】

(宋) 李心传撰，胡坤点校：《建炎以来系年要录》卷一〇“高宗建炎元年十月丁丑”条，北京：中华书局，2013年。

(元) 脱脱等：《宋史》卷二四四《秀王子偁传》，北京：中华书局，1977年。

赵公丑：婺州永康县人。南宋高宗绍兴二十七年（1157）登进士第。

约南宋高宗时期历县丞。

【史料来源】

(明) 王懋德等修，(明) 陆凤仪等编：(万历)《金华府志》卷一八《科第·宋进士》，北京：国家图书馆出版社，2014年。

(清) 嵇曾筠：(雍正)《浙江通志》一二五《选举志·进士·宋》，上海：上海古籍出版社，1991年。

赵公迈（1115—1179）：字志行，廷美六世孙，南渡户寓居徽州。弱冠时以辞赋中选。

南宋高宗绍兴二十四年（1154）擢太常第，赐进士出身，授盐官县县丞。

改任徽州休宁县尉，终官福建安抚司参议官。淳熙六年（1179）卒，年六十五。

【史料来源】

（宋）陈宓撰：《复斋先生龙图陈文公集》卷二一《参议赵公墓志铭》，清抄本。《宋集坊本丛刊》第73册，北京：线装书局，2004年。

李榕撰：（民国）《杭州府志》卷一〇三《职官志·县丞·宋》，民国十一年本。

赵不拙：字若拙，宗室。

南宋高宗绍兴时期登进士第，历左承务郎、晋陵县县丞。

晚入蜀任知州。

【史料来源】

（宋）孙觌撰：《鸿庆居士集》卷二二《舍田记》，文渊阁《四库全书》本。

（宋）陆游著，马亚中、涂小马校注：《渭南文集校注》卷一四《赵秘阁文集序》，杭州：浙江古籍出版社，2015年。

赵不葸（1121—1187）：字仁仲，太宗六世孙，赵士圃子。不葸初补保义郎。

南宋高宗绍兴二十七年（1157）登进士第，易左宣义郎，调婺州金华县县丞。治县豪何汝翼，械请于郡，编隶他州，邑人慑服。

除永州通判。除知开州。改成都路转运判官。除成都提刑，改江西路转运判官。孝宗淳熙初，宗正官阙，廷臣荐其贤，诏授右监门卫大将军、惠州防御使、知大宗正事。非常制也。进明州观察使，俄升昭庆军承宣使。金人完颜烈来聘，充馆伴副使。淳熙十四年（1187）卒，年六十七。赠开府仪同三司，封崇国公。

【史料来源】

（宋）李心传撰，徐规点校：《建炎以来朝野杂记甲集》卷一二《知大宗正事》北京：中华书局，2000年。

（元）脱脱等：《宋史》卷二四七《赵不息传》，北京：中华书局，1977年。

赵不敏：仙游县人，商恭靖王元份裔孙。

南宋高宗绍兴二十六年（1156），一说三十年（1160）以本县县丞加右承务郎。

迁知仙游县。时县事凋敝，不敏皆更张之，廉洁奉公，兢兢业业，一县大治。

【史料来源】

（宋）赵与泌：（宝祐）《仙溪志》卷二《令佐题名·县丞》，福州：福建人民出版社，1989年。

（清）孙尔准等修，（清）陈寿祺纂，（清）程祖洛等续修，（清）魏敬中续纂：（道光）《重纂福建通志》卷一二七《宋官绩》，扬州：广陵书社，2018年。

赵幼闻：温州瑞安县人。南宋孝宗乾道二年（1166）登进士第。

南宋高宗时期历侯官县，再调越州诸暨县县丞。

终迁知邵武军。

【史料来源】

（明）王瓒撰，胡珠生点校：（弘治）《温州府志》卷一三《人物志·科第·宋》，上海：上海社会科学院出版社，2006年。

（清）嵇曾筠：（雍正）《浙江通志》卷一二五《选举志·进士·宋》，上海：上海古籍出版社，1991年。

赵安僖：宗室。

南宋高宗建炎元年（1127）为秀州嘉兴县县丞。

【史料来源】

（宋）楼钥撰，顾大朋点校：《楼钥集》卷八十九《皇伯祖太师崇宪靖王行状》，杭州：浙江古籍出版社，2010年。

赵余庆：字庆叟，台州黄岩县人，赵占龟子。南宋孝宗乾道八年（1172）特奏名登进士第。

南宋高宗时期仕至潭州长沙县县丞。

【史料来源】

（宋）陈耆卿：（嘉定）《赤城志》卷三三《人物志·本朝·仕进·进士科》，载《宋元方志丛刊》第7册，北京：中华书局，1990年。

（明）袁应祺修，（明）牟汝忠等纂：（万历）《黄岩县志》卷五《人物志上·科名·宋·特科》，载《天一阁藏明代方志选刊》，上海：上海古籍书店，1963年。

赵伯摅（1114—1168）：字德蕴，南渡后寓居徽州婺源，后徙临江军清江县，太祖七世孙。南宋高宗绍兴十五年（1145）中进士甲科，初授左迪功郎，为徽州司户参军，抑强扶弱，不容奸欺。枢密使何铸为太守，见伯摅文体典雅，故文书悉以嘱咐之。

南宋高宗晚期调饶州鄱阳县丞，转任柳州教授，遂乞归养，改任南安县教官，丁父忧归。服除，**转任益阳县县丞。**

乾道四年（1168）七月四日卒于官，年五十五。

【史料来源】

（宋）楼钥撰，顾大朋点校：《楼钥集》卷一百九《益阳县丞赵君墓志铭》，杭州：浙江古籍出版社，2010年。

赵垒之：廷美五世孙。

南宋高宗建炎年间为江宁府上元县县丞。

建炎三年（1129）金人郭江东、垒之率乡兵迎敌，死之。绍兴三年

(1134）四月赠奉议郎，与恩泽一资。

【史料来源】

（宋）李心传撰，胡坤点校：《建炎以来系年要录》卷二九“高宗建炎三年十一月丙寅”条，北京：中华书局，2013年。

（宋）王象之撰：《舆地纪胜》卷一七《官吏下》，载《中国古代地理总志丛刊》，北京：中华书局，2016年。

赵彦堪：字任卿，宗室，廷美裔孙。

南宋高宗绍兴二十七年（1157）登进士第。历太平州芜湖县县丞，官奉议郎。

【史料来源】

（宋）韩元吉：《南涧甲乙稿》卷二二《赵君（彦堪）墓表》，文渊阁《四库全书》本。

赵善佐（1134—1185）：字左卿，一曰佐卿，赵不衰次子，宗室。寓居邵武军邵武县。受学于张栻与朱熹。

南宋高宗绍兴三十年（1160）登进士第，初授左承务郎南剑州将乐县县丞。

签书武安军判官厅公事，通判镇江，未赴，改知泰州，徙知常德府、赣州。公廉洁自持，奉法爱民，为政宽和，民皆爱之。淳熙十二年（1185）卒于赣州任上，年五十二。有《易疑问答》。

【史料来源】

（明）黄仲昭修纂：（弘治）《八闽通志》卷五二《选举志·科第·邵武府·宋》，福州：福建人民出版社，2006年。

（明）邢址修，（明）陈让纂：（嘉靖）《邵武府志》卷八《选举志·进士·宋》，载《天一阁藏明代方志选刊》，上海：上海古籍书店，1964年。

赵善俊（1132—1195）：字俊臣，太宗七世孙，赵不衰子。寓邵武军邵武县。初补承节郎。南宋高宗绍兴二十七年（1157）登进士第。

约南宋高宗时期以忠翊郎换左承务郎、建昌军南城县县丞。

改昭信军，签判奇之。虞允文亦荐其有边帅才，除干办诸司审计司。知郴州，敷奏称旨，留为太府寺丞。寻摄帅、知庐州。累迁龙图阁直学士，移知建州。再知庐州。以父忧去，服阕，起知鄂州。再知建州。徙知隆兴府，移江西转运副使。转湖南帅。加秘阁修撰，移知镇江府，丁母忧。庆元元年（1195）六月卒，年六十四。

【史料来源】

（宋）朱熹撰，朱杰人、严佐之、刘永翔主编：《晦庵先生朱文公文集》卷九一《武经大夫赵公墓志铭》，载《朱子全书》第24册，上海：上海古籍出版社，合肥：安徽教育出版集团，2002年。

（宋）李心传撰，徐规点校：《建炎以来朝野杂记乙集》卷一四《赵善俊乞文阶去左右字》，北京：中华书局，2000年。

胡文炳：字震之，福州闽县人，胡文炜兄。南宋高宗建炎二年（1128）登进士第。

南宋高宗初期任建宁府瓯宁县县丞。

终官文林郎。

【史料来源】

（宋）梁克家：（淳熙）《三山志》卷二八《人物类·科名·本朝》，载《宋元方志丛刊》第8册，北京：中华书局，1990年。

（明）黄仲昭修纂：（弘治）《八闽通志》卷四六《选举志·科第·福州府·宋》，福州：福建人民出版社，2006年。

胡坚常（1115—1178）：字秉彝，其先家豫章，今为常州晋陵人，宿曾孙。少以恩荫补官，初为建昌军南城县县尉。

南宋高宗绍兴初期徙丹徒县县丞。

用荐改秩知临安盐官县，盐官县好讼成风，牒日以千数，时断案多屈打成招，坚常力理宿弊，民得以安之。迁通判临安府，擢知秘阁知盱眙军。累官两浙运判，进副使。乾道六年（1170）九月十三日任右朝散大夫直敷文阁，乾道七年（1171）正月初二日除两浙运判，淳熙二年任朝请大夫直秘阁副使，淳熙四年（1177）冬召还为户部郎中，淳熙五年（1178）迁将作监太府少卿，复以直宝文阁提点浙西刑狱，未赴，以疾免，八月卒，年六十四。

【史料来源】

（宋）洪适撰：《盘洲文集》卷二三《胡坚常除直秘阁知盱眙军制》，载《宋集珍本丛刊》第45册，北京：线装书局，2004年。

（宋）蔡戡撰：《定斋集》卷一四《故朝议大夫直宝文阁胡公墓志铭》，文渊阁《四库全书》本。

胡宗伋（1079—1148）：字浚明，号定翁，余姚人。少年老成，其父呼之曰老子，及长，刻意于学，哲宗元符间试礼部不第，归而筑室购书，教授乡里，学者多从之。

高宗即位，授之房州文学，调潭州浏阳县县丞。

用荐监严州比较务，讥察出入，吏不能欺。丐祠，史称醇儒。绍兴十八年（1148）卒，年七十。宗伋性笃孝，跬步不忘双亲，赈人之急必穷其力，人皆称之。妻莫氏（1074—1160），绍兴三十年（1160）五月卒，年八十七。

【史料来源】

（宋）刘一止撰：《苕溪集》卷二九《祭胡浚明文》，载《宋集珍本丛刊》第34册，北京：线装书局，2004年。

（明）柯维骐撰：《宋史新编》卷一四四《胡宗伋传》，台北：新文丰出版公司，1974年。

胡倬：字孝著，徽州绩溪县人。南宋高宗绍兴五年（1135）登进士第。初授兴州文学，转黄梅县主簿，泰州司法参军。

南宋高宗时期任从政郎、龙阳县县丞。

【史料来源】

（明）彭泽修，（明）汪舜民纂：（弘治）《徽州府志》卷六《选举志·科第·宋》，载《天一阁藏明代方志选刊》，上海：上海古籍书店，1964 年。

（清）黄之隽、（清）赵弘恩：（乾隆）《江南通志》卷一二〇《选举志·进士·宋》，扬州：江苏广陵书社有限公司，2010 年。

胡栝，字释之，台州仙居县人。南宋孝宗淳熙五年（1178）登进士第。**约南宋高宗时期终石城县县丞。**

【史料来源】

（宋）陈耆卿：（嘉定）《赤城志》卷三四《人物志·本朝·仕进·进士科》，载《宋元方志丛刊》第 7 册，北京：中华书局，1990 年。

（清）嵇曾筠：（雍正）《浙江通志》一二六《选举志·宋进士》，上海：上海古籍出版社，1991 年。

姜处度（1126—1191）：字容之，台州临海人，姜诜子。以父任为南康县县尉。

南宋高宗绍兴中期迁饶州鄱阳县丞。

擢知随县，调知清流县，改判南雄州，孝宗淳熙八年（1181）任承议郎，光宗绍熙二年（1191），迁知惠州，十月二十日卒于官，年六十六。

【史料来源】

（明）谭大初撰：（嘉靖）《南雄府志》卷上《表一·职官》，明嘉靖刻本。

（清）钱保塘编：《历代名人生卒录》卷四，民国海宁钱氏清风室刻本。

饶邦体：**南宋高宗绍兴十七年（1147）为建昌军南城县县丞。**

【史料来源】

（明）夏良胜纂修：（正德）《建昌府志》卷一二《秩官·纪代题名表》，载《天一阁藏明代方志选刊》，上海：上海古籍书店，1962 年。

逄汝霖：掖县人。

南宋高宗绍兴元年（1131）任分宁县县丞。

【史料来源】

（宋）李心传撰，胡坤点校：《建炎以来系年要录》卷四四“高宗绍兴元年五月癸亥”条，北京：中华书局，2013年。

钟离濬：**约南宋高宗初期任高邮县县丞。**南宋高宗绍兴二年（1132）任高邮县知县。**绍兴三年（1133）因熟知本路事务，迁扬州通判。**

【史料来源】

（宋）李心传撰，胡坤点校：《建炎以来系年要录》卷六二“高宗绍兴三年正月癸酉”条，北京：中华书局，2013年。

（清）姚文田辑：（嘉庆）《广陵事略》卷四《宋上》，清嘉庆归安姚氏开封节院刻本。

娄寅亮（？—1132）：字陟明，两宋之际温州永嘉县人。北宋徽宗政和二年（1112）登进士第。建炎四年（1130），上疏请选太祖后裔为皇嗣，颇合高宗之意。

南宋高宗绍兴元年（1131）调越州上虞县县丞，娄寅亮赴行在，慷慨自信上书论宗社大计。

绍兴元年（1131），以签书枢密院事富直柔所荐，擢监察御史。秦桧讽言官论其匿父丧不举，下大理寺鞫问。无实，犹坐为族父冒占官户罢职，送吏部，由是坐废。未几，病卒。

【史料来源】

（宋）李心传撰，胡坤点校：《建炎以来系年要录》卷四五“高宗绍兴元年六月辛巳”条，北京：中华书局，2013年。

（元）脱脱等：《宋史》卷三九九《娄寅亮传》，北京：中华书局，1977年。

钱大椿：字坦仲，严州淳安县人。南宋孝宗乾道八年（1172）特奏名登进士第。

南宋高宗时期仕至漳浦县县丞。

【史料来源】

（明）姚鸣鸾修，（明）余坤等纂：（嘉靖）《淳安县志》卷一〇《科贡·进士·宋》，载《天一阁藏明代方志选刊》，上海：上海古籍书店，1965年。

（清）厉鹗：《宋诗纪事》卷七八《钱大椿》，上海：上海古籍出版社，1983年。

高公轙：**南宋高宗绍兴三年（1133）任太和县县丞。**

【史料来源】

（宋）李心传撰，胡坤点校：《建炎以来系年要录》卷六九“高宗绍兴三年十月甲午”条，北京：中华书局，2013年。

莫份：湖州归安人，北宋徽宗宣和六年（1124）登进士第。

南宋高宗绍兴三年（1133）为江阴县县丞。

【史料来源】

（明）赵锦修，（明）张衮纂，刘徐昌点校：（嘉靖）《江阴县志》卷一二《官师表·宋》，上海：上海古籍出版社，2011年。

（明）栗祁：（万历）《湖州府志》卷六《甲科·进士·宋》，载《天一阁藏明代方志选刊》，上海：上海古籍书店，1963年。

徐诩（1123—1188）：字元敏，南宋高宗绍兴二十一年（1151）登进士第，授左迪功郎任绍兴府会稽县主簿。

南宋高宗后期移建康府上元县县丞。

改左宣教郎任知处州龙泉县知县。丁母忧，除丧。中书除监行在榷货务。除广南西路提点刑狱，后除湖北路提点刑狱。改成都府路转运判官，改知遂宁府，淳熙十五年（1188）卒，年六十六。有《东野居士集》。

【史料来源】

（宋）杨万里撰，辛更儒笺校：《杨万里集笺校》卷一二五《朝议大夫直徽猷阁江东运判徐公墓志铭》，北京：中华书局，2007年。

徐朝鼎：处州松阳县人。南宋高宗绍兴二十四年（1154）登进士第。

约南宋高宗时期历瑞安县县丞。

【史料来源】

（清）嵇曾筠：（雍正）《浙江通志》卷一二五《选举志·进士·宋》，上海：上海古籍出版社，1991年。

（清）潘绍诒修：（光绪）《处州府志》卷一六《选举志·进士·宋》，清光绪三年（1877）刻本。

徐端卿（1126—1179）：字子长，武义人。举绍兴二十一年（1151）进士，监潭州南岳庙。约宋高宗绍兴年间再调鄂州司户参军。未上，会妇翁胡彦国帅淮西，辟书写机宜文字。

南宋高宗绍兴晚期胡公移镇潼川，君转广安新明县县丞。

秩满，约宋孝宗年间教授汉州。改教授邵州，丁外艰，服除，监文思院下界。又罹外艰，仕进益落。调教授镇江，请于长，修学舍，建贡院，至捐私帑以助其役。其思职首公大较如此。既举主及格，忽寝疾，淳熙六年（1179）卒，年五十有四。平生所著有《麟经渊源论》十篇、《汉鉴》十篇、《覆瓿集》二十卷，集杜子美诗若干卷，藏于家。

【史料来源】

（宋）魏了翁撰：《重校鹤山先生大全文集》卷七七《镇江府教授徐君墓志铭》，载《宋集珍本丛刊》第76册，北京：线装书局，2004年。

夏颖达：赣州德兴人。甫冠举于乡，补太学生，靖康初尝率同舍生陈东、刘铨等六十余人伏阙上书要求复用李纲。张浚开闽江淮留之幕下，后奏补惠州文学。

南宋高宗初期迁鄂州蒲圻县丞。

改知吉州龙泉县，岁大饥，郡守希转运使意，不听民诉灾，民遮颍达马，号泣以请。诣府陈之不许，因趋出，悉取民所诉状，属吏按行阡陌，尤捐其租。自诣转运使，得捐恤。属邑效之。移知清流县，数月以忧免。

【史料来源】

（清）陆心源辑：《宋史翼》卷二〇《夏颍达传》，杭州：浙江古籍出版社，2016年。

桂绩：字彦成，信州贵溪县人。南宋高宗绍兴十五年（1145）登进士第。

约南宋高宗时期官县丞。

升沅江县县令，仕至浙西转运司干办公事。

【史料来源】

（明）张士镐、（明）江汝璧等纂修：（嘉靖）《广信府志》卷一四《选举志·进士·宋》，《四库全书存目丛书》本，济南：齐鲁书社，1997年。

（明）陈洪谟纂修：（嘉靖）《常德府志》卷一二，载《天一阁藏明代方志选刊》，上海：上海古籍书店，1964年。

郭赞（？—1128）：两宋之际资州内江人。元符末，曾应诏上书，慷慨言天下事。

南宋高宗建炎元年（1127），为汝阳县县丞。

建炎二年（1128），金人攻陷襄州，守臣阎孝忠闻之，先遣其家，独聚军民守城。金人陷城，孝忠为所执，见其貌陋且侏儒，不知为守臣，乃令荷担，因乘间而逃往西陵。独赞朝服诟叱不肯降，被俘，不屈而死，金人焚掠一空而去。

【史料来源】

（宋）李心传撰，胡坤点校：《建炎以来系年要录》卷一三“高宗建炎二年二月癸酉”条，北京：中华书局，2013年。

（元）脱脱等：《宋史》卷四五二《郭赞传》，北京：中华书局，1977年。

黄大本：**南宋高宗绍兴五年（1135）四月时任池州贵池县丞**。坐枉法赃，杖脊刺配南雄州。

【史料来源】

（元）脱脱等：《宋史》卷二八《高宗纪五》，北京：中华书局，1977年。

（宋）李心传撰，胡坤校：《建炎以来系年要录》卷九〇“高宗绍兴五年六月丁未”条，北京：中华书局，2013年。

黄子辩：**南宋高宗时期任零陵县县丞**。

【史料来源】

（清）李瀚章、裕禄等编纂：（光绪）《湖南通志》卷一一一《职官志二·宋一》，长沙：岳麓书社，2009年。

黄仁俭（？—1196）：字约之，本出建宁府浦城县，高祖时期家于宛丘，父亲时居明州奉化县。绍兴十三年（1143）补将仕郎，十四年（1144）监潭州南岳庙，转严州淳安县主簿，转监台州支盐仓。

约南宋高宗绍兴中期先后任处州青田县、绍兴府余姚县县丞。

转从政郎、文林郎、儒林郎、通知郎、奉议郎，庆元二年（1196）四月卒。

【史料来源】

（宋）楼钥撰，顾大朋点校：《楼钥集》卷一百十《奉议郎黄君（仁俭）墓志铭》，杭州：浙江古籍出版社，2010年。

（明）凌迪知撰：《万姓统谱》卷四七《黄》，文渊阁《四库全书》本。

黄刍：字季野，兴化军莆田县人。南宋高宗绍兴二十一年（1151）登进士第，初授怀安县主簿。

约南宋高宗时期终官怀安县县丞。

公既登第，梦妇人素服，扇上题云：“恨君清袖短，误妾白罗妆。”遂不肯婚。

【史料来源】

（宋）刘克庄撰，王蓉贵、向以鲜校点，刁忠民审订：《后村先生大全集》卷一七四《诗话》，成都：四川大学出版社，2008年。

（清）黄宗羲撰，（清）全祖望补修，陈金生、梁运华点校：《宋元学案》卷四七《县丞黄先生刍》，北京：中华书局，1986年。

黄石：建宁府瓯宁县人。南宋高宗绍兴二十一年（1151）登进士第。

南宋高宗绍兴时期教授某州学，又教授敦宗院，上虞县县丞。

年甫若干，以末疾致其事，自从政郎特迁通直郎，赐绯衣银鱼，一还乡里。

【史料来源】

（宋）朱熹撰，朱杰人、严佐之、刘永翔主编：《晦庵先生朱文公文集》卷九二《夫人许氏墓碣铭》，载《朱子全书》第25册，上海：上海古籍出版社，合肥：安徽教育出版集团，2002年。

（明）夏玉麟等修，（明）汪佃等纂：（嘉靖）《建宁府志》卷一五《选举志·进士·宋》，厦门：厦门大学出版社，2009年。

黄执矩（1131—1163）：字才用，高要人，初任封川县尉。

南宋高宗时期转新兴县县丞，以俸资嫁侄女，乡人称其义焉。

早厌科举，爱慕濂洛之学。师从胡寅、张栻游学。讲明正道，参订大学中庸之义，以训后进，年三十三而卒。

【史料来源】

（清）江藩：（道光）《肇庆府志》卷一六《宦绩》，上海：上海古籍出版社，1995年。

（清）王梓材、（清）冯云濠编撰，沈芝盈、梁运华点校：《宋元学案补遗》卷七一《县丞黄先生执矩》，北京：中华书局，2012年。

黄序：睦州建德县人。

南宋高宗绍兴十二（1142）年登进士第。终常山县县丞。

【史料来源】

（宋）洪迈：《夷坚志甲》卷九《黄司业梦》，北京：中华书局，1981年。

（宋）陈公亮修，刘文富纂：（淳熙）《严州续志》卷一《登科记》，载《宋元方志丛刊》第5册，北京：中华书局，1990年。

黄彻：字常明，兴华军莆田县人，黄中庸孙，黄府父。

南宋高宗绍兴十五年（1145）登进士第，初授辰溪县县丞。

约南宋高宗绍兴年间任辰溪县县令。在任五年，以才谓称。调沅州军事判官，摄倅事。后任麻阳县县令。循辟鄂州嘉鱼县县令。任平江县县令。帅漕交辟，处之宾幕。平江士民诣都督行府乞还任。未几即真，时湖贼杨么钞掠数郡，遏绝水道。官军距州数舍，地险，艰于转饷。彻虑粮食不继，预设巨舰，令民输租其中，得米千余斛，乘风而前。贼自变量十艘尾逐。会官军至，只舟不得返，因降其众。贼垒遂平，秩且满，有权贵寄产于县境为民患者，彻按以法，乃阴排之，彻自以不善谐俗委官而归。有《碧溪诗话》。

【史料来源】

（宋）李俊甫撰：《莆阳比事》卷三《以诗名家以文行世》，续修《四库全书》本。

（清）陆心源辑：《宋史翼》卷二〇《黄彻传》，杭州：浙江古籍出版社，2016年。

黄武：江州湖口人，瓌父。建炎中兴，投匭论两河事宜，召问中书，即布衣授招讨司干办，赞大名军，有奇功，荐于朝，未报去之。上书论军国利害，高宗奇其才。授承务郎任黄州黄冈县知县。

南宋高宗绍兴年间历婺州义乌县县丞。

擢知郴州，又知汀州，与秦桧不和，奉祠归。

【史料来源】

（宋）曹彦约：《昌谷集》卷一八《黄公墓志铭》，文渊阁《四库全书》本。

黄勋：字有功，南海人。

南宋高宗绍兴二年（1132）登进士第，始授永福县县丞。县令久病不能决事，功代为审理刑狱，兴利除弊，并代替百姓偿还过期未交的赋税八千三百余缗。

以监司荐，铨授修职郎，寻进秩右朝奉郎。约南宋高宗绍兴年间任新昌县知县。累进朝散郎、知雷州，以贤能迁去，知新州，终朝散大夫致仕。

【史料来源】

（元）陈大震撰：（大德）《南海志》卷九《人物志·黄勋》，载《宋元方志丛刊》第8册，北京：中华书局，1990年。

（明）郭棐撰，黄国声、邓贵忠点校：（万历）《粤大记》卷四《科第·宋进士第》，广州：广东人民出版社，2014年。

黄昭祖：**南宋高宗绍兴二十四年（1154）在闽县县丞任上。**提点刑狱赵令诅目睹桥梁道路毁坏，遂命黄昭祖因旧制重新修复。

【史料来源】

（宋）梁克家撰：（淳熙）《三山志》卷五《地里类五》，载《宋元方志丛刊》第8册，北京：中华书局，1990年。

黄秠（1107—1156）：字伯瑞，邵武人，徙吉州，潜善子。以荫补授将仕郎，为御营副使下书写机宜文字，丁父忧，除官。

南宋高宗绍兴初期权处州会昌县县丞。

调南安军司户、改差吉州判官，擢知建昌县，转通判南雄州，调筠州通判。绍兴二十六年（1156）六月二十四日以疾卒于家，年四十九。公廉洁清正，待阙五年，贫甚，卒无余财，友人棺殓之。

【史料来源】

（宋）王庭珪撰：《卢溪先生文集》卷四二《故右朝奉郎通判筠州黄公墓志铭》，载《宋集珍本丛刊》第34册，北京：线装书局，2004年。

黄彦辉：字如晦，福建莆田人，宣和三年（1121）登进士第，调泉州晋江县主簿，转侯官县县尉，改广州司理参军，转任罗源县知县。

约南宋高宗初任奉议郎差永春县县丞。

后任泉州晋江县知县、泉州府同安县知县。彦辉申安抚司，创筑城壁，周环六里。安抚司奏保与减磨勘二年，寻以使牒监纳军仓，卒赠太中大夫。

【史料来源】

（明）郑岳编，黄起龙重订：《莆阳文献传》卷一五《黄彦辉》，北京：中国文史出版社，2014年。

（清）陆心源辑：《宋诗纪事小传补正》卷四《黄彦辉》，北京：中华书局，1971年。

黄烈：字辉道，汀州人。老成长厚，乡党推重。宋高宗绍兴十二年（1142）壬戌陈成榜进士，调潭州户曹。

南宋高宗绍兴中期再调福州侯官县县丞。

当途交荐改京秩，知兴化军仙游县，承议郎，主管台州崇道观。

【史料来源】

马蓉、陈抗、钟文、乐贵明、张忱石点校：《临汀志》，载《永乐大典方志辑佚》第2册，北京：中华书局，2004年。

黄唐发：南康军都昌县人。南宋高宗建炎二年（1128）登进士第，授永丰县县令。

南宋高宗绍兴初期转任平阳县县丞。

【史料来源】

（清）盛元：（同治）《南康府志》卷一四《选举志・进士》，文渊阁《四库全书》本。

（清）刘坤一：（光绪）《江西通志》卷二二《选举表·宋进士》，载《中国地方志集成》，南京：凤凰出版社，2009年。

黄楷：**南宋高宗绍兴二十七年（1157）十二月时任处州遂昌县县丞，**乞籍定民户物力高强，比他户大段辽绝者，并应役两次，比其他役户一次，从之。

【史料来源】

（宋）李心传撰，胡坤点校：《建炎以来系年要录》卷一七八“高宗绍兴二十七年十二月丙申”条，北京：中华书局，2013年。

黄瓌（1136—1202）：字少苏，又字继苏，南康军都昌县人，迁江州湖口县。高宗授承务郎，知黄州黄冈县。

南宋高宗时期历婺州义乌县县丞。

擢知郴州，又知汀州，中乾道七年（1171）铨选，调德安府孝感县主簿。约宋孝宗乾道年间，调光化军司理参军。以荐者改宣教郎，知江州德安县，通判江陵府。丁太恭人忧，服阕，授潮州通判。未赴，以疾自请，得主管台州崇道观。嘉泰二年（1202）十二月已未卒于家，享年六十有七。官至朝奉郎。

【史料来源】

（宋）曹彦约：《昌谷集》卷一八《黄公墓志铭》，文渊阁《四库全书》本。

康宁：泉州晋江县人。北宋徽宗宣和三年（1121）登进士第。

南宋高宗时期任荔浦县县丞。

【史料来源】

（元）脱脱等：《宋史》卷三九九《高登传》，北京：中华书局，1977年。

（明）黄仲昭修纂：（弘治）《八闽通志》卷五〇《选举志·科第·泉州府·宋》，福州：福建人民出版社，2006年。

章服：字德文。其先浦城人，五代之乱，徙盐官，国初来婺，因家永康。南宋高宗绍兴十二年（1142）登进士第，初授青田县主簿。

秩满，高宗中期升左从政郎，授处州丽水县丞。

改御前军器所干办公事，辟兼川陕宣喻使司书写机宜文字，以劳，得左承直郎。改左奉议郎，干办行在诸军审计司。转左承议郎。转左朝奉郎，主管台州崇道观，添差权通判宣州，转朝散郎。转左朝请郎，差知建州。丁忧，服除，得知鄂州。除两浙西路提举常平茶盐公事，转左朝奉大夫。转左朝散大夫。除尚书吏部员外郎，兼皇子庆王府直讲。乾道改元，为郎中，除殿中侍御史兼侍讲，迁侍御史。著有《论语解》二卷、《孟子解》二卷、《易解》二卷、《古律诗》四卷，藏于家。

【史料来源】

（宋）陈亮著，邓广铭点校：《陈亮集》卷三四《吏部侍郎章公德文行状》，北京：中华书局，1987年。

龚鋈：**南宋高宗绍兴二十三年（1153）十月时任溧阳县县丞，**献修圩之策于秦桧。

【史料来源】

（宋）李心传撰，胡坤点校：《建炎以来系年要录》卷一六五“高宗绍兴二十三年十月丁丑”条，北京：中华书局，2013年。

萧振：字德起，温州平阳萧江人。自幼勤勉好学，由于品学兼优，曾被推崇为太学“三贤”之首。北宋徽宗政和八年（1118）登进士第。

南宋高宗绍兴二十五年（1155）任临海县县丞。

曾任秘书郎、监察御史、提点两浙西路刑狱、宗正少卿、侍御史、兵部侍郎等职。

【史料来源】

（宋）李心传撰，胡坤点校：《建炎以来系年要录》卷一二三“高宗绍兴二十二年十月壬申”条，北京：中华书局，2013 年。

（宋）陈骙：《南宋馆阁录》卷七《官联上》，北京：中华书局，1998 年。

童大定：字持之，明州奉化人。少时从乡先生赵庇民学，总角入乡校。会舍法罢，游京师，中左学选，所交皆一时名士。后亦受业于刚闵、杨时等，靖康之乱时读古今书，造诣益邃。南宋高宗绍兴时期入太学，丁母忧而去，十八年（1148）登进士第，调汉阳尉。在职期间，亲履畎亩，正其经界，收渔户税不私一钱。

南宋高宗绍兴晚期调温州永嘉县县丞。

转江东漕属，所至有善政。改宣教郎，授徽州教授，转奉议郎、通判靖江军事，解秩归。

【史料来源】

（宋）张津撰：（乾道）《四明图经》卷一二《进士题名记》，载《宋元方志丛刊》第 5 册，北京：中华书局，1990 年。

（宋）罗濬：（宝庆）《四明志》卷一〇《进士》，载《宋元方志丛刊》第 5 册，北京：中华书局，1990 年。

彭合（1093—1161）：字子从，号野翁，吉州庐陵人。以其父彭衎致仕恩补将侍郎，参吏部选，主临江军清江县簿。

以母忧去，服除，江西宪孙公燮见其所著杂文，称赏之，俾摄赣之兴国丞。以擒获凶盗功改京秩，知赣之信丰县。以才干被召见，赐五品服，擢虔州通判。后右任知临江军、永州，广西、湖南提点刑狱，入为户部郎中、总领湖广江西京西财赋。

【史料来源】

何新所编著：《新出宋代墓志碑刻辑录·南宋卷·彭合行状（一一六一）》，北京：文物出版社，2020 年。

蒋汝功：常州武进县人。南宋高宗建炎二年（1128）登进士第。

约南宋高宗初期任县丞。

【史料来源】

(宋) 史能之:(咸淳)《重修毗陵志》卷一一《文事·科名》,载《宋元方志丛刊》第3册,北京:中华书局,1990年。

(宋) 葛胜仲撰:《丹阳集》卷五《谢蒋县丞汝功启》,载《宋集珍本丛刊》第32册,北京:线装书局,2004年。

蒋夔:常州武进县人。南宋高宗建炎二年(1128)登进士第。

南宋高宗时期权广德县县丞。

【史料来源】

(宋) 史能之撰:(咸淳)《重修毗陵志》卷一一《文事·科名》,载《宋元方志丛刊》第3册,北京:中华书局,1990年。

(元) 脱脱等:《宋史》卷四五三《王俦传》,北京:中华书局,1977年。

程舟:字济川,饶州德兴县人。

南宋高宗绍兴二十一年(1151)登进士第。终桂阳县县丞。

【史料来源】

(清) 汤惪修,(清) 石景芬纂:(同治)《饶州府志》卷二二《人物志·文苑》,上海:上海古籍出版社,2010年。

(清) 刘坤一:(光绪)《江西通志》卷二一《选举志·宋进士》,载《中国地方志集成》,南京:凤凰出版社,2009年。

程泰:眉州人,南宋高宗绍兴时期登进士第。

约南宋高宗绍兴时期为连江县县丞。

迁建宁府政和县知县。

【史料来源】

(明) 夏玉麟等修,(明) 汪佃等纂:(嘉靖)《建宁府志》卷五《官师·县丞·宋》,厦门:厦门大学出版社,2009年。

沈瑜庆：（民国）《福建通志》卷三二《职官志·宋》，北京：方志出版社，2016年。

董观（1079—1164）：字坦叔，宣和六年（1124）登进士第，调舒州太湖县县尉，以功循文林郎，又改宣义郎。任南安军南康县知县。

约南宋高宗绍兴年间任临江军新淦县县丞。

以朝奉郎知浔州，所至皆有治绩。致仕退居江上，游闲二十年。孝宗即位，转朝请郎，赐紫金鱼袋。隆兴二年（1164）卒，年八十有六。

【史料来源】

（宋）王庭珪：《卢溪先生文集》卷四四《故左朝奉郎前知浔州董公墓志铭》，载《宋集珍本丛刊》第34册，北京：线装书局，2004年。

曾协（？—1173）：字同季，自号无得居士，抚州南丰县人，翰林学士曾肇孙，年十九以辞赋得名，举进士不第。

南宋高宗绍兴中期，以世赏官湖州长兴县县丞，迁绍兴府嵊县县丞。

历临安通判，乾道七年（1171）知吉州，改抚州，又改永州，乾道九年（1173）卒，有《云庄集》五卷，已佚。

【史料来源】

（明）董斯张撰：（崇祯）《吴兴备志》卷一三，文渊阁《四库全书》本。

（清）曾燠辑：《江西诗征》卷十四《宋》，清嘉庆九年（1804）刻本。

曾浩（1090—1173）：字德充，泉州晋江县人。

南宋高宗晚期以父恩补承务郎，为青阳县县丞，辟为岳阳军节度判官。**授饶州乐平县县丞，**以太母霈恩赐五品服。

约南宋高宗末年、孝宗初年任宣州泾县知县，任建康府江宁县知县，所治皆有声。后任鄂州通判，主管台州崇道观致仕。乾道九年（1173）卒，年八十四。

【史料来源】

（宋）韩元吉：《南涧甲乙稿》卷二〇《右朝奉大夫致仕曾公墓志铭》，北京：中华书局，1985 年。

曾崇（1115—1180）：字希元，泉州晋江县，曾恬子。起家监潭州南狱庙，调钱塘县主簿。

约南宋高宗绍兴年间就差衢州西安县县丞。

用荐者改右宣教郎、知湖州安吉县，后仅除曾崇通判临安府。秩满，除权发遣高邮军。淳熙七年（1180）九月二十三日，终于治所，郡人相与罢市哭之。官朝散郎，赐服五品。有《约齐稿》若干卷。

【史料来源】

（宋）韩元吉：《南涧甲乙稿》卷二一《高邮军曾使君墓志铭》，北京：中华书局，1985 年。

喻良倚：字伯寿，其先居富阳，宋初始迁婺州义乌县。喻良能兄，与良能同入太学，同于南宋高宗绍兴二十七年（1157）登进士第，初授会稽县尉。

约南宋高宗绍兴末期转临海县县丞，所治有声，民皆赖之。

有《唐论》四卷。

【史料来源】

（宋）王十朋：《梅溪王先生后集》卷三《赠喻叔奇县尉》，《四部丛刊》本。

（清）王梓材、（清）冯云濠编撰，沈芝盈、梁运华点校：《宋元学案补遗》卷五六《进士喻先生良倚》，北京：中华书局，2012 年，第 3230 页。

谢师稷（1115—1194）：字务本，邵武人。

南宋高宗绍兴年间以世赏补将仕郎，摄福福州府宁德县县丞。

淳熙中为福建提刑，后改知明州，兼任沿海制置使。召为右司郎中，累官至集英殿修撰知平江府。平江府前首侍其富饶，率多妄用而反贫，师稷樽节浮费致财政充盈，修城墙以护民，得民之爱戴。绍熙五年（1194）卒，年八十整。

【史料来源】

（明）黄仲昭修纂：（弘治）《八闽通志》卷七一《人物志》，福州：福建人民出版社，2006年。

（明）王鏊撰：（正德）《姑苏志》卷四〇《宦迹》，载《天一阁藏明代方志选刊续编》，上海：上海书店出版社，1990年。

谢洵直：漳州龙溪县人，谢宜伯孙。南宋高宗绍兴十五年（1145）特奏名进士。

约南宋高宗绍兴时期任吉安县县丞。

【史料来源】

（明）林魁、（明）李恺纂修：（嘉靖）《龙溪县志》卷七《选举志·宋·进士》，明嘉靖十四年（1535）刻本。

（清）孙尔准等修，（清）陈寿祺纂，（清）程祖洛等续修，（清）魏敬中续纂：（道光）《重纂福建通志》卷一四八，扬州：广陵书社，2018年。

谢源（1124—1181）：字资深，抚州临川人，敏行子。以进士官建昌军教授。

南宋高宗绍兴年间累迁至文林郎、邵武军邵武县县丞。

再试礼部中第，约宋高宗绍兴年间为建昌军南城县军学教授。居官静重有守，喜怒不行于色，用政温和，民不以为扰。然事有当为，亦不惮改革也。尝祠其乡之贤者五人于学，以劝诸生，而故刘侍郎季高为之记。秩满，诸生相率状其行治，扣漕台请留之。使者知其贤，顾法不可，因相与荐之，得稍迁秩，复教授江州州学。未行，遭父丧。

南宋高宗绍兴年间调隆兴府南昌县县丞。

淳熙八年（1181）卒，年五十八，朱文公铭其墓。其诗秀润和雅，有二祖风致，存者百余篇，号《空斋诗稿》云。

【史料来源】

（宋）朱熹撰，朱杰人、严佐之、刘永翔主编：《晦庵先生朱文公文集》卷九一《邵武县丞谢君墓碣铭》，载《朱子全书》第24册，上海：上海古籍出版社，合肥：安徽教育出版集团，2002年。

（宋）周必大：《平园续稿》卷一四《抚州登科题名记》，文渊阁《四库全书》本。

葛邲：字楚辅，其先居镇江府丹阳县，后徙建安吴兴。世以儒学名家，高祖密至邲五世登科第，大父胜仲至邲三世掌词命。邲少警敏，叶梦得、陈与义一见称为国器。

约南宋高宗时期以荫授建康府上元县县丞。会金人犯江，上元当敌冲，调度百出，邲不扰而办，留守张浚、王纶皆器重之。

南宋孝宗隆兴元年（1163）登进士第。萧之敏为御史，荐其才，除国子博士。轮对，论州县受纳及鬻爵之弊，除著作郎兼学士院权直。除正言，除侍御史，论救荒三事，累迁中书舍人。除刑部尚书。邲为东宫僚属八年，孝宗书“安遇”字以赐，又出梅花诗命邲属和，眷遇甚渥。光宗受禅，除参知政事。除知枢密院事。绍熙四年（1193），拜左丞相。未期年，除观文殿大学士、知建康府。改隆兴，请祠。宁宗即位，判绍兴府，改判福州，道行感疾，除少保，致仕。薨，年六十六。赠少师，谥文定，配享光宗庙庭。有文集二百卷、词业五十卷。

【史料来源】

（宋）周麟之：《海陵集》卷二三《葛文康公（胜仲）神道碑》，文渊阁《四库全书》本。

（元）脱脱等：《宋史》卷三八五《葛邲传》，北京：中华书局，1977年。

葛温卿：字直儒，用开封府贯应举，后徙居秀州嘉兴县。南宋高宗绍兴五年（1135）登进士第。

南宋高宗时期历广德县县丞。

【史料来源】

（宋）杨潜：（绍熙）《云间志》卷中《进士题名》，载《宋元方志丛刊》第1册，北京：中华书局，1990年。

（元）徐硕：（至元）《嘉禾志》卷一五《宋登科题名》，上海：上海古籍出版社，2010年。

傅伫：字凝远，徙其居仙游县。登重和元年（1118）进士第，授无棣主簿。

南宋高宗绍兴四年（1134）调任南安县县丞。南安县发生饥荒，民多弃子者。他向州申请出常平钱米，设立安养院于僧舍，救助被遗弃的儿童。第二年岁丰，悉访其所亲归之。当时县之贫民鬻卖产业者多减其户产以求速售，或业尽而赋税独存。导致官府催督而死徙相踵。傅得其弊，一切以肥硗定赋，民之冤皆得直。由于考核为一路之最，迁知晋江县。

【史料来源】

（宋）陆游：《渭南文集》卷三三《傅正议墓志铭》，《四部丛刊》本。

（明）黄仲昭修纂：（弘治）《八闽通志》卷七一《人物志》，福州：福建人民出版社，2006年。

傅伯祥：南康军南康县人。南宋高宗绍兴十二年（1142）登进士第。

南宋高宗时期历迪功郎、东莞县县丞。

【史料来源】

（明）刘昭文纂修：（嘉靖）《南康县志》卷六《选举志·进士·宋》，载《天一阁藏明代方志选刊续编》，上海：上海书店出版社，1990年。

（清）黄鸣珂：（同治）《南安府志》卷一二《选举表·宋进士》，文渊阁《四库全书》本。

傅瑾：字君玉，其先金陵人，五季徙信州铅山县。君自幼敏悟，弱冠捐乡书，五到省，例以恩补官，授广西经略犒赏库，未赴，循从事郎，再调春陵判官。

约南宋高宗时期调任温州永嘉县县丞。

【史料来源】

（宋）陈文蔚撰：《克斋集》卷一二《傅县丞墓志铭》，请文渊阁《四库全书》本。

韩致尧：温州永嘉县人。

南宋高宗绍兴二十四年（1154）登进士第。历平阳县县丞。

【史料来源】

（明）汤日昭撰：（万历）《温州府志》卷一〇《选举志·进士·宋》，明万历刻本。

（清）嵇曾筠：（雍正）《浙江通志》卷一二五《选举志·进士·宋》，上海：上海古籍出版社，1991年。

鲍祖文：字献夫，黄岩人，与弟祖武号“二鲍”。登绍兴二十七年（1157）进士第，任温州永嘉县县尉。

南宋高宗绍兴三十年（1160）转东阳县县丞。

南宋孝宗年间任瑞安县知县，终官朝请郎通判兴化军。

【史料来源】

（宋）陈耆卿：（嘉定）《赤城志》卷三三《人物志·本朝·仕进·进士科》，载《宋元方志丛刊》第7册，北京：中华书局，1990年。

熊通：字述之，建州建阳县人。北宋徽宗政和八年（1118）登进士第。

南宋高宗绍兴初期任顺昌县县丞。

调建宁县县令，历江州、台州、临江通判。

【史料来源】

（明）夏玉麟等修，（明）汪佃等纂：（嘉靖）《建宁府志》卷一五《选举志·进士·宋》，厦门：厦门大学出版社，2009年。

（明）黄仲昭修纂：（弘治）《八闽通志》卷四九《选举志·科第·建宁

府·宋》，福州：福建人民出版社，2006 年。

潘必强：字知柔，福州闽县人。南宋高宗绍兴二十四年（1154）登进士第。

南宋高宗绍兴年间终龙岩县县丞。

【史料来源】

（宋）梁克家撰：（淳熙）《三山志》卷二八《人物类·科名·本朝》，载《宋元方志丛刊》第 8 册，北京：中华书局，1990 年。

（明）黄仲昭修纂：（弘治）《八闽通志》卷四六《选举志·科第·福州府·宋》，福州：福建人民出版社，2006 年。

潘琛：舒州宿松县人。南宋高宗绍兴二十四年（1154）登进士第，授庐州司户参军。

南宋高宗绍兴年间迁徽州祁门县县丞。

教崇礼让，士民化之。

【史料来源】

（清）黄之隽、（清）赵弘恩：（乾隆）《江南通志》卷一二〇《选举志·进士·宋》，扬州：江苏广陵书社有限公司，2010 年

（清）王梓材、（清）冯云濠编撰，沈芝盈、梁运华点校：《宋元学案补遗》卷二七《潘先生琛》，北京：中华书局，2012 年。

颜希哲：漳州龙溪县人。南宋绍兴二年（1132）登进士第。

南宋高宗绍兴初期为泉州府同安县县丞。

南宋孝宗乾道时期迁福清县知县，所治有方，有政声。

【史料来源】

（明）刘天授修，（明）林魁、李恺纂：（嘉靖）《龙溪县志》卷八《人物志·士行·宋》，明嘉靖十四年（1535）刻本。

（清）孙尔准等修，（清）陈寿祺纂，（清）程祖洛等续修，（清）魏敬中

续纂：(道光)《重纂福建通志》卷一四八，扬州：广陵书社，2018 年。

戴存政：抚州临川县人。

南宋高宗绍兴二十五年（1155）任赣州雩都县县丞。

【史料来源】

(明) 董天锡撰：(嘉靖)《赣州府志》卷七《秩官·雩都·县丞·宋》，载《天一阁藏明代方志选刊》，上海：上海古籍书店，1962 年。

戴宏中：温州瑞安县人。

南宋高宗绍兴十二年（1142）登进士第。仕终乐平县县丞。

【史料来源】

(明) 汤日昭撰：(万历)《温州府志》卷一〇《选举志·进士·宋》，明万历刻本。

(清) 嵇曾筠撰：(雍正)《浙江通志》卷一二五《选举志·进士·宋》，上海：上海古籍出版社，1991 年。

魏行己：**南宋高宗绍兴十六年（1146）为明州鄞县县丞。**

【史料来源】

(宋) 魏岘撰：《四明它山水利备览》卷下《(宋) 魏行己〈重修增它山堰记〉》，清文渊阁《四库全书》本。

(明) 高宇泰：《敬止录》卷八《山川考·〈重修增它山堰记〉》，宁波：宁波出版社，2015 年。

魏安行：字彦成，饶州乐平人，一作饶州鄱阳人。

南宋高宗绍兴年间以进士授善化县县丞。

升任弋阳县县令。在任期间凿渠泄水以灌，民德之。张浚荐知滁州，改京西漕，言事忤时相，谪官，起知吉州，除户部郎中，进屯田十二策，擢直敷文阁、淮南运副，提领营田事，寻请祠卒。

【史料来源】

（宋）李弥逊：《筠溪集》卷二《应诏荐郡守监司状》，文渊阁《四库全书》本。

（宋）李心传撰，胡坤点校：《建炎以来系年要录》卷九〇“高宗绍兴五年六月乙丑”条，北京：中华书局，2013年。

第十一章　宋孝宗朝（1163—1189）

刁骏：字仲声，钱塘县人。

南宋孝宗乾道五年（1169）任黄岩县县丞。

【史料来源】

（明）袁应祺修，（明）牟汝忠等纂：（万历）《黄岩县志》卷四《职官志·县官·县丞》，载《天一阁藏明代方志选刊》，上海：上海古籍书店，1963年。

（清）陆心源撰：《皕宋楼藏书志》卷四〇《子部·儒家类二·〈重刊无垢先生横浦心传录〉三卷〈横埔日新〉一卷》，《清人书目题跋丛刊》本。

马迈：绍兴府会稽人。

南宋孝宗乾道九年（1173）为黄岩县县丞。

【史料来源】

（明）袁应祺修，（明）牟汝忠等纂：（万历）《黄岩县志》卷四《职官志·县官·县丞》，载《天一阁藏明代方志选刊》，上海：上海古籍书店，1963年。

上官赍：字济叔，邵武人。南宋孝宗淳熙五年（1178）特奏名登进士第。

南宋孝宗淳熙时期调任饶州浮梁县县丞。

郡以事送委予决，尽得其情。陂塘渠堰，多所修筑。迁贵州推官，致仕，手不释卷，周人甚急，岁散余粮以济贫族，皆德之。

【史料来源】

（明）邢址修，（明）陈让纂：（嘉靖）《邵武府志》卷八《选举志·进士·宋》，载《天一阁藏明代方志选刊》，上海：上海古籍书店影印本，1964年。

（明）黄仲昭修纂：（弘治）《八闽通志》卷七〇《人物志·邵武府·宋》，福州：福建人民出版社，2006年。

上官基：字仲立，邵武人，上官恢曾孙。以父荫授安化尉。不赴，调监建康府仓库。

约宋孝宗乾道年间调任兴国县县丞。

转调任衡州推官，州欠上司及大军钱迫予期，会守谋子基，基言："衡阳附城邑皆巨胥揽税，久而不输，致民户徒挂欠籍。"以基监催，揭欠户姓名于市，第等立限，私揽畏惧，如期而至，不数日输及万缗。纳秋苗罢收受费，概量公平，百姓便之。丞相赵汝愚谪零陵，道经衡阳卒，时韩侂胄用事，沿途迓送者皆获谴，至是，台司不敢营办，上官基独为之经纪其丧。迁提点铸钱司检踏官。嘉定元年卒。时汝愚子崇度守邵武，于其葬也，临穴哭奠。子铨，字衡父，好学能。

【史料来源】

（明）邢址修，陈让纂：（嘉靖）《邵武府志》卷十三《乡贤·宋》《天一阁藏明代方志选刊》，上海：上海古籍书店，1961年。

卫藻（1142—1219）：字德章，嘉兴华亭人。淳熙二年（1175）登进士第，为临安府富阳县主簿，以亲老，改授仁和县主簿。

南宋孝宗淳熙八年（1181）任满，改调无锡县县丞。丁朝议忧，再调饶州余干县县丞。

约南宋宁宗嘉泰、开禧年间改宣教郎任太平州繁昌县知县。越月，以恭人丁氏忧，罢。转任处州丽水县知县。后知武冈军。嘉定十二年（1219）卒，年七十八。

【史料来源】

（宋）卫泾撰：《后乐集》卷一八《侄孙朝散大夫前知武冈军墓志铭》，清文渊阁《四库全书》本。

（元）徐硕撰：（至元）《嘉禾志》卷一三，《人物》载《宋元方志丛刊》第5册，北京：线装书局，2004年。

王万枢（1143—1205）：南宋镇江金坛人，字赞元。王彦融次子。以父任荫补入仕，授昆山县尉。

南宋孝宗隆兴初期移崇德县县丞。

改秩知滁州来安县、累迁知兴国军，请求蠲赋绢，诏准其半，郡人皆感恩戴德。秩满，改官知吉州，终官之。开禧元年（1205）赴仪真，卒于舟中，年六十三。

【史料来源】

（明）王鏊撰：（正德）《姑苏志》卷四一《宦绩五》，载《天一阁藏明代方志选刊续编》，上海：上海书店出版社，1990年。

（清）冯桂芬撰：（同治）《苏州府志》卷七一《名宦·长洲县·宋》，清光绪九年（1883）刻本。

王佐才：字元用，隆兴府丰城县人。南宋孝宗淳熙五年（1178）登进士第。

约南宋孝宗时期仕至常德府武陵县县丞。

【史料来源】

（明）李贵纂修：（嘉靖）《丰乘》卷二《科第表》，载《天一阁藏明代方志选刊续编》，上海：上海书店出版社，1990年。

（清）许应鑅、（清）王之藩修：（同治）《南昌府志》卷二九《选举志·进士·宋》，南京：江苏古籍出版社，1996年。

王荡：广信府上饶人。

南宋孝宗淳熙十一年（1184）任赣州雩都县县丞。

【史料来源】

（明）董天锡撰：（嘉靖）《赣州府志》卷七《秩官志·雩都·县丞·宋》，载《天一阁藏明代方志选刊》，上海：上海古籍书店，1962年。

王贲之：绍兴府诸暨县人。

南宋孝宗乾道八年（1172）特奏名登进士第，终长兴县县丞。

【史料来源】

（明）张元忭：（万历）《绍兴府志》卷三三《选举志·进士·宋》，明万历刻本。

（清）嵇曾筠：（雍正）《浙江通志》卷一二五《选举志·进士·宋》，上海：上海古籍出版社，1991年。

王铎：字子木，台州临海县人。南宋孝宗乾道八年（1172）特奏名登进士第。

约南宋孝宗时期历侯官县县丞。

终监行在药局。

【史料来源】

（宋）陈耆卿撰：（嘉定）《赤城志》卷三三《人物志·本朝·仕进·进士科》，载《宋元方志丛刊》第7册，北京：中华书局，2004年。

（清）嵇曾筠：（光绪）《浙江通志》一二五《选举志·进士·宋》，上海：上海古籍出版社，1991年。

王基：字履先，原籍明州鄞县，后迁慈溪，王镐父。南宋孝宗乾道五年（1169）登进士第。

约南宋孝宗时期任从政郎、潭州长沙县县丞。

【史料来源】

（宋）杨简：《慈湖先生遗书续集》卷一《王德高墓铭》，民国《四明丛书》本。

（宋）梁克家：（淳熙）《三山志》卷二九《人物类·科名·本朝》，载《宋元方志丛刊》第8册，北京：中华书局，1990年。

邓约礼：字文范，本盱江县人，后徙家抚州临川县。少从陆九渊学，九渊称其素密。南宋孝宗淳熙五年（1178）登进士第。

约南宋孝宗淳熙为江州德化县县丞，摄邑事，葺理凋敝，甚得民心。

改温州教授，与叶适订交，调常德府推官卒。约礼笃于学行，生平学问根本于家庭孝悌，慈爱之风达于乡党，尝语于人曰："某得一官，但能少济诸贫困兄弟耳！"学者称直斋先生，以子贵，累赠中大夫。

【史料来源】

（清）黄宗羲撰，（清）全祖望补修，陈金生、梁运华点校：《宋元学案》卷七七《推官邓直斋先生约礼》，北京：中华书局，1986年。

邓林：字楚材，福州福清县人。年十五，以诗义魁乡校。南宋孝宗淳熙五年（1178）登进士第，授太和县主簿。尝与辛弃疾、周必大、陈傅良、戴溪、朱熹、吕祖谦等为友。凡三上书于朝，讥切朝政，时朝议欲授以中都干官，或阻之。

约南宋孝宗时期任赣州石城县县丞。有《虚斋文集》行世。

【史料来源】

（宋）梁克家：（淳熙）《三山志》卷三〇《人物类·科名·本朝》，载《宋元方志丛刊》第8册，北京：中华书局，1990年。

（明）黄仲昭修纂：（弘治）《八闽通志》卷四七《选举志·科第·邵武府·宋》，福州：福建人民出版社，2006年。

毛嘉会：处州丽水县人。南宋孝宗乾道二年（1166）登进士第。

南宋孝宗时期历知连江县县丞。

转知绵州、饶州，累迁安抚使。

【史料来源】

（清）徐松辑，刘琳、刁忠民、舒大刚等点校：《宋会要辑稿》职官七四之二〇，上海：上海古籍出版社，2014 年。

（清）嵇曾筠撰：（雍正）《浙江通志》卷一二五《选举志·进士·宋》，上海：上海古籍出版社，1991 年。

叶之望（1）：字子周，温州永嘉县人。南宋高宗绍兴三十年（1160）登进士第。

南宋孝宗乾道五年（1169）为黄岩县县丞。

南宋孝宗淳熙十三年（1186）任盐官县县令。

【史料来源】

（明）袁应祺修，（明）牟汝忠等纂：（万历）《黄岩县志》卷五《人物志上科名·宋·进士》，载《天一阁藏明代方志选刊本》，上海：上海古籍书店，1963 年。

（清）嵇曾筠：（雍正）《浙江通志》卷一二五《选举志·进士·宋》，上海：上海古籍出版社，1991 年。

叶之望（2）：**南宋孝宗淳熙十四年（1187）为安溪县县丞。**

【史料来源】

（明）林有年纂：（嘉靖）《安溪县志》卷三《官制类·职官·县丞》，载《天一阁藏明代方志选刊本》，上海：上海古籍书店，1963 年。

叶元宪：字世则，台州仙居县人。南宋孝宗淳熙二年（1175）特奏名登进士第。

约南宋孝宗时期仕至缙云县县丞。

【史料来源】

（宋）陈耆卿撰：（嘉定）《赤城志》卷三四《人物志·本朝·仕进·特科》，载《宋元方志丛刊》第7册，北京：中华书局，1990年。

叶文炳（1150—1216）：字晦叔，建州浦城县人。南宋孝宗淳熙十一年（1184）进士，任泉州晋江县主簿。

南宋孝宗淳熙时期转任福州闽县县丞。

升筠州录参。在官洁身自好，清廉爱民，始终一节。官至奉议郎、和州通判。嘉定九年（1216）卒，年六十七。

【史料来源】

（宋）真德秀：《西山先生真文忠公集》卷四六《通判和州叶氏墓志铭》，载《宋集珍本丛刊》第75册，北京：线装书局，2004年。

（清）王梓材、（清）冯云濠编撰，沈芝盈、梁运华点校：《宋元学案补遗》卷六九《议郎叶先生文炳》，北京：中华书局，2012年，第3900页。

叶仲翱：南宋高宗绍兴二十一年（1151）登进士第。

南宋孝宗乾道二年（1166）为安溪县县丞。

淳熙四年（1177）七月转奉议郎，终通判潮州。

【史料来源】

（宋）罗濬撰：（宝庆）《四明志》卷一四《奉化县志·县令》，载《宋元方志丛刊》第5册，北京：中华书局，1990年。

（明）林有年纂：（嘉靖）《安溪县志》卷三《官制类·职官·县丞》，载《天一阁藏明代方志选刊本》，上海：上海古籍书店，1963年。

白公绰：绍兴府嵊县人。南宋孝宗淳熙十一年（1184）登进士第。

约南宋孝宗时期历镇江府丹阳县县丞。

【史料来源】

（宋）张淏撰：（宝庆）《会稽续志》卷六《进士》，载《宋元方志丛刊》第7册，北京：中华书局，1990年。

（宋）高似孙撰：《剡录》卷一《进士登科题名》，载《宋元方志丛刊》第7册，北京：中华书局，1990年。

田师尹：**南宋孝宗淳熙七年（1180）任石城县县丞。**

【史料来源】

（明）董天锡撰：（嘉靖）《赣州府志》卷七《秩官志·石城·县丞·宋》，载《天一阁藏明代方志选刊》，上海：上海古籍书店，1962年。

边有闻：明州鄞县人，边汝实父。南宋孝宗隆兴元年（1163）登进士第。**约南宋孝宗乾道时期任顺昌县县丞。**

【史料来源】

（宋）袁燮撰：《絜斋集》卷一六《边汝实行状》，北京：中华书局，1983年。

丘寿倩：**约南宋孝宗淳熙时期为邛州蒲江县县丞。**

【史料来源】

（明）毛凤韶纂修：（嘉靖）《浦江志略》卷三《官守志·宋知丞题名》，载《天一阁藏明代方志选刊》，上海：上海古籍书店，1961年。

左伯畴：字锡范，台州黄岩县人。南宋孝宗淳熙十四年（1187）特奏名登进士第。

约南宋孝宗时期终官县丞。

【史料来源】

（宋）陈耆卿：（嘉定）《赤城志》卷三四《人物志·本朝·仕进·特科》，载《宋元方志丛刊》第7册，北京：中华书局，1990年。

许邦弼：字右之，台州宁海县人。南宋孝宗乾道五年（1169）特奏名登进士第。

约南宋孝宗终吉水县县丞。

【史料来源】

（宋）陈耆卿：（嘉定）《赤城志》卷三四《人物志·本朝·仕进·特科》，载《宋元方志丛刊》第7册，北京：中华书局，1990年。

（清）王瑞成：（光绪）《宁海县志》卷九《选举表·宋·特奏名》，文渊阁《四库全书》本。

阴一鹗：字和仲，汀州宁化县人。南宋孝宗淳熙十一年（1184）特奏名登进士第。

约南宋孝宗时期任潮州潮阳县县丞。

【史料来源】

（明）解缙：《永乐大典》卷七八九四《临汀府·进士题名》，北京：中华书局，2012年。

（明）黄仲昭修纂：（弘治）《八闽通志》卷五一《选举志·科第·汀州府·宋》，福州：福建人民出版社，2006年。

刘允迪：字进之，南宋台州黄岩县人，一作宁国府太平县人。南宋孝宗淳熙二年（1175）登进士第。

约南宋孝宗淳熙年间终官桐城县县丞。

【史料来源】

（宋）孙应时：《烛湖集》卷一八《寄黄州录事刘进之同年》，文渊阁《四库全书》本。

（宋）陈耆卿：（嘉定）《赤城志》卷三三《人物·本朝·仕进·进士》，载《宋元方志丛刊》第7册，北京：中华书局，1990年。

刘仲光：温州永嘉县人。南宋孝宗乾道二年（1166）登进士第。

南宋孝宗时期任连江县县丞。终官和州知州。

【史料来源】

（明）汤日昭撰：（万历）《温州府志》卷一〇《选举志·进士·宋》，明万历刻本。

（清）嵇曾筠：（雍正）《浙江通志》一二五《选举志·进士·宋》，上海：上海古籍出版社，1991 年。

刘良肱：湖广长沙人。

南宋孝宗乾道九年（1173）任赣州雩都县县丞。

【史料来源】

（明）董天锡撰：（嘉靖）《赣州府志》卷七《秩官志·雩都·县丞·宋》，载《天一阁藏明代方志选刊》，上海：上海古籍书店，1962 年。

刘炳：字韬仲，号睦堂，福建建阳县人，从朱子讲学于寒泉精舍。

南宋孝宗淳熙五年（1178）登进士第乙科，授迪功郎、剑浦县县丞。

约南宋孝宗末年、光宗年间任安州应城县知县。累官兵部郎中，以朝奉大夫奉祠。自号悠然翁，学者称睦堂先生。著有《四书问目》。

【史料来源】

（明）夏玉麟等修，（明）汪佃等纂：（嘉靖）《建宁府志》卷一八《人物志·道学·宋》，厦门：厦门大学出版社，2009 年。

（清）陆心源辑：《宋史翼》卷二四《刘炳传》，杭州：浙江古籍出版社，2016 年。

汤日新：南康军星子县人。南宋孝宗淳熙十四年（1187）登进士第。

约南宋孝宗时期任县丞。

【史料来源】

（明）林庭棉、（明）周广纂修：（嘉靖）《江西通志》卷九《饶州府·科目·宋》，《四库全书存目丛书》本，济南：齐鲁书社，1997 年。

（明）陈霖：（正德）《南康府志》卷六《甲科·进士·宋》，明正德刻本。

汤鼎臣：字华宗，江阴军江阴县人。南宋孝宗淳熙二年（1175）登进士第。

约南宋孝宗时期终桐庐县县丞。

【史料来源】

（明）朱昱：（成化）《重修毗陵志》卷一三《文事志一·甲科·宋》，《中国方志丛书》本。

（明）赵锦修，（明）张衮纂，刘徐昌点校：（嘉靖）《江阴县志》卷一四《选举表·宋·甲科》，上海：上海古籍出版社，2011年。

安丙：字子文，广安军人。南宋孝宗淳熙五年（1178）登进士第，调大足县主簿。秩满诣阙，陈蜀利病十五事，言皆剀切。丁外艰，服除，辟利西安抚司干办公事。

约南宋孝宗时期调曲水县县丞。吴挺为帅，知其才，邀致之。

改秩，知新繁县。丁内艰，服除，知小溪县。通判隆庆府，宁宗嘉泰三年（1203），郡大水，丙白守张鼎，发常平粟赈之。知大安军，岁旱，民艰食，丙以家财即下流籴米数万石以赈。事闻，诏加一秩。加端明殿学士、中大夫、知兴州、安抚使兼四川宣抚副使。诏奖谕，授四川宣抚。进观文殿学士、知潭州、湖南安抚使。授崇信军节度使、开府仪同三司、万寿观使。起为四川宣抚使，予便宜，寻降制授保宁军节度使兼知兴元府、利东安抚使。丙卒。讣闻，以少傅致仕，辍视朝二日，赠少师，赙银绢千计，赐沔州祠额为英惠庙。理宗亲札赐谥忠定。著有《晶然集》。

【史料来源】

（宋）王象之：《舆地纪胜》卷一六五《潼川府路·广安军·人物》，载《中国古代地理总志丛刊》，北京：中华书局，2016年。

（元）脱脱等：《宋史》卷四〇二《安丙传》，北京：中华书局，1977年。

安珪：南阳人。**宋高宗绍兴年间为江华县丞**，后十余年，又以右从政郎为江华县令。

南宋孝宗淳熙四年（1177）为南安县县丞。

【史料来源】

（明）夏良胜纂修：（正德）《建昌府志》卷一二，《天一阁藏明代方志选刊》，上海：上海古籍书店，1962 年。

何新所编著：《新出宋代墓志碑刻辑录（南宋卷）·道州江华县阳华严图并序（一一五六）》，北京：文物出版社，2020 年。

邢世材（1140—1176）：字邦用，其先青州人，中徙汴，绍兴间始家会稽。邦用为人重实，幼孤，事母以孝闻。既举进士得官，尽弃故学，遍从先生长者游。约宋孝宗年间出为南康军司户参军，适岁大侵，日夜条画方略告上官，虽半用半不用，迄无尤其出位者。郡檄摄令都昌，下车亟发常平仓粟赡饥民，随自劾。部使者始怒，已乃荐之朝。盖其恻怛发中，故虽数而不见谓渎，迫而不见谓讦，度越规矩而亦不见谓干名采誉也。

南宋孝宗淳熙三年（1176）秩满，迁从政郎、婺州金华县县丞。未上，卒于家，年三十七。

【史料来源】

（宋）吕祖谦撰：《东莱吕太史文集》卷一二《邢邦用墓志铭》，《宋集珍本丛刊》第 62 册，北京：线装书局，2004 年。

（宋）陆游著，马亚中、涂小马校注：《渭南文集校注》卷三二，杭州：浙江古籍出版社，2015 年。

孙有庆：更名洧，号隐室，抚州临川县人。南宋孝宗乾道二年（1166）登进士第。授江陵府户曹参军。

约南宋孝宗乾道时期历潭州长沙县县丞，静江府教授。

受知于辛弃疾，改知靖州，终知长溪县。

【史料来源】

（明）杨渊纂修：（弘治）《抚州府志》卷一八《科第·进士·宋》，载

《天一阁藏明代方志选刊续编》，上海：上海书店出版社，1990年。

（清）许应鑅等修，谢煌等纂：（光绪）《抚州府志》卷四九《人物志·宦业》，台北：成文出版社，1975年。

孙吴：字世节，赣州雩都县人。

南宋孝宗乾道八年（1172）登进士第。终南昌县县丞。

【史料来源】

（清）魏瀛修，（清）鲁琪光、（清）钟音鸿纂：（同治）《赣州府志》卷四六《选举表·宋进士》，载《中国地方志集成》，南京：凤凰出版社，2010年。

（清）刘坤一：（光绪）《江西通志》卷二一《选举表·宋进士》，载《中国地方志集成》，南京：凤凰出版社，2009年。

孙逢辰（1142—1188）：字会之，吉州龙泉人，与兄逢吉、逢年皆有文学，称三杰，又称"孙氏三龙"。南宋孝宗乾道二年（1166）登进士第，孝宗初期任衡山县尉。

南宋孝宗淳熙中，茶寇转掠江西，逢辰以赣县县丞督饷，乃随所至易米，省馈运十之七八。后又上计漕司，将袁赣两州所纳油麻，随升斗而折之，所少之数，悉与蠲免，漕奏请得旨，两郡悉蒙其利。

累迁知袁州，未上，转朝奉郎。淳熙十五年（1188）卒，年四十七。逢辰资性高明，博观载籍，善为文辞。待交游诚信，轻财重义。平生著述有《养晦岩稿》三十卷。

【史料来源】

（宋）周必大：《文忠集》卷七四《孙使君（逢辰）墓志铭》，文渊阁《四库全书》本。

（明）董天锡撰：（嘉靖）《赣州府志》卷七《秩官志·赣县·县丞·宋》，载《天一阁藏明代方志选刊》，上海：上海古籍书店，1962年。

华延年：字庆长，处州遂昌县人。南宋孝宗淳熙八年（1181）登进士第。

约南宋孝宗时期任福州闽县县丞。

【史料来源】

（清）嵇曾筠：（雍正）《浙江通志》卷一二六《选举志·进士·宋》，上海：上海古籍出版社，1991年。

（清）潘绍诒修：（光绪）《处州府志》卷一六《选举志·进士·宋》，清光绪三年（1877）刻本。

朱彦明：**南宋孝宗乾道元年（1165）为安溪县县丞。**

【史料来源】

（明）林有年纂：（嘉靖）《安溪县志》卷三《官制类·职官·县丞》，载《天一阁藏明代方志选刊》，上海：上海古籍书店，1963年。

朱通（1134—1217）：字彦达，小字文余，温州永嘉县人。南宋光宗绍熙元年（1190）登进士第。初授信州玉山县主簿，升从政郎。

约南宋孝宗时期调福州府宁德县县丞。

不赴，改南外宗教，丐祠，监潭州南岳庙。嘉定十四年（1217）四月卒于家，年八十四。

【史料来源】

（明）汤日昭撰：（万历）《温州府志》卷一〇《选举志·进士·宋》，明万历刻本。

（清）嵇曾筠撰：（雍正）《浙江通志》卷一二六《选举志·进士·宋》，上海：上海古籍出版社，1991年。

李一鸣：饶州德兴县人。

南宋孝宗隆兴元年（1163）登进士第。终官永丰县县丞。

【史料来源】

（清）汤惪修，（清）石景芬纂：（同治）《饶州府志》卷一二《选举志·

进士·宋》，上海：上海古籍出版社，2010年。

（清）刘坤一：（光绪）《江西通志》卷二二《选举表·宋进士》，载《中国地方志集成》，南京：凤凰出版社，2009年。

李过庭：绍兴府余姚县人，一说明州奉化县人。南宋孝宗淳熙二年（1175）特奏名登进士第。

约南宋孝宗淳熙时期任彭泽县县丞。

【史料来源】

（宋）舒璘：《舒文靖集》卷上《先君承议圹志》，文渊阁《四库全书》本。

（清）钱开震修，（清）陈文焯纂：（光绪）《奉化县志》卷一九《选举表一》，载《中国地方志集成·浙江府县志辑》，上海：上海书店出版社，2000年。

李泳：字深卿，李葵孙，南宋孝宗乾道八年（1172）登进士第。

南宋孝宗淳熙八年（1180）时任从事、郎绍兴府新昌县县丞。

【史料来源】

（宋）吕祖谦撰：《东莱集》附录卷三《李县丞深卿》，民国《续金华丛书》本。

（宋）梁克家撰：（淳熙）《三山志》卷三五《人物类·科名·本朝》，载《宋元方志丛刊》第8册，北京：中华书局，1990年。

李拱（？—1187）：字应辰，润州金坛县人。其祖先为唐代宗室，家传唐诰数十，散在族间，褚遂良、李林甫、姚崇、宋璟等人书名诰尾，墨色如新。南宋孝宗乾道五年（1169）登进士第，初授平江府常熟县主簿，再调鄂州。

约南宋孝宗淳熙时期任临安县县丞。淳熙十一年（1184）再中博学鸿词科。**淳熙十四年（1187）再任临安县丞，**卒于官。

其词科试文，该洽富瞻，为后来者所不及。

【史料来源】

（宋）刘宰撰，王勇、李金坤校证：《京口耆旧传校证》卷五《李拱》，南京：江苏大学出版社，2016年。

（清）徐松辑，刘琳、刁忠民、舒大刚等点校：《宋会要辑稿》选举一二之二二，上海：上海古籍出版社，2014年。

李寀：婺州永康县人。南宋孝宗淳熙八年（1181）登进士第。

约南宋孝宗时期任县丞。

【史料来源】

（明）王懋德等修，（明）陆凤仪等编：（万历）《金华府志》卷一八《科第·宋进士》，北京：国家图书馆出版社，2014年。

（清）嵇曾筠撰：（雍正）《浙江通志》卷一二六《选举志·进士·宋》，上海：上海古籍出版社，1991年。

李浙：字子秀，扬州人，李洪弟。

南宋孝宗时期官新城县县丞，柯山别驾。

【史料来源】

（清）沈辰垣、王奕清等奉敕编辑：《御选历代诗余》卷一〇六《词人姓氏·宋》，文渊阁《四库全书》本。

（清）朱彝尊编：《词综》卷一六《宋词六十一首·李浙》，文渊阁《四库全书》本。

何大正：字季昭，江阴军江阴县人。南宋孝宗淳熙八年（1181）特奏名登进士第。

南宋孝宗时期仕至镇江府丹阳县县丞。

【史料来源】

（明）朱昱：（成化）《重修毗陵志》卷一三《文事志一·甲科·宋》，《中国方志丛书》本。

（明）赵锦修，（明）张衮纂，刘徐昌点校：（嘉靖）《江阴县志》卷一四《选举表·宋·甲科》，上海：上海古籍出版社，2011年。

何洪：**南宋孝宗淳熙八年（1181）时任从政郎婺州金华县县丞。**

宁宗庆元时期知新淦县，嘉泰三年（1203）转任承议郎。

【史料来源】

（宋）吕祖谦撰：《东莱集附录》卷二《木知县张教授高知录何县丞汪司理黄司法陆县尉》，民国《续金华丛书》本。

（宋）周应合撰：（景定）《建康志》卷二四《官守志》，载《宋元方志丛刊》第2册，北京：中华书局，1990年。

何镐（1128—1175）：字叔京，学者称台溪先生，邵武人，龟津先生何兑子。少承家学，后又从朱熹游，讲辨精密，一意操存，言行相循，没行不懈。以父任补安溪县主簿，未赴，江西帅辟机宜。

南宋孝宗时期为汀州上杭县县丞，治尚宽简，罢无名征赋。部使者郑伯熊抵郡，见郡事不理，囚系多至累百，檄何镐协助郡守处理，十天内就全部处理完毕。又以该郡田税不均，贫弱受害，向郡守提出意见，郡守不悦，何镐即辞谢离郡。

调潭州善化县县令，未及行而卒，时淳熙二年（1175），年四十八。镐恬淡自守，廉洁耿直，善论经史，尝匾其堂曰高远，可见其志。有《易论语说》，朱熹盛赞之，又有《台溪集》数十卷。

【史料来源】

（明）黄仲昭修纂：（弘治）《八闽通志》卷七〇《人物志》，福州：福建人民出版社，2006年。

（清）陆心源撰，徐旭、李建国点校：《宋诗纪事补遗》卷六七《何镐》，太原：山西古籍出版社，1997年。

汪义和（1141—1200）：字谦之，南宋徽州黟县人，汪砺子，汪勃孙。未冠贡于乡，以郊恩补官，初授江阴县主簿。

南宋孝宗早期转余干县县丞。

南宋孝宗淳熙年间任洪州新建县知县。淳熙八年（1181）登进士第，以治行闻被命审察通判绍兴府，忧服除知任武冈县知县，每大比，附试于郡，岁贡一名，义和谓郡统溪洞，民尚武健，欲变其俗，莫苦崇尚学校科举。乃请于朝，辟贡院，增贡员。庆元二年（1196）以治最为太常博士，三年（1197）迁吏部郎兼礼部，四年（1198）除枢密院检详，五年（1199）以左司兼检讨玉牒宰掾，除起居舍人，迁侍御史兼侍讲。庆元六年（1200）卒，年六十，积官至朝议大夫，赠通议大夫。有文集三十卷。

【史料来源】

（宋）袁燮撰：《絜斋集》卷一七《侍御史赠通议大夫汪公墓志铭》，北京：中华书局，1983年。

（明）程敏政辑撰，何庆善、于石点校：《新安文献志》卷八一《行实·宋故中奉大夫签书枢密院事兼权参知政事新安郡开国侯食邑一千五百户食实封一百户追复龙图阁学士汪公勃墓志铭》，合肥：黄山出版社，2004年。

汪澈：徽州祁门县人。

南宋孝宗淳熙二年（1175）特奏名登进士第，仕至县丞。

【史料来源】

（明）彭泽修、（明）汪舜民纂：（弘治）《徽州府志》卷六《选举志·科第·宋》，载《天一阁藏明代方志选刊》，上海：上海古籍书店，1964年。

（清）黄之隽、（清）赵弘恩：（乾隆）《江南通志》卷一二〇《选举志·进士·宋》，扬州：江苏广陵书社有限公司，2010年。

应士廉：字简仲，南宋台州仙居县人，权之子，振之兄。淳熙八年（1182）特奏名。

南宋孝宗淳熙后期终官建昌新城县县丞。

【史料来源】

（宋）陈耆卿：（嘉定）《赤城志》卷三四《人物志·本朝·仕进·进士科》，载《宋元方志丛刊》第7册，北京：中华书局，2006年。

杨倩描：《宋代人物辞典》（下），保定：河北大学出版社，2015年。

应孟明：字仲实，婺州永康人。少入太学，宋孝宗隆兴元年（1163）登进士第，试中教官，调临安府教授，继为浙东安抚司干官。

南宋孝宗时期任乐平县县丞。

转大理寺丞。故大将李显忠之子家童溺死，有司诬以杀人，逮系几三百家。孟明察其冤，白于长官，释之。出为福建提举常平。寻除浙东提点刑狱，以乡部引嫌，改使江东。进直秘阁、知静江府兼广西经略安抚。光宗即位，迁浙西提点刑狱，寻召为吏部员外郎，改左司，迁右司，再迁中书门下省检正诸房公事。宁宗即位，拜太府卿兼吏部侍郎。庆元初，权吏部侍郎，卒。

【史料来源】

（宋）楼钥撰，顾大朋点校：《楼钥集》卷三十一《右司员外郎应孟明左司吏部员外郎徐谊右司制》，杭州：浙江古籍出版社，2010年。

（元）脱脱等：《宋史》卷四二二《应孟明传》，北京：中华书局，1977年。

应懋商：字彦及，南宋台州临海人。南宋孝宗乾道八年（1172）特奏名登进士第。

南宋孝宗乾道时期官终古田县县丞。

【史料来源】

（宋）陈耆卿：（嘉定）《赤城志》卷三四《人物志·本朝·仕进·进士科》，载《宋元方志丛刊》第7册，北京：中华书局，1990年。

杨倩描：《宋代人物辞典》（下），保定：河北大学出版社，2015年。

杨方：字子直，潭州长沙县人。清修笃孝，行已拔俗。南宋孝宗时期隆兴元年（1163）登进士，授弋阳县尉。特取道崇安，谒朱子，面受所传，未赴。改清远簿，以廉介刚直闻。

南宋孝宗初期改武宁县县丞。

赵公汝愚帅蜀，辟管机宜文字。寻荐于朝，召对擢宗正寺簿，乞外通判吉州。淳熙末，知建昌军，召为枢密院编修官，首疏乞朝重华宫，辞甚恳切。宁宗立除秘书郎，出知吉州。朱子党罢，居赣州，闭户读书，学禁稍弛。起知摄州至官，未数月乞祠以归。嘉定更化，召为右侍郎官，进考功郎官，操履刚正，终广西提刑。卒年七十八。所居植淡竹，自号澹轩老叟。学者称为澹轩先生，所著有《寒泉语录》。

【史料来源】

（清）李清馥撰，徐公喜、管正平、周明华点校：《闽中理学渊源考》卷二七《提刑杨澹轩先生方》，南京：凤凰出版社，2011年。

（清）陆心源：《宋史翼》卷二一《杨方传》，杭州：浙江古籍出版社，2016年。

宋文仲：字伯华，南宋衡州衡阳人，宋祁之后。寓居衡阳，为张栻门人。初知潭州长沙县。

南宋孝宗时期任萍乡县县丞。

转桂阳录事参军，陈傅良知桂阳时，闻其名，就访之，文仲献本军会稽录一卷，访问九郡利病，无所不知。傅良器重之，荐之于朝。

【史料来源】

（清）黄宗羲撰，（清）全祖望补修，陈金生、梁运华点校：《宋元学案》卷七一《县令宋先生文仲》，北京：中华书局，1986年。

（清）李瀚章、裕禄等编纂：（光绪）《湖南通志》卷一五六《选举志·进士·宋》，长沙：岳麓书社，2009年。

宋晋之（1126—1211）：字正卿，旧名孝先，字舜卿，君幼颖悟，日诵数百千言，弱冠从梅溪先生王十朋游，学徒数百人，独君首出。王公器之，未几，入太学登乙科，授左迪功郎，汀州司户参军。

南宋孝宗末年移长溪县县丞。

约南宋孝宗末年、光宗年间任临海县县令。再调任光化县令，改奉议郎任奉化县知县。君三更邑，寄熟于纲，目刓方为圆，坐以无事，民大爱之。君赴部授信州通判，秩满竟以朝散郎致仕，嘉定四年（1211）八月属疾终于家，年八十六。

【史料来源】

（宋）楼钥撰，顾大朋点校：《楼钥集》卷一百十五《朝散郎致仕宋君墓志铭》，杭州：浙江古籍出版社，2010年。

余元震（1142—1206）：字伯谦，余时言子。世家下邳，徙居浮梁县，博学多知，年未弱冠，与博士弟子选，存试南宫。

南宋孝宗乾道元年（1165）以恩补官，初授道州江华县县丞。

不久改任湖南、淮西。次监江州合同茶场。继调黄冈县县令。再任常德观察推官。晚临会昌，改通直郎致仕，拜命而卒，时开禧二年（1206）七月，年六十五。

【史料来源】

陈柏泉编：《江西出土墓志选编·宋故通直郎知赣州会昌县事余君（元震）墓铭》，南昌：江西教育出版社，1991年。

余杞：字仲山，饶州乐平县人。南宋孝宗淳熙十一年（1184）登进士第。**约南宋孝宗时期历都昌县县丞。**寄禄官终通直郎。

【史料来源】

（清）汤惪修，（清）石景芬纂：（同治）《饶州府志》卷一四《选举志·进士·宋》，上海：上海古籍出版社，2010年。

（清）刘坤一：（光绪）《江西通志》卷二二《选举表·宋进士》，载《中国地方志集成》，南京：凤凰出版社，2009年。

余直方：字行父，福州府宁德县人。南宋孝宗隆兴元年（1163）登进士第。

约南宋孝宗时期任仕至县丞。

【史料来源】

（明）陈应宾修，（明）闵文振纂：（嘉靖）《福宁州志》卷八《科贡·进士·宋》，载《天一阁藏明代方志选刊续编》，上海：上海书店出版社，1990年。

（明）黄仲昭修纂：（弘治）《八闽通志》卷五五《选举志·科第·福宁州·宋》，福州：福建人民出版社，2006年。

吴友闻：字季益。

南宋孝宗淳熙八年（1181）时任从政郎平江府吴县县丞。

【史料来源】

（宋）吕祖谦撰：《东莱集附录》卷三《吴县丞季益》，民国《续金华丛书》本。

吴发：字伯韫，徽州歙县人。南宋孝宗淳熙二年（1175）登进士第，授鄱阳县主簿。

约南宋孝宗淳熙年间终官龙泉县县丞。

【史料来源】

（宋）罗愿：（淳熙）《新安志》卷八《叙进士题名》，载《宋元方志丛刊》第8册，北京：中华书局，1990年。

（元）方回：《桐江集》卷八《场圃处士吴公墓志铭》，扬州：江苏古籍出版社，1988年。

吴会：字致尧，号北山，福州府永福县人。

南宋孝宗隆兴元年（1163）进士，仕至从政郎、信州玉山县县丞。

【史料来源】

（宋）梁克家：（淳熙）《三山志》卷二九《人物类·科名·本朝》，载

《宋元方志丛刊》第8册，北京：中华书局，1990年。

（明）黄仲昭修纂：（弘治）《八闽通志》卷四六《选举志·科第·福州府·宋》，福州：福建人民出版社，2006年。

吴畋：字立本，福州永福县人。南宋孝宗淳熙八年（1181）登进士第。

约南宋孝宗时期任江山县县丞。

【史料来源】

（宋）梁克家撰：（淳熙）《三山志》卷三〇《人物类·科名·本朝》，载《宋元方志丛刊》第8册，北京：中华书局，1990年。

（明）黄仲昭修纂：（弘治）《八闽通志》卷四七《选举志·科第·福州府·宋》，福州：福建人民出版社，2006年。

吴贯林（1124—1203）：字元用，常州宜兴县人。少时博闻强记而笃于学，早荐于乡，试南宫不利，登南宋孝宗淳熙二年（1175）特奏名进士第，调迪功郎，历台、明二州户部瞻军酒库。

南宋孝宗时期终文林郎、温州乐清县县丞。

嘉泰三年（1203）重九日卒，年八十。

【史料来源】

（宋）陈耆卿：《筼窗集》卷七《文林郎乐清县丞吴君行状》，文渊阁《四库全书》本。

吴待聘：字少尹，福州长溪县人。南宋孝宗乾道八年（1172）特奏名登进士第。

约南宋孝宗时期终仙居县县丞。

【史料来源】

（明）陈应宾修，（明）闵文振纂：（嘉靖）《福宁州志》卷八《科贡·进士·宋》，载《天一阁藏明代方志选刊续编》，上海：上海书店出版社，1990年。

（明）黄仲昭修纂：（弘治）《八闽通志》卷五五《选举志·科第·福宁州·宋》，福州：福建人民出版社，2006 年。

吴甄：泉州惠安县人。南宋孝宗淳熙二年（1175）特奏名登进士第。

约南宋孝宗时期仕至潮阳县县丞。

【史料来源】

（明）黄仲昭修纂：（弘治）《八闽通志》卷五〇《选举志·科第·泉州府·宋》，福州：福建人民出版社，2006 年。

吴源：字清甫，兴化军莆田县人。南宋孝宗乾道二年（1166）登进士第。

南宋孝宗时期历文林郎、福清县县丞。

【史料来源】

（宋）李俊甫：《莆阳比事》卷三《以诗名家以文行世》，续修《四库全书》本。

（明）黄仲昭修纂：（弘治）《八闽通志》卷五三《选举志·科第·兴化府·宋》，福州：福建人民出版社，2006 年。

陈文尉（1154—1239）：字才卿，号克斋，陈邦献长子，信州玉山县人。

约南宋孝宗时期任秀州嘉兴县县丞。

著《尚书编类》十三卷。端平二年（1235）补迪功郎。宋理宗端平年间，表征投进御览文集三十五卷，现存十七卷。

【史料来源】

（宋）孙觌撰：《鸿庆居士集》卷三三《宋故左朝请大夫直龙图阁章公墓志铭》，文渊阁《四库全书》本。

（清）阮元撰：《文选楼藏书记》卷六，清越缦堂抄本。

陈永年：字南寿，台州黄岩县人。南宋孝宗淳熙十四年（1187）特奏名登进士第。

约南宋孝宗时期历迪功郎、顺昌县县丞。

【史料来源】

（宋）陈耆卿：（嘉定）《赤城志》卷三四《人物志·本朝·仕进·特科》，载《宋元方志丛刊》第7册，北京：中华书局，1990年。

（明）彭应祺修，（明）牟汝忠等纂：（万历）《黄岩县志》卷五《人物志上·科名·宋·特科》，载《天一阁藏明代方志选刊》，上海：上海古籍书店，1963年。

陈自强：字勉之，福州闽县人，陈间侄。南宋孝宗淳熙五年（1178）登进士第。

南宋孝宗淳熙时期任县丞。

庆元二年（1196），入都待铨。除太学录，迁博士，数月转国子博士，又迁秘书郎。入馆半载，擢右正言、谏议大夫、御史中丞。入台未逾月，遂登枢府，由选人至两地才四年。嘉泰三年（1203），拜右丞相，历封祁、卫、秦国公。史弥远建议诛侂胄，诏以自强阿附充位，不恤国事，罢右丞相。未几，诏追三官，永州居住，又责武泰军节度副使、韶州安置。中书舍人倪思缴奏，乞远窜，籍其家，诏从之。再责复州团练副使、雷州安置。后死于广州。

【史料来源】

（宋）梁克家：（淳熙）《三山志》卷三〇《人物类·科名·本朝》，载《宋元方志丛刊》第8册，北京：中华书局，1990年。

（元）脱脱等：《宋史》卷三九四《陈自强传》，北京：中华书局，1977年。

陈问道：字图南，台州黄岩县人。

南宋孝宗淳熙二年（1175）特奏名登进士第，授福州闽县县丞。转缙云县县丞。

终宣议郎，著有《通鉴谱》。

【史料来源】

（宋）陈耆卿撰：（嘉定）《赤城志》卷三三《人物志·本朝·仕进·特奏名》，载《宋元方志丛刊》第7册，北京：中华书局，1990年。

（明）佚名：（嘉靖）《太平县志》卷六《人物志·宋真光志·进士》，载《天一阁藏明代方志选刊》，上海：上海古籍书店，1963年。

陈枢：字周之，福州长乐县人，陈尧佐侄。南宋孝宗淳熙二年（1175）登进士第。

约南宋孝宗淳熙时期为兴化军莆田县县丞。

【史料来源】

（宋）梁克家撰：（淳熙）《三山志》卷三〇《人物类·科名·本朝》，载《宋元方志丛刊》第8册，北京：中华书局，1990年。

（明）黄仲昭修纂：（弘治）《八闽通志》卷四七《选举志·科第·福州府·宋》，福州：福建人民出版社，2006年。

陈季平：温州平阳县人。

南宋孝宗隆兴元年（1163）进士。终宁海县县丞。

【史料来源】

（明）王瓒撰，胡珠生点校：（弘治）《温州府志》卷一三《人物志·科第·宋》，上海：上海社会科学院出版社，2006年。

（清）嵇曾筠：（雍正）《浙江通志》卷一二五《选举志·进士·宋》，上海：上海古籍出版社，1991年。

陈悦：一作陈忱，字彦安，福州闽县人，陈希亮长子。南宋孝宗乾道二年（1166）登进士第。

南宋孝宗淳熙年间终从政郎、建宁府崇安县县丞。

【史料来源】

（宋）梁克家撰：（淳熙）《三山志》卷二九《人物类·科名·本朝》，载

《宋元方志丛刊》第8册，北京：中华书局，1990年。

（明）黄仲昭修纂：（弘治）《八闽通志》卷四六《选举志·科第·福州府·宋》，福州：福建人民出版社，2006年。

陈骏：字敏仲，号仁斋，福州府宁德县人。

南宋孝宗乾道年间进士，除大冶县县丞。

登朱熹之门，著有《论语孟子笔义》，又著《毛诗笔义》，未脱稿而卒。其学以立诚为本，平日安贫守道，淡泊名利。

【史料来源】

（明）黄仲昭修纂：（弘治）《八闽通志》卷七二《人物志》，福州：福建人民出版社，2006年。

（清）李清馥撰，徐公喜、管正平、周明华点校：《闽中理学渊源考》卷二四《县丞进士陈敏仲先生骏》，南京：凤凰出版社，2011年。

陈寀：兴华军莆田县人。南宋孝宗淳熙五年（1178）登进士第。

约南宋孝宗时期任永福县县丞。

【史料来源】

（明）黄仲昭修纂：（弘治）《八闽通志》卷五三《选举志·科第·兴化府·宋》，福州：福建人民出版社，2006年。

（明）何乔远：《闽书》卷一〇五《英旧志·兴化府·莆田县·科第·宋》，福州：福建人民出版社，1994年。

陈绾：字次权，黄岩人。南宋高宗绍兴三十年（1160）特奏名登进士第。

南宋孝宗时期终官太和县县丞。

【史料来源】

（宋）陈耆卿：（嘉定）《赤城志》卷三四《人物志·本朝·仕进·进士科》，载《宋元方志丛刊》第7册，北京：中华书局，1990年。

陈琦：字择之，号克斋，临江军清江县人。尝从张栻游，南宋孝宗乾道二年（1166）登进士第，授衡阳县主簿，辨雪冤狱，赈济灾荒，民甚德之。

南宋孝宗淳熙时期升任赣县县丞，赣守留正颇器之，正镇蜀，辟之为主管机宜文字，在蜀二年，事无巨细，多质之。

【史料来源】

（宋）杨万撰，辛更儒笺校：《杨万里集笺校》卷一二八《陈择之墓志铭》，北京：中华书局，2007年。

（明）董天锡撰：（嘉靖）《赣州府志》卷七《秩官志·赣县·县丞·宋》，载《天一阁藏明代方志选刊》，上海：上海古籍书店，1962年。

陈雄：字淳甫，福州长溪县人，一作温州瑞安县人。南宋孝宗淳熙十一年（1184）登进士第。

约南宋孝宗时期终分宜县县丞。

【史料来源】

（宋）梁克家撰：（淳熙）《三山志》卷三〇《人物类·科名·本朝》，载《宋元方志丛刊》第8册，北京：中华书局，1990年。

（明）黄仲昭修纂：（弘治）《八闽通志》卷四七《选举志·科第·福州府·宋》，福州：福建人民出版社，2006年。

陈堟：字道山，霅川人。

南宋孝宗淳熙八年（1181）为黄岩县县丞。

【史料来源】

（明）袁应祺修，（明）牟汝忠等纂：（万历）《黄岩县志》卷四《职官志·县官·宋》，载《天一阁藏明代方志选刊》，上海：上海古籍书店，1963年。

张有闻：建昌军南昌县人。南宋孝宗淳熙二年（1175）登进士第。

约南宋孝宗淳熙年间历县丞。

【史料来源】

（明）夏良胜纂修：（正德）《建昌府志》卷一五《选举志·进士》，载《天一阁藏明代方志选刊》，上海：上海古籍书店，1962 年。

（清）邵子彝等：（同治）《建昌府志》卷七《选举表·进士》，清同治十一年（1872）刻本。

张体仁：南宋孝宗隆兴元年（1163）登进士第。

南宋孝宗时期历归安县县丞。

【史料来源】

（宋）吕本中撰，沈晖点校：《东莱诗词集》卷一五《纪事之二·入闽录》，合肥：黄山书社，2013 年。

张启祖：温州瑞安县人。南宋孝宗淳熙二年（1175）登进士第。

约南宋孝宗淳熙年间终广州淳安县县丞。

【史料来源】

（明）王瓒撰，胡珠生点校：（弘治）《温州府志》卷一三《人物志·科第·宋》，上海：上海社会科学院出版社，2006 年。

（清）嵇曾筠：（雍正）《浙江通志》一二六《选举志·进士·宋》，上海：上海古籍出版社，1991 年。

张持：温州瑞安县人。

南宋孝宗乾道五年（1169）登进士第。终永春县县丞。

【史料来源】

（明）王瓒撰，胡珠生点校：（弘治）《温州府志》卷一三《人物志·科第·宋》，上海：上海社会科学院出版社，2006 年。

（明）汤日昭撰：（万历）《温州府志》卷一〇《选举志·进士·宋》，明万历刻本。

张惟叔：湖广府长沙人。

南宋孝宗淳熙七年（1180）任赣州雩都县县丞。

【史料来源】

（明）董天锡撰：（嘉靖）《赣州府志》卷七《秩官志·雩都·县丞·宋》，载《天一阁藏明代方志选刊》，上海：上海古籍书店，1962年。

张瑄（1140—1205）：字子律，张嗣古之父，袁州宜春人，祖籍宁州真宁。少从学贾元鼎，熟于典故。荫补入仕，娶韩侂胄兄弟韩懿胄之女。

南宋孝宗时期历任赣州会昌主簿、摄兴国县县丞。洪迈异其能，方荐于朝，而忌者间之于部使者，遂止。约宋孝宗年间，调潭州右司理参军。**又调常德府武陵县县丞，**政事益明习。

升信丰县县令，主管官告院，太府寺丞等职，累官至知嘉兴府。嘉泰中奉祠，主管武夷山冲佑观，未几病卒，年六十四。

【史料来源】

（宋）陆游著，马亚中、涂小马校注：《渭南文集校注》卷三八《朝奉大夫直祕阁张公（瑄）墓志铭》，杭州：浙江古籍出版社，2015年。

（清）陆心源辑：《宋史翼》卷二〇《张瑄传》，杭州：浙江古籍出版社2016年。

张橐：秀州嘉兴县人。南宋孝宗乾道八年（1172）登进士第。

南宋孝宗淳熙九年（1182）为安溪县县丞。

【史料来源】

（元）徐硕：（至元）《嘉禾志》卷一五《宋登科题名》，上海：上海古籍出版社，2010年。

（明）林有年纂：（嘉靖）《安溪县志》卷三《官制类·职官·县丞》，载《天一阁藏明代方志选刊》，上海：上海古籍书店，1963年。

邹安道：抚州临川县人。

南宋孝宗淳熙五年（1178）登进士第，官至润州金坛县县丞。精通易学，作易解发越精蕴，学易者皆宗其说。

【史料来源】

（明）杨渊纂：（弘治）《抚州府志》卷一八《科第·进士·宋》，载《天一阁藏明代方志选刊续编》，上海：上海书店出版社，1990年。

（清）王梓材、（清）冯云濠编撰，沈芝盈、梁运华点校：《宋元学案补遗》卷一六《县丞邹先生安道》，北京：中华书局，2012年，第1036页。

季光弼（1127—1183）：字观国，温州平阳人。南宋高宗绍兴二十七年（1157），任盐官县主簿，择师勤学，士咸奋励。改邵州教授，丁母忧去职。

服除，于南宋孝宗隆兴二年（1164）任福州府宁德县县丞，勤于荒政。隆兴初期，畿邑大歉，京尹以事嘱咐之，列急务六条以献，随即施行。

除知绍兴府嵊县，连岁大饥，光弼着力抚之，民得以安然度过饥荒。淳熙十年（1183）卒于官，年五十七。

【史料来源】

（宋）楼钥撰，顾大朋点校：《楼钥集》卷一百八《知嵊县季君墓志铭》，杭州：浙江古籍出版社，2010年。

（清）嵇曾筠撰：（雍正）《浙江通志》卷一二五《选举志·进士·宋》，上海：上海古籍出版社，1991年。

巫晦：字明先，宁化县人。南宋孝宗隆兴元年（1163）特奏名登进士第。

南宋孝宗隆兴二年（1164）任赣州信丰县县丞。

【史料来源】

（明）解缙编：《永乐大典》卷七八九四《临汀志·进士题名》，北京：中华书局，1986年。

（明）董天锡撰：（嘉靖）《赣州府志》卷七《名宦志·信丰·县丞·宋》，载《天一阁藏明代方志选刊》，上海：上海古籍书店，1962年。

时铸：字寿卿，婺州清江临江军清江县人，时汝功子，与吕祖谦同登隆兴元年（1163）进士第。

南宋孝宗隆兴年间任从政郎、南昌县县丞。

后为国子监书库官。乾淳中，祖谦倡明正学，四方来者千余人，铸与弟锒长卿率其家群从弟子十余人，悉从祖谦游。

【史料来源】

（宋）吕本中撰，沈晖点校：《东莱诗词集》卷一三《金华时君德懋墓志铭》，合肥：黄山书社，2013年。

（清）王梓材、（清）冯云濠编撰，沈芝盈、梁运华点校：《宋元学案补遗》卷七三《时先生铸》，北京：中华书局，2012年。

杜颖（1142—1209）：字清老，邵武人，铎子。以祖泽为尤溪县主簿，历赣州观察推官。

约南宋孝宗末年弋阳县丞，摄永丰令。前此负课为六邑殿，公约逋户自输。吏请逮治违期者，公榜吏百，复为宽期，民争输恐后，更以最文。及去，民相率诣州，谢得贤令。

约南宋孝宗末年、光宗年间任建州瓯宁县、吉州龙泉县县令。公以瓯宁命脉在盐，徒督赋无益，悉力漕盐，民赖以宽。龙泉参半溪洞，公拊以恩，皆相告曰："官常欲薙狝我曹，今明府教我如子，谨勿负之。"相劝以奉腰来出赋租。二邑皆号难治，公精敏绝，人午漏下，即庭空无事。后主管淮西安抚司机宜文字，应诏擢知通州，召为太府寺丞，迁户部郎中，除江西提点刑狱，知漳州，未上，得疾。嘉定二年（1209）十二月卒，年六十八。

【史料来源】

（宋）刘克庄撰，王蓉贵、向以鲜校点，刁忠民审订：《后村先生大全集》卷一五〇《杜郎中墓志铭》，成都：四川大学出版社，2008年。

（清）陆心源辑：《宋史翼》卷二八《杜颖传》，杭州：浙江古籍出版社，2016年。

邵骥（1130—1193）：字德称，婺州兰溪人。数岁丧母，克自力学，绍兴二十六年（1156）入太学，登乾道二年（1166）进士第。以祖讳授寄理左将仕郎，调隆兴府丰城县尉。

南宋孝宗淳熙三年（1176）为潭州醴陵县县丞。

南宋孝宗淳熙年间任善化县、衡山县、安化县县令，所治皆有声。淳熙八年（1181）用举主改宣教郎、任衢州开化县知县。淳熙十二年（1185）差监都进奏院，寻为大理寺主簿，迁丞。改知大宗正丞。绍熙元年（1190）权尚书都堂郎官。明年，以疾请出，知南安军。绍熙四年（1193）二月丙辰卒，年六十四。

【史料来源】

（宋）魏了翁：《鹤山大全集》卷七五《知南安军宗丞都官邵公墓志铭》，明嘉靖三十年（1551）邛州罐舍刻本。

（清）王梓材、（清）冯云濠编撰，沈芝盈、梁运华点校：《宋元学案补遗》卷八《知军邵先生骥》，北京：中华书局，2012年。

周文璞：字晋仙，号野斋，又号山楹，阳谷县人，其母祷于狼山而生，少聪敏。

孝宗淳熙间诗人与姜夔、葛天民、韩淲同时，迭相唱和。曾官溧阳县县丞。宁宗时仕为内府守藏吏，不久以小事去职，卜居于凤山，山有方泉，因以自号，有《方泉先生集》三卷。

【史料来源】

（宋）陈起编：《江湖小集》卷五六，《姜夔白石道人诗集》。

（宋）陈思编：《两宋明贤小集》卷二六二《方泉诗集》，文渊阁《四库全书》本。

周共辅：温州平阳县人。南宋孝宗淳熙五年（1178）登进士第。

约南宋孝宗时期终泉州府同安县县丞。

【史料来源】

（明）王瓒撰，胡珠生点校：（弘治）《温州府志》卷一三《人物志·科第·宋》，上海：上海社会科学院出版社，2006年。

（清）嵇曾筠：（雍正）《浙江通志》卷一二六《选举志·进士·宋》，上海：上海古籍出版社，1991年。

周栗：温州永嘉县人。

南宋孝宗淳熙五年（1178）进士，历丽水县县丞。

【史料来源】

（明）王瓒撰，胡珠生点校：（弘治）《温州府志》卷一三《人物志·科第·宋》，上海：上海社会科学院出版社，2006年。

（清）嵇曾筠：（雍正）《浙江通志》卷一二六《选举志·进士·宋》，上海：上海古籍出版社，1991年。

范东：四川剑州人。

南宋孝宗乾道七年（1170）任赣州雩都县县丞。

【史料来源】

（明）董天锡撰：（嘉靖）《赣州府志》卷七《秩官志·雩都·县丞·宋》，载《天一阁藏明代方志选刊》，上海：上海古籍书店，1962年。

范节：**约南宋孝宗时期任邛州浦江县县丞。**

南宋宁宗庆元时期为南剑州知州。

【史料来源】

（明）陈能修，（明）郑庆云、（明）辛绍佐纂：（嘉靖）《延平府志》卷七《官师志·历官·文职宋》，载《天一阁藏明代方志选刊》，上海：上海古籍书店，1961年。

（明）毛凤韶纂修：（嘉靖）《浦江志略》卷三，载《天一阁藏明代方志选刊》，上海：上海古籍书店，1961年。

范机（1130—1210）：字纯之，号拙逸，其先幽州人，徙福建延平。乾道初以父任为建宁府瓯宁主簿，历抚、池二州司法参军。在池州时，江左大旱蝗，流民襁负相属，郡委官行赈恤事，君为择僧庐闲旷者分处之，其第给钱粟皆有法。竟事，民得无转徙沟壑以死，咸德君。

南宋孝宗乾道时期转任福州怀安县县丞。

约南宋孝宗末年、光宗年间任秀州崇德县知县。后任岳阳军节度推官。约南宋宁宗年间任潭州宁乡县知县。任宁乡县知县时，值汗上用兵，军需百出，机调动有方，不使毫发病民，改湖广总领所干官。嘉定八年（1215）以通直郎致仕，同年致仕卒，年八十一。

【史料来源】

（宋）真德秀：《西山先生真文忠公集》卷四三《宋通直范君墓志铭》，《宋集珍本丛刊》第76册，北京：线装书局，2004年。

（宋）刘爚：《云庄集》卷一一《通直郎拙逸范公墓铭》，文渊阁《四库全书》本。

范念德：字伯崇，范汝圭子。南宋理学家，隆兴元年（1163）从学朱熹于崇安五夫里，后随学建阳寒泉精舍。乾道三年（1167）八月，范念德与林择之同随朱熹访张栻于长沙，同登衡岳，多所唱和。淳熙二年（1175）四月，参加了朱熹与吕祖谦在寒泉精舍的聚会。五月，又随朱熹参加铅山鹅湖之会。

南宋孝宗淳熙八年（1180）时任从政郎南剑州元溪县县丞。

【史料来源】

（宋）吕祖谦撰：《东莱集附录》卷三《范县丞伯崇》，民国《续金华丛书》本。

（明）黄仲昭修纂：（弘治）《八闽通志》卷六五《人物志·建宁府·儒林·宋》，福州：福建人民出版社，2006年。

范楶：范楷兄。南宋孝宗乾道八年（1172）登进士第。

约南宋孝宗淳熙年间任抚州临川县县丞。

【史料来源】

（宋）罗濬：（宝庆）《四明志》卷一〇《进士》，载《宋元方志丛刊》第5册，北京：中华书局，2006年。

（宋）袁燮撰：《絜斋集》卷二一《太儒人范氏墓志铭》，北京：中华书局，1983年。

茅汇征：字邦佑，江阴军人。南宋孝宗淳熙十四年（1187）特奏名登进士第。

约南宋孝宗时期历大冶县县丞。

【史料来源】

（明）朱昱：（成化）《重修毗陵志》卷一三《文事志一·甲科·宋》，《中国方志丛书》本。

（明）赵锦修，（明）张衮纂，刘徐昌点校：（嘉靖）《江阴县志》卷一四《选举表·宋·甲科》，上海：上海古籍出版社，2011年。

郑如山：广信府上饶人。

南宋孝宗乾道三年（1167）任赣州雩都县县丞。

【史料来源】

（明）董天锡撰：（嘉靖）《赣州府志》卷七《秩官志·雩都·县丞·宋》，载《天一阁藏明代方志选刊》，上海：上海古籍书店，1962年。

郑伯英（1130—1192）：字景元，号归愚翁，温州永嘉县人，伯熊弟。登宋孝宗隆兴元年（1163）进士第四，授从事郎，官秀州判官，调杭州、泉州推官，母老，不忍行，食岳庙禄九年。

南宋孝宗时期终母丧，授福州府宁德县县丞。

福建提刑司干官，犹不行。性刚介，以亲老丐祠，三十年不调，竟不起。

绍熙三年（1192）卒，年六十三。伯英与兄伯熊齐名，人称大郑公、小郑公。有《归愚翁集》。

【史料来源】

（宋）叶适：《叶适集》卷二十一《郑景元墓志铭》，北京：中华书局，2010年。

（清）陆心源辑：《宋史翼》卷一三《郑伯英传》，杭州：浙江古籍出版社，2016年。

欧阳光祖：字庆嗣，建宁府崇安县人。九岁能文，从朱熹、刘子翚学，南宋孝宗乾道八年（1172）登进士第。

南宋孝宗乾道时期任侯官县县丞。

淳熙十四年（1187）安抚贾选创建皇华馆，县丞光祖为之记。仕至江西路转运司干办公事。

【史料来源】

（宋）梁克家撰：（淳熙）《三山志》卷五《地理类五》，载《宋元方志丛刊》第8册，北京：中华书局，1990年。

（明）黄仲昭修纂：（弘治）《八闽通志》卷四九《选举志·科第·建宁府·宋》，福州：福建人民出版社，2006年。

林环（1154—1243）：字景温，南宋孝宗淳熙十一年（1184）登进士第，历江山县主簿。

南宋孝宗淳熙晚期任仙游县县丞，教授沅州。

约南宋宁宗朝任阳朔县、萍乡县知县。后通判静江府，知容州。端平改元，以朝请郎主管云台观福清林环为军器监主簿，改知宝庆府，除直秘阁、主营崇禧观，淳祐改元，诏以公年八十有八，进直焕章阁、主管桃源。淳祐三年（1243）正月辛巳卒于家，年九十。

【史料来源】

（宋）刘克庄撰，王蓉贵、向以鲜校点，刁忠民审订：《后村先生大全集》卷一五〇《直焕章阁林公墓志铭》，成都：四川大学出版社，2008年。

林岳：兴化军莆田县人。南宋高宗绍兴三十年（1160）登进士第。

约南宋孝宗初期任海阳县县丞。寄禄官终朝奉郎。

【史料来源】

（宋）李俊甫撰：《莆阳比事》卷一《父子一榜昆弟同年》，文渊阁《四库全书》本。

（明）黄仲昭修纂：（弘治）《八闽通志》卷五三《选举志·科第·兴化府·宋》，福州：福建人民出版社，2006年。

林思问：温州永嘉县人。南宋高宗绍兴二十七年（1157）登进士第。

南宋孝宗乾道七年（1171）为安溪县县丞。

南宋孝宗淳熙七年（1180）为赣州雩都县知县。终潭州通判。

【史料来源】

（明）林有年纂：（嘉靖）《安溪县志》卷三，载《天一阁藏明代方志选刊》，上海：上海古籍书店，1963年。

（明）董天锡撰：（嘉靖）《赣州府志》卷七《秩官志·安溪·县丞·宋》，载《天一阁藏明代方志选刊》，上海：上海古籍书店，1962年。

林准：兴化军莆田县人。南宋高宗绍兴三十年（1160）登进士第。

约南宋孝宗初期仕至从政郎、漳浦县县丞。

【史料来源】

（宋）李俊甫撰：《莆阳比事》卷一《父子一榜昆弟同年》，文渊阁《四库全书》本。

（明）黄仲昭修纂：（弘治）《八闽通志》卷五三《选举志·科第·兴化府·宋》，福州：福建人民出版社，2006年。

林鼐（1144—1192）：字伯和，一字元秀，台州黄岩人。南宋孝宗乾道八年（1172）进士，任明州奉化县主簿。

南宋孝宗淳熙时期迁定海县县丞。

转知侯官县，终官承议郎通判筠州事。所至守已爱民，不以声色徇上官，与弟鼐同为朱熹门人。绍熙三年（1192）七月庚午卒，年四十九。

【史料来源】

（宋）叶适：《叶适集》卷一五《林伯和墓志铭》，北京：中华书局，2010年。

（宋）陈耆卿：（嘉定）《赤城志》卷三三《人物志·本朝·仕进·进士科》，载《宋元方志丛刊》第7册，北京：中华书局，1990年。

林褒：兴化军莆田县人。南宋孝宗隆兴元年（1163）登进士第。

约南宋孝宗时期历县丞。

【史料来源】

（明）黄仲昭修纂：（弘治）《八闽通志》卷五三《选举志·科第·兴化府·宋》，福州：福建人民出版社，2006年。

（明）何乔远：《闽书》卷一〇五《英旧志·兴化府·莆田县·科第·宋》，福州：福建人民出版社，1994年。

孟猷（1156—1216）：字良甫，洺州人，居于吴县。师事叶适，恭谨退逊，不异寒士。以承奉郎监秀州籴纳仓，历临安府楼店务。

南宋孝宗年间任严州丽水县县丞。

转任浙东常平干官、籍田县县令，后任婺州通判，知南安军、信州，召为都官郎中，改左曹尚右，出淮东运判，入为军器监左司郎。中直宝谟阁、两浙运判副使，太府卿兼刑部侍郎，主管冲佑观，知婺州，直龙图阁江东运副，复主冲佑观。于是阶累朝议大夫。寻奉祠。嘉定九年（1216）卒，年六十一。其平心无竞，不立岸限，能立于祸患之表，喜为诗，有《孟侍郎集》。

【史料来源】

（宋）叶适：《叶适集》卷二二《故运副龙图侍郎孟公墓志铭》，北京：中华书局，2010年。

（清）黄宗羲撰，（清）全祖望补修，陈金生、梁运华点校：《宋元学案》

卷五五《侍郎孟先生猷》，北京：中华书局，1986年。

孟程：字深甫，隆兴府丰城县人。宋孝宗淳熙五年（1178）登进士第，授监襄阳盐酒税。累迁临江军通判。

淳熙十四年（1187）前后曾任文林郎、知抚州崇仁县丞。

【史料来源】

（明）李贵：（嘉靖）《丰乘》卷二《科第志》，载《天一阁藏明代方志选刊续编》，上海：上海书店出版社，1990年。

何新所编著：《新出宋代墓志碑刻辑录·南宋卷·孙约之墓志（一一八七）》，北京：文物出版社，2020年。

赵充夫（1134—1218）：字可大，魏悼王之七世孙也。始名达夫，字廉善，孝宗为更其名，公并字易焉。颖悟而嗜书，外祖奇之，室以孙女。以金紫荫补官，任永福县主簿。

丁父忧，服除，约宋孝宗年间调太和县县丞。

监青龙镇，辟涝水检踏官，知常州宜兴县，签书淮南军节度判官，知新喻县，通判湖州，守临汀、嘉禾、吴兴三郡。奉祠，起知道州，辞不赴，仍赋祠禄。擢提举淮东常平茶盐公事，直秘阁、福建转运判官。告老，进直敷文阁，与祠。再告老，升龙图阁，致其事。嘉定十一年（1218）正月丁亥，终于正寝，享年八十有五，积阶朝请大夫，赐四品服。所著有进策、奏稿及《东山诗集》。

【史料来源】

（宋）袁燮撰：《絜斋集》卷一八《运判龙图赵公墓志铭》，北京：中华书局，1983年。

赵师侠：字介之，号坦庵，临江军新淦县人，太宗八世孙。南宋孝宗淳熙二年（1175）登进士第。

约南宋孝宗淳熙年间历婺州金华县县丞。著有《坦庵长短句》。

【史料来源】

（清）刘坤一：（光绪）《江西通志》卷二二《选举表·宋进士》，载《中国地方志集成》，南京：凤凰出版社，2009年。

（清）陆心源撰，徐旭、李建国点校：《宋诗纪事补遗》卷九二《赵师侠》，太原：山西古籍出版社，1997年。

赵师浔（1148—1199）：字深父，初名师信，明州鄞县人，太祖八世孙。孝宗淳熙二年（1175）赐进士出身，初官临海县县尉。

南宋孝宗淳熙年间调衢州西安县县丞。

迁知严州桐庐县，任满，授绍兴府录事参军，丁武德忧，不赴。约宋孝宗年间授建康府节度推官，留守尚书张公杓多以滞讼属君，处之当人情，合法意。众议有未定者，独招入郡斋议之，或至夜分而后退。大资赵公彦逾素知其才，见其尽心赞画，受输决事，无不曲当，首授京削。参政又为之延誉，诸司交荐，仅二考而归。既调严州节度掌书记，久之得疾逆旅，遂以庆元五年（1199）四月戊寅卒，年五十二。

【史料来源】

（宋）楼钥撰，顾大朋点校：《楼钥集》卷一百十一《赵深父墓志铭》，杭州：浙江古籍出版社，2010年。

（宋）罗浚撰：（宝庆）《四明志》卷一〇《进士》，载《宋元方志丛刊》第5册，北京：中华书局，1990年。

赵师津：原名师正、师囷，赵师浔兄，明州鄞县人。南宋孝宗乾道二年（1166）登进士第。忍贫好学，厉操勤廉。

约南宋孝宗时期任池州铜陵县县丞。

【史料来源】

（宋）楼钥撰，顾大朋点校：《楼钥集》卷十八《举宗室伯洙师津状》，杭州：浙江古籍出版社，2010年。

（宋）罗濬：（宝庆）《四明志》卷一〇《进士》，载《宋元方志丛刊》第5册，北京：中华书局，1990年。

赵希仰：秀州海盐县人。

南宋孝宗隆兴元年（1163）进士。仕至常州晋陵县县丞。

【史料来源】

（元）徐硕：（至元）《嘉禾志》卷一五《宋登科题名》，上海：上海古籍出版社，2010年。

（清）嵇曾筠：（雍正）《浙江通志》卷一二五《选举志·进士·宋》，上海：上海古籍出版社，1991年。

赵炳（1144—1223）：字公明，江州德安县人。南宋孝宗淳熙八年（1181）登进士第，为池州贵池县县尉。

南宋孝宗淳熙晚期调平江府昆山县县丞。

改郢州长寿县令，久之迁知隆兴奉新县。嘉定十六年（1223）卒，年八十。

【史料来源】

（宋）曹彦约撰：《昌谷集》卷一九《新奉知县赵公明墓志铭》，文渊阁《四库全书》本。

赵彦真：一名彦能，字德全。公少纯笃，从故侍御史王十朋学，王十朋尝得中书舍人张孝祥书而遗公，所以期功者甚远，公益自奋，隆兴元年（1163）登进士第。调抚州录事参军，以太中公丧，解官归。

约南宋孝宗乾道时期除丧，起为信州弋阳县县丞。

终更调建宁府观察推官，荐者如格，改宣教郎，知宁国府宣城县，未赴，以内艰罢。除丧，起知平江府吴县，通判表州，知兴化军。公束吏甚严，视囚之寒暑饥渴惨然不啻在己。

【史料来源】

（宋）陆游著，马亚中、涂小马校注：《渭南文集校注》卷三四《知兴华军赵公墓志铭》，杭州：浙江古籍出版社，2015年。

（明）王鏊撰：（正德）《姑苏志》卷四一《宦迹五》，载《天一阁藏明代方志选刊本》，上海：上海古籍书店，1990 年。

赵崇隽（1159—1224）：字彦伯，银青光禄大夫赵善良孙，朝议大夫试太府卿淮西总领通谊大夫赵汝谊长子。

约南宋孝宗晚期官信州贵溪县县丞。

官至通判，嘉定十七年（1224）三月卒，年六十六，葬于吴县至德乡茶坞山之原。

【史料来源】

《宋故通判赵公圹志》，载北京图书馆金石组编《北京图书馆藏中国历代石刻拓片汇编》第 44 册，郑州：中州古籍出版社，1989 年。

赵善待（1128—1188）：字时举，太宗七世孙，寓居明州鄞县。绍兴二十四年（1154）以祖免恩补官，监四明作院。

南宋孝宗隆兴元年（1163）登进士第，授左宣教郎、昆山县县丞。

南宋孝宗年间任江阴县知县，兼任市舶务，公廉洁自持，未尝私卖一物，善处理经济事务，处理有法。迁吉州通判，摄郡政，终知岳州，善断狱，冤情多有平反。淳熙十五年（1188）十月卒，年六十一。有杂著十卷。

【史料来源】

（宋）袁燮撰：《絜斋集》卷一七《朝请大夫赠宣奉大夫赵公（善待）墓志铭》，北京：中华书局，1983 年。

（清）陆心源辑：《宋史翼》卷二一《赵善待传》，杭州：浙江古籍出版社，2016 年。

赵善恭（1148—1217）：字作肃，改名善仪，字麟之，赵不择子，居邵武军。南宋孝宗乾道二年（1166）取应中选，两调酒税，学益不废。

南宋孝宗乾道八年（1172）登进士第，授左承务郎、吉州吉水县县丞，丁银青忧，再任筠州上高县县丞。

传任湖北常平干属，丁蕲春忧，免丧，入湖南仓幕。约南宋孝宗末年、光宗年间任抚州乐安县知县。守浔州，庆元初知邵州。宁宗开禧元年（1205）以直焕章阁帅静江兼广西经略，改潭州，寻以直龙图阁镇守江陵。除司农少卿，安抚湖北。嘉定初奉祠，嘉定十年（1217）卒，年七十。积官至中大夫，爵祥符开国男，户三百，服三品。

【史料来源】

（宋）卫泾撰：《后乐集》卷一八《故中大夫提举武夷山冲佑观祥符县开国男赵公墓志铭》，文渊阁《四库全书》。

（明）邢址修，（明）陈让纂：（嘉靖）《邵武府志》卷八《选举志·宋·进士》，载《天一阁藏明代方志选刊》，上海：上海古籍书店，1964年。

赵善悉：字寿卿，居定海县，赵不尤子，得京官。

南宋孝宗年间任无锡县县丞。

升宁德县知县。后通判临安府，为孝宗所知，擢知秀州，知鄂州。以嫌，改江州。除直秘阁、两浙运判，升直敷文阁。庆元四年（1198）五月卒，年五十八。

【史料来源】

（宋）叶适：《叶适集》卷二一《中大夫直敷文阁两浙运副赵公墓志铭》，北京：中华书局，2010年。

赵善隣：信州铅山县人。南宋高宗绍兴三十年（1160）登进士第。

约南宋孝宗初期终官县丞。

【史料来源】

（清）蒋继洙修纂：（同治）《广信府志》卷七之一《选举志·进士·宋》，载《中国地方志集成》，南京：凤凰出版社，2009年。

（清）刘坤一：（光绪）《江西通志》卷二二《选举表·宋进士》，载《中国地方志集成》，南京：凤凰出版社，2009年。

赵善稼：秀州海盐县人，南宋孝宗淳熙五年（1178）登进士第。

约南宋孝宗时期任昆山县县丞。终官岳州知州。

【史料来源】

（宋）潜说友撰：（咸淳）《临安志》卷六一《国朝进士表》，载《宋集珍本丛刊》第4册，北京：中华书局，1990年。

（明）陈让、（明）夏时正纂，（明）黄廷桂等修：（成化）《杭州府志》卷三九《科贡·进士·宋》，台北：商务印书馆，1986年。

赵楷：字德远。为人和而庄，早以文章决科。

南宋孝宗初期任仁和县县丞。

后自别驾拜两千石，南宋孝宗乾道三年（1167）任衡阳县知县。理宗端平元年（1234）以参赞失计削三秩放罢。

【史料来源】

（宋）李洪：《芸庵类稿》卷六《送赵德远序》，文渊阁《四库全书》本。

（清）汪辉祖辑：《九史同姓名略》卷六四，清广雅书局刻《广雅丛书》本。

赵廉夫：字仲白，赵时愿父。举进士不第，以宗子取应得右选。

南宋孝宗淳熙四年（1177）为安溪县县丞。

平生志业无所泄，皆寓于诗，尝自删取五百首。既殁，刘克庄择百篇为《山中集》，嘱赵以夫序而传之。子赵时愿擢进士第甲科，仕至工部侍郎。

【史料来源】

（明）林有年纂：（嘉靖）《安溪县志》卷三《官制类·职官·县丞》，载《天一阁藏明代方志选刊本》，上海：上海古籍书店，1963年。

（明）郑岳编，黄起龙校正：《莆阳文献传》卷三九《赵廉夫》，北京：中国文史出版社，2014年。

赵粹中（1124—1187）：字叔达，号梅堂。其先世居密州，后因其父葬明州鄞县，迁居鄞县。南宋高宗绍兴二十四年（1154）登进士第，初授左迪功郎、南剑州顺昌县主簿，宽宥民力。绍兴三十一年（1161）升任左从政郎，监行在杂买务。

南宋孝宗乾道元年（1165），用荐者改左宣教郎，调吉州永丰县县丞。

乾道七年（1171）转任太常寺主簿，乾道八年（1172）冬迁太府寺丞。乾道九年（1173）春除秘书郎，兼权起居舍人，暂权给事中，五月升为起居郎，太子左谕德、吏部侍郎，权刑部侍郎。晚年外知池州、湖州，有政绩。淳熙十四年（1187），属疾浸剧，自厄运方迫，必不可为，却药不进，四月甲戌薨于寓舍。公天资绝人，书一览不忘。自幼笃学，下笔成章，词锋锐甚，父子间相为知己。有文集十卷、奏议二卷、《梅堂杂志》五卷。

【史料来源】

（宋）楼钥撰，顾大朋点校：《楼钥集》卷一百五《龙图阁待制赵公神道碑》，杭州：浙江古籍出版社，2010年。

（宋）罗濬：（宝庆）《四明志》卷九《先贤事迹下》，载《宋元方志丛刊》第5册，北京：中华书局，1990年。

娄机（1133—1212）：字彦发，秀州嘉兴县人，娄寿子。南宋孝宗乾道二年（1166）登进士第，授盐官县尉。丁母忧，服除，调和州含山县主簿。

南宋孝宗时期调于潜县县丞，轻赋税，正版籍，简狱讼，兴学校。

遭外艰，免丧，为江东提举司干办公事，易淮东，已而复旧，改知西安县。通判饶州，平反冤狱。蜀帅袁说友辟参议幕中，不就，改干办诸司审计司。宁宗嘉泰元年（1201）十二月，迁宗正寺主簿，为太常博士、秘书郎，请续编《中兴馆阁书目》，又请宽恤淮、浙被旱州县。时皇太子始就外傅，遴选学官，以机兼资善堂小学教授。迁太常丞，仍兼资善。旋迁右曹郎官、秘书省著作郎，改兼驾部。擢监察御史，迁右正言兼侍讲，进太常少卿兼权中书舍人，诏遣宣谕荆、襄，兼太子詹事。嘉定元年（1208）五月迁给事中兼权工部尚书。七月，迁礼部尚书兼给事中。八月，擢同知枢密院事兼太子宾客，进参知政事。数上章告老，帝不许，皇太子遣官属勉留之。以资政殿学士知福州，力辞。提举洞霄宫以归，遂卒，赠金紫光禄大夫，加赠特进，谥忠简。所著有《班马字类》《历代帝王总要》。

【史料来源】

（宋）楼钥撰，顾大朋点校：《楼钥集》卷一百三《资政殿大学士致仕赠特进娄公（机）神道碑》，杭州：浙江古籍出版社，2010年。

（元）脱脱等：《宋史》卷四一〇《娄机传》，北京：中华书局，1977年。

俞亨宗：字兼善，绍兴府山阴县人，隆兴二年（1164）登进士第，治《礼记》。

南宋孝宗淳熙八年（1181）时任从政郎、台州天台县县丞。

年八十九卒。著作丰赡，有《文豪》二十卷、《宏词习业》五卷、《山林思古录》十卷、《群经感发》十卷。

【史料来源】

（宋）吕祖谦撰：《东莱集附录》卷二《俞县丞兼善》，民国《续金华丛书》本。

（清）嵇曾筠：（雍正）《浙江通志》卷二四八《经籍志》，上海：上海古籍出版社，1991年。

俞亮：**南宋孝宗乾道元年（1165）为安溪县县丞。**

【史料来源】

（明）林有年纂：（嘉靖）《安溪县志》卷三《官制类·职官·县丞》，载《天一阁藏明代方志选刊》，上海：上海古籍书店，1963年。

胡昌言：吉州庐陵县人。

南宋孝宗淳熙元年（1174）任赣州雩都县县丞。

【史料来源】

（明）董天锡撰：（嘉靖）《赣州府志》卷七《秩官志·雩都·县丞·宋》，载《天一阁藏明代方志选刊》，上海：上海古籍书店，1962年。

胡宧：**南宋孝宗乾道二年（1166）为江阴军江阴县县丞。**

【史料来源】

（明）赵锦修，（明）张衮纂，刘徐昌点校：（嘉靖）《江阴县志》卷一二《官师表·宋》，上海：上海古籍出版社，2011年。

胡持：字元克，一字公操，徽州婺源县人，胡搏弟。南宋孝宗隆兴元年（1163）登进士第，初授鄱阳县县尉。

约南宋孝宗乾道时期转江宁府上元县县丞。

改秩宰闽，仕至南康军签书判官厅公事。

【史料来源】

（宋）罗愿撰：（淳熙）《新安志》卷八《叙进士提名》，载《宋元方志丛刊》第8册，北京：中华书局，1990年。

（明）彭泽修，（明）汪舜民纂：（弘治）《徽州府志》卷六《选举志·科第·宋》，载《天一阁藏明代方志选刊》，上海：上海古籍书店，1964年。

胡镐（1104—1173）：字从周，吉州庐陵县人，胡铨从弟。兄弟同堂五人，镐与铨年近。登南宋高宗绍兴十五年（1145）进士，授新淦县县尉，令素贪婪卑鄙，不与之计较，调靖州判官，终使部使劾令之过。

南宋孝宗淳熙时期改任赣县县丞。

兄胡铨谪海外，甘心隐退二十年，终不求谒，张浚始荐之，除诸王宫教授，移棘寺主簿兼摄丞，刘珙嘉其静退，谓朝廷当以中秘处之，不果，请外补为荆湖南路参议官。乾道九年（1173）卒，年七十。

【史料来源】

（宋）周必大：《文忠集》卷四七《题胡邦衡侍郎撰胡从周寺丞志文》，文渊阁《四库全书》本。

（宋）胡铨：《澹庵文集》卷五《宋大理寺丞补授河南参议弟从周墓志》，文渊阁《四库全书》本。

姚宪：字令则，会稽嵊县人，姚舜明子。乾道八年（1172）赐进士出身。以父任补承务郎监临安府粮料院，乾道九年（1173）任签书枢密院事。

约南宋孝宗淳熙时期先后任秀州海盐县、衢州龙游县、宣州宣城县县丞。

升临安府仁和县知县，除提举浙西茶盐常平公事，迁提点刑狱司，又以直秘阁知平江府，除两浙转运司判官，进直敷文阁知临安府，再进直显谟阁，权户部侍郎，改权工部侍郎兼临安府少尹。权给事中，拜兵部侍郎，转左谏议大夫，御史中丞，淳熙元年（1174）任参知政事，兼修国史。不久以端明殿学士提举江州太平兴国宫，转提举江州太平兴国宫知太平府，未行，从泉州复端明殿学士知江陵府，年六十三卒。

【史料来源】

（宋）施宿撰：（嘉泰）《会稽志》卷一五《相辅》，载《宋元方志丛刊》第7册，北京：中华书局，1990年。

（宋）陈骙撰：《南宋馆阁录》卷七《官联上》，文渊阁《四库全书》本。

姚振：字子玉，姚锡（1120—1184）祖父，**曾任洪州进贤县丞。**

【史料来源】

何新所编著：《新出宋代墓志碑刻辑录·南宋卷·姚锡墓志（一一八五）》，北京：文物出版社，2020年。

姜噩：饶州德兴县人。南宋高宗绍兴三十年（1160）登进士第。

约南宋孝宗初期任新喻县县丞。

【史料来源】

（明）陈策纂修：（正德）《饶州府志》卷二《学校志科贡附·德兴·进士》，《天一阁藏明代方志选刊续编》，上海：上海书店出版社，1990年。

（清）汤惪修，（清）石景芬纂：（同治）《饶州府志》卷一四《选举志·进士·宋》，上海：上海古籍出版社，2010年。

洪虋：字子忱，镇江府丹阳县人，家于南丰，拟孙。绍兴二十四年（1154）补将仕郎，二十九年（1159）授右迪功郎，监兴国军在城酒税，未赴。以纲赏循右修职郎，改监行在户部赡军籴场。秩满，升右从政郎又以赏循右文林郎，授镇南军节度推官。约南宋孝宗年间任分宁县县令。淳熙五年（1178）改宣教郎任江州德安县知县。

南宋孝宗淳熙时期移任德安县县丞，知州吹毛锻炼，遽按以闻。君时到官方月余，人皆知其无他，寻置狱筠阳，竟遂昭雪，守去而君亦归。邑素剧，至是愈不可为，逋负不赀。君力请于郡，吏责少宽，始得整颓纲而一新之。春霖暴涨，田家无所得食，敛手待尽。君载米家至，损直以粜。间有无赀者，以私帑偿之。夏亢阳，躬祷名山，率家人蔬食逾月，彻盖行烈日中，或至忘食。发廪蠲征，弛刑缓逋，以次举行，无不极其至。已而甘泽霶霈，谣诵相闻。疫疠继作，饬医药，谨护视，赖以全活者众。崇饰县庠，弦诵不辍。有刲股以奉母者，奖励有加，邑人劝焉。初，癸卯岁旱，民负官租七千余斛。至是犹未及半，君曲为之图。籴及三之二，从漕司和籴米以足上供。期以年岁偿之，可以宽箕敛之烦。林公枅嘉其意，俾郡给千斛，未能尽行也。后卒于县治之正寝。年五十三。

【史料来源】

（宋）楼钥撰，顾大朋点校：《楼钥集》卷一百八《洪子忱墓志铭》，杭州：浙江古籍出版社，2010年。

桂友龙：信州贵溪县人，一作抚州临川县人。南宋高宗绍兴三十年（1160）登进士第。

约南宋孝宗初期历赣州石城县县丞。

【史料来源】

（明）杨渊纂修：（弘治）《抚州府志》卷一八《科第·进士·宋》，载《天一阁藏明代方志选刊续编》，上海：上海书店出版社，1990年。

（清）蒋继洙修纂：（同治）《广信府志》卷七之一《选举志·进士·宋》，载《中国地方志集成》，南京：凤凰出版社，2009年。

徐从龙：婺州金华县人。

南宋孝宗淳熙四年（1177）任赣州雩都县县丞。

【史料来源】

（明）董天锡撰：（嘉靖）《赣州府志》卷七《秩官志·雩都·县丞·宋》，载《天一阁藏明代方志选刊》，上海：上海古籍书店，1962年。

徐邦杰：苏玭婿，萧山人，淳熙五年（1178）登进士第。

约南宋孝宗淳熙时期任承直郎、常州晋陵县县丞。

【史料来源】

（宋）陆游著，马亚中、涂小马校注：《渭南文集校注》卷三九《吏部郎中苏君（玭）墓志铭》，杭州：浙江古籍出版社，2015年。

（清）嵇曾筠：（雍正）《浙江通志》卷一二六《选举志·进士·宋》，上海：上海古籍出版社，1991年。

顾时大：字致尧，镇江府丹阳县人。乾道八年（1172）登进士第，任泰州如皋县县尉。

南宋孝宗时期官终池州贵池县县丞。

时大为人厚重，以文学为乡里所敬。

【史料来源】

（宋）卢宪：（嘉定）《镇江志》卷一九《人物》，载《宋元方志丛刊》第3册，北京：中华书局，2003年。

（元）俞希鲁编撰，杨积庆、贾秀英等校：（至顺）《镇江志》卷一八《人材》，南京：凤凰出版社，1999年。

郭应祥：字承禧，号遯斋，临江军新淦县人。应龙兄。南宋孝宗淳熙八年（1181）登进士第，授巴陵县主簿。

南宋孝宗淳熙十年（1183）任衡阳县县丞。

【史料来源】

（宋）寥行之：《省斋集》卷一〇《郭应祥〈跋〉》，文渊阁《四库全书》本。

（明）刘松：（隆庆）《临江府志》卷一二《人物志·列传》，载《天一阁藏明代方志选刊》，上海：上海古籍书店，1962年。

郭忠顺：字移可，浦城人。移可笃志嗜学，以荫得官，任程乡县主簿，改连江县主簿，与朱乔年为忘年交。

南宋孝宗隆兴年间转任南康军南康县县丞。

张九成谓之博闻强记，尝与之游。后知襄阳县，金人寇边，荆、鄂两军戍唐、邓两州，忠顺馈运凡二十六万斛，诸司交章论荐，乾道四年（1168）七月初九日升任奉化令。奉化号称难治，忠顺下车伊始，待士以礼，抚民以宽，束吏以法。移可崇重学校，士人尤爱之，通判太平州，未赴卒。子德麟，擢进士第，为荆南录参，以死争狱，为帅臣所器。知奉化县，治民如其父，邑人立二郭祠祀之，终国子博士，知抚州。

【史料来源】

（宋）罗濬：（宝庆）《四明志》卷一四《县令》，载《宋元方志丛刊》第5册，北京：中华书局，1990年。

（明）黄仲昭修纂：（弘治）《八闽通志》卷六四《人物志》，福州：福建人民出版社，2006年。

郭璹：潭州湘乡县人。南宋孝宗淳熙八年（1181）登进士第。

南宋孝宗时期任安仁县县丞。

【史料来源】

（清）巴哈布、（清）王煦：（嘉庆）《湖南通志》卷九〇《选举志·进士·宋》，清嘉庆二十五年（1820）刻本。

（清）吕肃高：（乾隆）《长沙府志》卷二五《选举志·宋·进士》，长沙：岳麓书社，2008年。

翁国瑞：建宁府瓯宁县人。

南宋孝宗隆兴元年（1163）进士。历连江县县丞。

【史料来源】

（明）夏玉麟等修，（明）汪佃等纂：（嘉靖）《建宁府志》卷一五《选举志·进士·宋》，厦门：厦门大学出版社，2009年。

（明）何乔远：《闽书》卷九四《英旧志·建宁府·瓯宁县·科第·宋》，福州：福建人民出版社，1994年。

贾涉（1178—1223）：字济川，天台人，贾伟子，贾似道父。幼好读古书，慷慨有大志，以父任高邮县县尉。

约南宋孝宗时期改任万安县县丞。

嘉定八年（1215）转宝应县县令。通判真州，改大理司直，知盱眙军。擢太府少卿，制置副使兼京东、河北节制，赠龙图阁学士、光禄大夫。涉父伟尝守开江，贻书丞相赵雄，极论武兴守吴挺之横，它日陛对，又乞裁抑郭棣、郭杲兵权，孝宗嘉纳，后反为所挤以没。涉弱冠直父冤，不避寒暑，泣诉十年，至伏书阙下。子似道有传。

【史料来源】

（元）脱脱等：《宋史》四〇三《贾涉传》，北京：中华书局，1977年。

（明）柯维骐撰：《宋史新编》卷一四六《贾涉传》，台北：新文丰出版公司，1974年。

高鼎：字国器，隆兴府丰城县人，一说新建县人。南宋孝宗乾道五年（1169）登进士第。

南宋孝宗时期任宜春县县丞。

【史料来源】

（明）李贵纂修：（嘉靖）《丰乘》卷二《科第表》，载《天一阁藏明代方志选刊续编》，上海：上海书店出版社，1990年。

（清）许应鑅、（清）王之藩修：（同治）《南昌府志》卷二九《选举志·进士·宋》，南京：江苏古籍出版社，1996年。

袁震：字时敷，临江军清江县人。南宋高宗绍兴三十年（1160）登进士第，授武冈县主簿。

约南宋孝宗初期任吉水县县丞。

【史料来源】

（明）林庭㭿、（明）周广纂修：（嘉靖）《江西通志》卷二三《临江府志·科目·宋》，《四库全书存目丛书》本，济南：齐鲁书社，1997年。

（清）刘坤一：（光绪）《江西通志》卷二二《选举表·宋进士》，载《中国地方志集成》，南京：凤凰出版社，2009年。

黄东（？—1200）：字仁卿，福州闽县人，黄瑀次子，黄榦（1152—1221）之兄。以父遗泽补将仕郎，历任迪功郎，监吉州酒务、全州法曹。

南宋孝宗时期任南剑州沙县县丞，转文林郎、监衢州税务，约南宋宁宗初年改秩通直郎任吉州万安县知县。丁内艰，服阕。南宋宁宗庆元六年（1200）五月以通直郎任抚州乐安县知县，是年卒于官。东廉介之行，人所不能及，常俸之外，悉却之不受，人多以此称之。

【史料来源】

（宋）黄幹：《勉斋先生黄文肃公文集》卷第三五《仲兄知县墓表》，载《宋集珍本丛刊》第67册，北京：线装书局，2004年。

黄裳（1138—1200）：字齐贤，建宁府浦城县人，黄端虚子。家世儒科，为浦城望族。两遇乡书，以特科授初品官，调邵武县尉。

约南宋孝宗初期转天台县县丞。

嘉定三年（1210）十一月卒，年七十三。

【史料来源】

沈瑜庆：（民国）《福建通志》卷一〇《金石志·黄裳墓圹志》，北京：

方志出版社，2016 年。

黄敷忠：建昌军南城县人，一作建宁府建安县人。南宋高宗绍兴二十四年（1154）登进士第。

南宋孝宗隆兴二年（1164）为赣州雩都县县丞。

【史料来源】

（明）黄仲昭修纂：（弘治）《八闽通志》卷四九《选举志·科第·建宁府·宋》，福州：福建人民出版社，2006 年。

（明）夏良胜纂修：（正德）《建昌府志》卷一五《选举志·宋进士》，载《天一阁藏明代方志选刊》，上海：上海古籍书店，1964 年。

黄濬：兴化军莆田县人，黄静孙。南宋孝宗乾道八年（1172）特奏名登进士第。

南宋孝宗时期仕终修职郎、高安县县丞。

【史料来源】

（明）黄仲昭修纂：（弘治）《八闽通志》卷五三《选举志·科第·兴化府·宋》，福州：福建人民出版社，2006 年。

（明）何乔远：《闽书》卷一〇五《英旧志·兴化府·莆田县·科第·宋》，福州：福建人民出版社，1994 年。

黄曦：姑苏人。

南宋孝宗淳熙十四年（1187）为黄岩县县丞。

【史料来源】

（明）袁应祺修，（明）牟汝忠等纂：（万历）《黄岩县志》卷五《人物志上·科名·宋·进士》，载《天一阁藏明代方志选刊本》，上海：上海古籍书店，1963 年。

（清）王梓材、（清）冯云濠编撰，沈芝盈、梁运华点校：《宋元学案补遗》卷三《进士黄先生曦》，北京：中华书局，2012 年。

梁甫：字仲将，福州闽县人。大任子。南宋孝宗乾道八年（1172）登进士第。

约南宋孝宗时期终宝昌县县丞。

【史料来源】

（宋）梁克家：（淳熙）《三山志》卷三〇《人物类·科名·本朝》，载《宋元方志丛刊》第8册，北京：中华书局，1990年。

（明）黄仲昭修纂：（弘治）《八闽通志》卷四六《选举志·科第·福州府·宋》，福州：福建人民出版社，2006年。

章渭：婺州永康县人，章服子。南宋高宗绍兴三十年（1160）登进士第。

约南宋孝宗初期官从政郎、临安府富阳县县丞。

【史料来源】

（宋）陈亮著，邓广铭点校：《陈亮集》卷三四《吏部侍郎章公德文行状》，北京：中华书局，1987年。

（明）王懋德等修，（明）陆凤仪等编：（万历）《金华府志》卷一八《科第·宋进士》，北京：国家图书馆出版社，2014年。

曾丰：字幼度，号撙斋，初为吉州庐陵县人，后割地置县隶抚州乐安县。南宋孝宗乾道五年（1169）登进士第。

南宋孝宗淳熙时期任赣县县丞。

淳熙时期任永福县主簿，转知德庆府，累官至朝散大夫，参知政事。晚年无意于仕进，以诗酒自娱，真德秀一见即器之，公殁，真德秀志其墓。

【史料来源】

（明）杨渊纂：（弘治）《抚州府志》卷二二《人物志·乡贤·宋》，载《天一阁藏明代方志选刊续编》，上海：上海书店出版社，1990年。

（明）董天锡撰：（嘉靖）《赣州府志》卷八《名宦·赣县·宋》，载《天一阁藏明代方志选刊》，上海：上海古籍书店，1962年。

曾祕：字泰之，温陵同安人，登孝宗乾道五年（1169）进士第，授国子监丞。

南宋孝宗淳熙年间任龙岩县县丞。县学废坏者三十余年，前丞始复营建，未克而去，祕续前任翻新县学，以成其事，传播圣贤之学。淳熙十年二月十八日请朱熹作《漳州龙岩县学记》。官终朝奉大夫。

【史料来源】

（宋）楼钥撰，顾大朋点校：《楼钥集》卷三十三《太学博士邵康大常博士曾秘园子博士太学录雷孝友国子正田澹并大学博士》，杭州：浙江古籍出版社，2010年。

（清）王梓材、（清）冯云濠编撰，沈芝盈、梁运华点校：《宋元学案补遗》卷七〇《曾先生祕》，北京：中华书局，2012年。

蒋天民：字师尹，吉州龙泉县人。南宋孝宗淳熙十四年（1187）登进士第。

约南宋孝宗时期仕至萍乡县县丞。

【史料来源】

（明）林庭棉、（明）周广纂修：（嘉靖）《江西通志》卷二六《吉安府志·科目·宋》，《四库全书存目丛书》本，济南：齐鲁书社，1997年。

（清）定祥等修，（清）刘绎等纂：（光绪）《吉安府志》卷二一《选举志·进士·宋》，北京：中华书局，2016年。

彭龟年（1142—1206）：字子寿，临江军清江县人。七岁而孤，事母尽孝。性颖异，读书能解大义。及长，得《程氏易》，读之至忘寝食，从朱熹、张栻质疑，而学益明。南宋孝宗乾道五年（1169）登进士第，授袁州宜春县尉。

南宋孝宗时期任吉州安福县县丞。

迁国子监丞。以侍御史林大中荐为御史台主簿。改司农寺丞，进秘书郎兼嘉王府直讲。嘉泰元年（1201）起知赣州，以疾辞，除集英殿修撰、提举冲佑观。开禧二年（1206），以待制宝谟阁致仕，卒。龟年学识正大，议论简直，善恶是非，辨析甚严，其爱君忧国之忱、先见之识、敢言之气，皆人所难。赐谥忠肃，加赠龙图阁学士。

【史料来源】

（宋）楼钥撰，顾大朋点校：《楼钥集》卷一百二《宝谟阁待制致仕特赠龙图阁学士忠肃彭公神道碑》，杭州：浙江古籍出版社，2010年。

（元）脱脱等：《宋史》卷三九三《彭龟年传》，北京：中华书局，1977年。

彭康之：**南宋孝宗淳熙十六年（1189）为安溪县县丞。**

【史料来源】

（明）林有年纂：（嘉靖）《安溪县志》卷三《官制类·职官·县丞》，载《天一阁藏明代方志选刊本》，上海：上海古籍书店，1963年。

彭铨：临江军清江县，彭龟年侄。

南宋孝宗时期官零陵县县丞，有政声，人皆称之，人多以不及之为憾。

【史料来源】

（清）王梓材、（清）冯云濠编撰，沈芝盈、梁运华点校：《宋元学案补遗》卷七一《彭先生铨》，北京：中华书局，2012年。

彭梦赐：字德宽，福州府宁德县人。南宋孝宗淳熙二年（1175）特奏名登进士第。

约南宋孝宗时期任南剑州沙县县丞。

【史料来源】

（宋）梁克家：（淳熙）《三山志》卷三〇《人物类·科名·本朝》，载《宋元方志丛刊》第8册，北京：中华书局，1990年。

（明）殷之辂修，朱梅等纂：（万历）《福宁州志》卷九《选举志上·进士·宋》，载《日本藏中国罕见地方志丛刊》，北京：书目文献出版社，1990年。

程迥：字可久，号沙随，应天府宁陵人。家于沙随，靖康之乱，徙绍兴府余姚县。年十五，丁内外艰，孤贫漂泊，无以自振。二十余始知读书，时乱甫定，西北士大夫多在钱塘，迥得以考德问业焉。南宋孝宗隆兴元年（1163）登进士第，历扬州泰兴县县尉。

南宋孝宗时期调饶州德兴县县丞。善治狱，民皆赖之。

改知隆兴府进贤县，终朝奉郎、知上饶县。迥政令明简，治民有恩义，能化奸为良，洗雪冤滞，所至皆著异政。朱熹称其博闻至行追配古人，释经订史，开悟后学，当世之务又所通该，著书满家，足以传世。子绚，以迥致仕恩调巴陵县尉，摄邑，能理冤狱，孙程仲熊亦有名。

【史料来源】

（元）脱脱等：《宋史》卷四三七《程迥传》，北京：中华书局，1977年。

（明）柯维骐撰：《宋史新编》卷一六七《程迥传》，台北：新文丰出版公司，1974年。

程卓（1153—1223）：字从元，徽州休宁县人，淳熙十一年（1184）登进士第，授扬州司户。郡议计民廥积而征之，匿不自言，臧畀告者。程卓曰："藏于民与储之公等也。且粟已尝赋矣，征之何名？"帅悟而止。

约南宋孝宗淳熙晚期为崇仁县县丞。

转授知处州龙泉县，少师丧，不行。南宋宁宗庆元六年（1200）六月任吉州龙泉县知县。执政以才荐入，为诸军粮料院，以嫌改进奏院，宗正寺簿。迁司农丞，知嘉兴府。迁军器监，兼右司郎官，权太守少卿。言者不乐，罢主冲佑观。起知泉州，移提点福建刑狱。摄帅事，直秘阁，召为秘书少监。后上嘉纳其建言，迁起居郎，工部、吏部侍郎。嘉定十六年（1223）卒，年七十一。有《使金录》《清源文集》。

【史料来源】

（宋）卫泾：《后乐集》卷一八《故特进资政殿大学士程公墓志铭》，文渊阁《四库全书》本。

（宋）真德秀：《西山先生真文忠公文集》卷二七《清源文集序》，载《宋集珍本丛刊》第75册，北京：线装书局，2004年。

程度：饶州德兴县人。南宋孝宗淳熙十四年（1187）登进士第。

约南宋孝宗时期任增城县县丞。

【史料来源】

（清）刘坤一：（光绪）《江西通志》卷二二《选举表·宋进士》，载《中国地方志集成》，南京：凤凰出版社，2009年。

（清）汤惠修，（清）石景芬纂：（同治）《饶州府志》卷一四《选举志·进士·宋》，上海：上海古籍出版社，2010年。

谢洪：字范卿，仙游人。自幼聪悟绝人，登绍兴三十年（1160）进士第，任海丰县主簿。

约南宋孝宗隆兴二年（1163）调入信州永丰县县丞。时林枬为守，以庄严临僚属，独引洪置幕下，偶有所不乐，遂归，有文集藏于家。

【史料来源】

（明）郑岳编，黄起龙校正：《莆阳文献传》卷二二《谢洪》，北京：中国文史出版社，2014年。

（明）黄仲昭修纂：（弘治）《八闽通志》卷五三《选举志·科第·兴化府》，福州：福建人民出版社，2006年。

谢雩：字季泽，温州永嘉县人。

南宋孝宗乾道五年（1169）登进士第，授左迪功郎、连江县县丞，一说主簿。

终承议郎、知宁德县。

【史料来源】

(宋) 楼钥撰，顾大朋点校：《楼钥集》卷一百十五《承议郎谢君墓志铭》，杭州：浙江古籍出版社，2010 年。

(宋) 陈傅良著，周梦江点校：《陈傅良先生文集》卷四〇《谢季泽正事韵类序》，杭州：浙江大学出版社，1999 年。

谢深甫：字子肃，台州临海人，少颖悟，刻志为学，积数年不寐，夕则置瓶水加足于上，以警困怠。父景之识为远器，临终语其妻曰："是儿当大吾门，善训迪之。"母攻苦守志，督深甫力学。南宋孝宗乾道二年（1166）登进士第，调绍兴府嵊县县尉。

约南宋孝宗乾道晚期越帅方滋、钱端礼皆荐深甫有廊庙才，调任昆山县县丞，为浙曹考官，一时士望皆在选中。司业郑伯熊曰："文士世不乏，求具眼如深甫者实鲜。"深甫曰："文章有气骨，如泰山乔岳，可望而知，以是得之。"

南宋孝宗后期任处州青田县知县。所治有声，孝宗赏之，除籍田令，迁大理丞。江东大旱，擢为提举常平。光宗即位，以左曹郎官借礼部尚书为贺金国生辰使。绍熙二年（1191），知临安府。绍熙三年（1192），除工部侍郎。进兼吏部侍郎，兼详定敕令官。绍熙四年（1193），兼给事中。宁宗即位，除焕章阁待制、知建康府，改御史中丞兼侍读。庆元元年（1195），除端明殿学士、签书枢密院事，迁参知政事，再迁知枢密院事兼参知政事。进金紫光禄大夫，拜右丞相，封申国公，进岐国公。光宗山陵，为总护使。还，拜少保，力辞，改封鲁国公。嘉泰元年（1201），拜少保，乞骸骨，授醴泉观使。明年，拜少傅，致仕。有星陨于居第，遂薨。后孙女为理宗后，追封信王，易封卫、鲁，谥惠正。有《嘉泰条法事类》八十卷。

【史料来源】

(宋) 陈骙：《南宋馆阁续录》卷七《官联一》，北京：中华书局，1998 年。

(元) 脱脱等：《宋史》卷三九四《谢深甫传》，北京：中华书局，1977 年。

葛逢时：字才美，抚州金溪县人。

南宋孝宗乾道五年（1169）登进士第，授西安县县丞。

升星子县县令，签书清海军节度判官厅公事。

【史料来源】

（明）杨渊纂修：（弘治）《抚州府志》卷一八《科第·进士·宋》，载《天一阁藏明代方志选刊续编》，上海：上海书店出版社，1990年。

（清）刘坤一：（光绪）《江西通志》卷二二《选举志·宋进士》，载《中国地方志集成》，南京：凤凰出版社，2009年。

詹体仁（1143—1206）：字元善，建宁府浦城县人，一作建宁府崇安县人。詹慥子。南宋孝宗隆兴元年（1163）登进士第，调饶州浮梁县县尉。

南宋孝宗时期转泉州晋江县县丞。

入为太学录，升太学博士、太常博士，迁太常丞，摄金部郎官。光宗即位，提举浙西常平，除户部员外郎、湖广总领，就升司农少卿。除太常少卿。复直龙图阁、知静江府。移守鄂州，除司农卿，复总湖广饷事。开禧二年（1206）卒，年六十四。与朱熹、真德秀为师友，即其所好恶，而二人之邪正，于是可知焉。

【史料来源】

（宋）叶适：《叶适集》卷一五《司农卿湖广总领詹公（体仁）墓志铭》，北京：中华书局，2010年。

（元）脱脱等：《宋史》卷三九三《詹体仁传》，北京：中华书局，1977年。

詹宗诲：**约南宋孝宗淳熙时期为邛州浦江县县丞。**

转知严州淳安县。

【史料来源】

（明）毛凤韶纂修：（嘉靖）《浦江志略》卷三《官守志·历官·宋知丞

题名》，载《天一阁藏明代方志选刊》，上海：上海古籍书店，1961 年。

（清）孙尔准等修，（清）陈寿祺纂，（清）程祖洛等续修，（清）魏敬中续纂：（道光）《重纂福建通志》卷九二，扬州：广陵书社，2018 年。

缪巩：字子度，福州长溪县人。南宋孝宗淳熙五年（1178）特奏名登进士第。

约南宋孝宗时期任南海县县丞。

【史料来源】

（宋）梁克家撰：（淳熙）《三山志》卷三〇《人物类·科名·本朝》，载《宋元方志丛刊》第 8 册，北京：中华书局，1990 年。

（明）陈应宾修，闵文振纂：（嘉靖）《福宁州志》卷八《科贡·诸科·宋》，载《天一阁藏明代方志选刊续编》，上海：上海书店出版社，1990 年。

缪嘉猷：字仲良，江阴军江阴县人。南宋孝宗淳熙十一年（1184）特奏名登进士第。

约南宋孝宗时期历浮梁县县丞。

【史料来源】

（明）赵锦修，（明）张衮纂，刘徐昌点校：（嘉靖）《江阴县志》卷一四《选举表·宋·甲科》，上海：上海古籍出版社，2011 年。

（清）黄之隽、（清）赵弘恩：（乾隆）《江南通志》卷一二〇《选举志·进士·宋》，扬州：江苏广陵书社有限公司，2010 年。

戴若冰（1155—1225）：字景清，温州永嘉县人。少颖悟，累举入调，任建宁府崇安县主簿。

南宋孝宗时期转任临海县县丞。

转知罗源县，后改知瑞昌县，终处州通判，所治皆有声。阶承议郎转朝奉郎。宝庆元年（1225）三月以疾卒于家，年七十一，子必闻孙耆寿以祖荫补将仕郎。

【史料来源】

（宋）戴栩：《浣川集》卷一〇《处州通判戴君墓志铭》，清文渊阁《四库全书》本。

（清）王棻：（光绪）《永嘉县志》卷一五《人物志》，清光绪八年（1882）刻本。

戴翊世：吉州庐陵县人。

南宋孝宗淳熙八年（1181）任赣州雩都县县丞。

【史料来源】

（明）董天锡撰：（嘉靖）《赣州府志》卷七《秩官志·雩都·县丞·宋》，载《天一阁藏明代方志选刊》，上海：上海古籍书店，1962年。

戴翊羽（1149—1196）：字汉宗，一字汉卿，吉州安福县人，一作吉州庐陵县人。少年时勤学不辍，博览群书，遂以起家。淳熙二年（1175年）进士。初补迪功郎、潭州衡山尉。

南宋孝宗淳熙八年（1181）以荐迁赣州雩都县县丞。

调道州江华令，主管劝农公事。改奉议郎，知彭泽县。转承议郎，迁员外郎。终朝奉郎、江南东路提点刑狱司干办公事。庆元二年（1196）卒于鄱阳，年四十八，葬吉州庐陵县儒林乡。

【史料来源】

（宋）周必大：《文忠集》卷三《二戴君墓碣》，文渊阁《四库全书》本。

（明）董天锡撰：（嘉靖）《赣州府志》卷八《名宦·雩都县·宋》，载《天一阁藏明代方志选刊》，上海：上海古籍书店，1962年。

戴樟（1142—1182）：字伯皋，明州鄞县人，戴机弟。南宋孝宗乾道五年（1169）登进士第，调处州青田县主簿。

约南宋孝宗淳熙二年（1175）再调越州诸暨县县丞。佐其长，以平易晓畅，士俗揆之以情，吏不忍隐其情。

转从政郎，终宣教郎，淳熙九年（1182）八月以疾卒，年四十一。戴樟天姿孝友慈祥，未尝疾言厉色，待人接物，以诚相见，无城府。

【史料来源】

（宋）楼钥撰，顾大朋点校：《楼钥集》卷一百十三《戴伯度墓志铭》，杭州：浙江古籍出版社，2010年。

（宋）袁燮撰：《絜斋集》卷一七《墓表志铭》，北京：中华书局，1983年。

第十二章　宋光宗朝（1190—1194）

方将：兴化军莆田县人，方适曾孙。南宋光宗绍熙元年（1190）特奏名登进士第。

约南宋光宗时期仕至龙川县县丞。

【史料来源】

（明）黄仲昭修纂：（弘治）《八闽通志》卷五四《选举志·科第·兴化府·宋》，福州：福建人民出版社，2006年。

（明）何乔远：《闽书》卷一〇五《英旧志·兴化府·莆田县·科第·宋》，福州：福建人民出版社，1994年。

方移忠：徽州歙县人，方恬从弟。南宋光宗绍熙四年（1193）特奏名登进士第。

约南宋光宗时期终遂昌县县丞。

【史料来源】

（明）彭泽修，（明）汪舜民纂：（弘治）《徽州府志》卷六《选举志·科第·宋》，载《天一阁藏明代方志选刊》，上海：上海古籍书店，1964年。

梁启超：（光绪）《安徽通志》卷一五五《选举志·进士·宋》，载《中国地方志集成》，南京：凤凰出版社，2011年。

方稷：兴化军莆田县人，方烝之从弟。南宋光宗绍熙元年（1190）特奏名登进士第。

约南宋光宗时期仕至龙川县县丞。

【史料来源】

（明）黄仲昭修纂：（弘治）《八闽通志》卷五四《选举志·科第·兴化府·宋》，福州：福建人民出版社，2006年。

（明）何乔远：《闽书》卷一〇五《英旧志·兴化府·莆田县·科第·宋》，福州：福建人民出版社，1994年。

李大训（1166—1219）：字君序，福州闽县人。

约南宋光宗时期初以父荫补泉州府同安县县丞，以南安丞转为吉州庐陵县县丞。

约南宋宁宗年间任赣州安远县县令。以部使者交辟改为龙泉县县令。南宋宁宗嘉定年间以荐改秩为惠州归善县县令。凡三转，所治皆有声。嘉定十二年（1219）以疾终官舍，享年五十有四。

【史料来源】

（宋）黄榦撰：《勉斋先生黄文肃公文集》卷三五《李知县墓志铭》，载《宋集珍本丛刊》第67册，北京：线装书局，2004年。

（清）陆心源辑：《宋史翼》卷二二《李大训传》，杭州：浙江古籍出版社，2016年。

李起宗：字扬祖，平江府昆山县人。南宋光宗绍熙元年（1190）登进士第。

约南宋光宗时期任吉安县县丞。

【史料来源】

（宋）凌万顷撰：（淳祐）《玉峰志》卷中《进士题名》，载《宋元方志丛刊》第1册，北京：中华书局，1990年。

（明）盛仪辑：（嘉靖）《惟扬志》卷一九《人物志·宋进士》，扬州：江苏广陵书社有限公司，2013年。

李琥：字伯康。江阴军江阴县人。南宋光宗绍熙元年（1190）特奏名登进士第。

约南宋光宗时期历彭泽县县丞。

【史料来源】

（明）朱昱：（成化）《重修毗陵志》卷一三《文事志一·甲科·宋》，《中国方志丛书》本。

（明）赵锦修，（明）张衮纂，刘徐昌点校：（嘉靖）《江阴县志》卷一四《选举表·宋·甲科》，上海：上海古籍出版社，2011年。

利元吉：字文伯，建昌军南城县人。南宋光宗绍熙元年（1190）登进士第。

约南宋光宗时期历金溪县县丞。

元吉为陆九渊高弟，九渊子持之尝欲师事之，元吉谢而不敢。

【史料来源】

（明）夏良胜纂修：（正德）《建昌府志》卷一五《选举志·进士》，载《天一阁藏明代方志选刊》，上海：上海古籍书店，1964年。

（明）林庭㭿、（明）周广纂修：（嘉靖）《江西通志》卷一七《建昌府·科名·宋》，《四库全书存目丛书》本，济南：齐鲁书社，1997年。

张公秀：自仲实，平江府吴县人。从叶适游，甚密。风流清雅，词翰尤妙，推重一时。

南宋光宗绍熙初为嘉兴崇德县县丞，岁寓郊野，堂曰渔蓑怡堂。

南宋宁宗初期知台州临海县，尤有善政，民皆称之。

【史料来源】

（明）张昶：《吴中人物志》卷七《文苑·宋》，苏州：古吴轩出版社，2013年。

（明）赵文华撰：（嘉靖）《嘉兴府图记》卷一〇《人文·官师》，《中国方志丛书》本。

陈宗训：字彝叔，福州闽县人，一说临安府仁和县人。南宋孝宗淳熙八年（1181）登进士第。

南宋光宗绍熙二年（1191）为安溪县县丞。

【史料来源】

（宋）梁克家撰：（淳熙）《三山志》卷三〇《人物类·科名·本朝》，载《宋元方志丛刊》第8册，北京：中华书局，1990年。

（明）黄仲昭修纂：（弘治）《八闽通志》卷四七《选举志·科第·福州府·宋》，福州：福建人民出版社，2006年。

何既济：字通甫，福州长溪县人。南宋光宗绍熙元年（1190）特奏名登进士第。

约南宋光宗时期仕至湘乡县县丞。

【史料来源】

（宋）梁克家：（淳熙）《三山志》卷三一《人物类·科名·本朝》，载《宋元方志丛刊》第8册，北京：中华书局，1990年。

（明）陈应宾修，（明）闵文振纂：（嘉靖）《福宁州志》卷一一《人物志·士行·宋》，载《天一阁藏明代方志选刊续编》，上海：上海书店出版社，1990年。

毛子申：处州松阳县人。

南宋光宗绍熙元年（1190）登进士第。历县丞。

【史料来源】

（清）嵇曾筠：（雍正）《浙江通志》卷一二六《选举志·进士·宋》，上海：上海古籍出版社，1991年。

（清）潘绍诒修：（光绪）《处州府志》卷一六《选举志·进士·宋》，清光绪三年（1877）刻本。

周升：字南一，浙江三衢人。

南宋光宗绍熙时期任赣州雩都县县丞。

【史料来源】

（明）董天锡撰：（嘉靖）《赣州府志》卷七《秩官志·雩都·县丞·宋》，载《天一阁藏明代方志选刊》，上海：上海古籍书店，1962年。

郑衎：兴化军仙游县人，郑文丙子。南宋光宗绍熙元年（1190）特奏名登进士第。

约南宋光宗时期任萍乡县县丞。

【史料来源】

（宋）赵与泌：（宝祐）《仙溪志》卷二《令佐题名·县丞》，福州：福建人民出版社，1989年。

（明）黄仲昭修纂：（弘治）《八闽通志》卷五四《选举志·科第·兴化府·宋》，福州：福建人民出版社，2006年。

郑浦（1159—1224）：字仲淮，莆田人。绍熙元年（1190）进士，主福州长乐县主簿。

南宋光宗绍熙四年（1193）转晋江县丞。

累迁通判信州，终参江西议幕。嘉定十七年（1224）卒，年六十六。

【史料来源】

（宋）陈宓：《复斋先生龙图陈公文集》卷二一《参议郑侯墓志铭》，载《宋集珍本丛刊》第73册，北京：线装书局，2004年。

林智可：莆阳人。南宋孝宗年间曾任德化县县令。

南宋光宗绍熙三年（1192）为建宁府建安县县丞。

【史料来源】

（宋）韩元吉撰：《南涧甲乙稿》卷一六《建安县丞厅壁题名记》，北京：

中华书局，1985年。

赵公迳：临安府盐官县人。南宋光宗绍熙元年（1190）登进士第。

约南宋光宗时期历嘉兴县县丞。

【史料来源】

（宋）潜说友撰：（咸淳）《临安志》卷六一《国朝进士表》，载《宋元方志丛刊》第4册，北京：中华书局，1990年。

姜柄（1154—1199）：字子谦，原籍开封，后徙庆元府鄞县，姜浩季子。初以世恩补承节郎、监潭州南岳庙，秩满，充枢密院准备差使。淳熙十二年（1185）转保义郎、监行在丰储仓。丁宣奉公忧，服除，辟差监婺州兰溪酒务，淳熙十六年（1189）覃恩转成忠郎。

南宋光宗绍熙四年（1193）转忠翊郎，是年与兄子光同登进士第，改授承务郎、任潭州于潜县县丞。

绍熙五年（1194）覃恩转承事郎，庆元三年至嘉泰二年（1197—1202）转宣教郎、任濠州钟离县知县，庆元五年（1199）转奉议郎，十月四日卒于县治，年四十九。

【史料来源】

（宋）楼钥撰，顾大朋点校：《楼钥集》卷一百十三《知钟离县姜君（柄）墓志铭》，杭州：浙江古籍出版社，2010年。

（宋）罗浚撰：（宝庆）《四明志》卷一〇《进士》，载《宋元方志丛刊》第5册，北京：中华书局，1990年。

诸葛贲：字文之，温州永嘉县人。南宋孝宗淳熙十四年（1187）登进士第，授奉化县县尉。

约南宋光宗绍熙时期知乐平县县丞。

【史料来源】

（宋）洪迈撰，何卓点校：《夷坚三志·壬》卷第九《诸葛贲致语》，北京：中华书局，1981 年。

（明）王瓒撰，胡珠生点校：（弘治）《温州府志》卷一三《人物志·科第·宋》，上海：上海社会科学院出版社，2006 年。

黄甲：字仁叔，福州永福县人。南宋光宗绍熙元年（1190）登进士第。

约南宋光宗时期任县丞。

【史料来源】

（宋）梁克家撰：（淳熙）《三山志》卷三一《人物类·科名·本朝》，载《宋元方志丛刊》第 8 册，北京：中华书局，1990 年。

（明）黄仲昭修纂：（弘治）《八闽通志》卷四七《选举志·科第·福州府·宋》，福州：福建人民出版社，2006 年。

萧许（1118—1192）：字岳英，吉州吉水县人，萧服从孙。七岁知属文，年十二三有声，南宋光宗绍熙元年（1190）特奏名登进士第，授将仕郎，初调监常州奔牛镇。

南宋光宗时期历任全州清湘县县丞，改常德府武陵县县丞。

官期至，公雅不欲之官，则请老于朝上，以通直郎致仕，加奉议郎。

【史料来源】

（宋）杨万里撰，辛更儒笺校：《杨万里集笺校》卷一二八《萧岳英（许）墓志铭》，北京：中华书局，2007 年。

（清）王梓材、（清）冯云濠编撰，沈芝盈、梁运华点校：《宋元学案补遗》卷三〇《萧先生许》，北京：中华书局，2012 年。

曾注：南宋孝宗隆兴二年（1164）为安溪县县尉。

南宋光宗绍熙时期为上杭县县丞。

【史料来源】

（明）林有年纂：（嘉靖）《安溪县志》卷三《官制类·职官·县丞》，载《天一阁藏明代方志选刊本》，上海：上海古籍书店，1963 年。

（清）孙尔准等修，（清）陈寿祺纂，（清）程祖洛等续修，（清）魏敬中续纂：（道光）《重纂福建通志》卷九〇《宋职官》，扬州：广陵书社，2018 年。

楼锜：字伯固，婺州金华县人。

南宋光宗绍熙元年（1190）任赣州雩都县县丞。

庆元六年（1200）转雩都县知县。

【史料来源】

（明）董天锡撰：（嘉靖）《赣州府志》卷七《秩官志·雩都·县丞·宋》，载《天一阁藏明代方志选刊》，上海：上海古籍书店，1962 年。

滕岑（1137—1224）：字元秀，号龙岭老樵，严州建德人。南宋高宗五年（1135）领乡荐，屡上南宫不第，绍兴时期与陈埙相倡和，其佳处自谓高视大历才子所作，诗凡三千首，赵汝愚知郡日借其稿，竟掩不还，故传者绝少。绍熙元年（1190）特奏名登进士第，初授徽州歙县尉。

南宋光宗时期丁母忧，调温州平阳县县丞。

后监南岳庙，凡五任。嘉定十七年（1224）卒，年八十八。元秀平生苦吟，作《钓台赋》，有《无所可用集》三十卷。

【史料来源】

（明）汤日昭撰：（万历）《温州府志》卷七《职官志·平阳县·知丞》，明万历刻本。

（明）徐象梅：《两浙名贤录》卷四六《文苑·滕元秀岑》，杭州：浙江古籍出版社，2012 年。

第十三章　宋宁宗朝（1195—1224）

万孝恭：饶州德兴县人。南宋宁宗开禧元年（1205）登进士第。

约南宋宁宗时期任县丞。

【史料来源】

（明）陈策纂修：（正德）《饶州府志》卷二《学校志科贡附·德兴·进士》，载《天一阁藏明代方志选刊续编》，上海：上海书店出版社，1990年。

（清）汤惠修，（清）石景芬纂：（同治）《饶州府志》卷一四《选举志·宋进士》，上海：上海古籍出版社，2010年。

上官桀宗：邵武军邵武县人。南宋宁宗嘉定十六年（1223）特奏名登进士第。

约南宋宁宗初期仕终福州府宁德县县丞。

【史料来源】

（明）邢址修，（明）陈让纂：（嘉靖）《邵武府志》卷八《选举志·宋·进士》，载《天一阁藏明代方志选刊》，上海：上海古籍书店，1964年。

（明）黄仲昭修纂：（弘治）《八闽通志》卷五二《选举志·科第·邵武府·宋》，福州：福建人民出版社，2006年。

邓三畏（1138—1218）：字景贤，旧名颐，后改今名。建昌南城人。晚年得官，初任南安军南康县主簿，**秩满，调鄂州江夏丞。期满致仕。**晚年嗜释氏学，深究义理，世味淡薄，取《圆觉经》文字，自号“随顺”。

【史料来源】

何新所编著：《新出宋代墓志碑刻辑录·南宋卷·邓三畏墓记（一二一九）》，北京：文物出版社，2020年。

王长民：学德文，温州乐清县人。南宋宁宗嘉定元年（1208）中文科。

南宋宁宗嘉定十五年（1222）为黄岩县县丞。

【史料来源】

（明）佚名辑：（永乐）《乐清县志》卷七《官绩·县官》，载《天一阁藏明代方志选刊》，上海：上海古籍书店，1963年。

（明）袁应祺修，（明）牟汝忠等纂：（万历）《黄岩县志》卷四《职官志·县官·宋》，载《天一阁藏明代方志选刊》，上海：上海古籍书店，1963年。

王镐（1135—1213）：字德高，原籍明州鄞县，后迁慈溪，王璧侄。南宋孝宗淳熙五年（1178）登进士第，任江州湖口县县尉，多有惠政，百姓无不称其贤。约南宋孝宗朝时曾任瑞昌县县令。宁宗时期德安县县令因事被鞫，王镐又任德安县县令。善治狱，所治有声。

南宋宁宗时期以荐举升从政郎、授建康军溧阳县县丞。后转任儒林郎、承直郎，**会稽县县丞。**

年逾六十，精力不衰，职事益不苟。终更奉祠，嘉定六年（1213）三月丁未以疾卒，年七十九。

【史料来源】

（宋）杨简：《慈湖先生遗书续集》卷一《王德高墓铭》，民国《四明丛书》本。

（宋）罗濬：（宝庆）《四明志》卷一〇《进士》，载《宋元方志丛刊》第5册，北京：中华书局，1990年。

方公显：兴华军莆田县人，方可达弟。南宋宁宗嘉泰二年（1202）特奏名登进士第。

约南宋宁宗时期任潮州揭阳县县丞。

【史料来源】

（明）黄仲昭修纂：（弘治）《八闽通志》卷五四《选举志·科第·兴化府·宋》，福州：福建人民出版社，2006年。

（明）何乔远：《闽书》卷一〇五《英旧志·兴化府·莆田县·科第·宋》，福州：福建人民出版社，1994年。

方世京（1181—1229）：字可大，自号可庵，方廷实孙。因父任滕州潭津县县尉。

南宋宁宗初期调任为宜山县县丞。会族兄宝谟公信儒使虏军前议和，请君辅行，遂以枢密督视行府准备差遣为使属。虏许宝谟公见堂上，余班堂下，君苦争，虏不能夺。

后为惠州判官，转循州长乐县县令，后任玉山县知县。升任为雷州通判。后主管仙都观为岳州通判。仕宦三十年，常借僧屋用以居住，归自巴陵开始修葺旧茅庐，脾胃有疾。绍定二年（1229）四月二日卒于寝，官至朝散郎，年四十九。

【史料来源】

（宋）刘克庄撰，王蓉贵、向以鲜校点，刁忠民审订：《后村先生大全集》卷一四九《巴陵通守方君墓志铭》，成都：四川大学出版社，2008年。

邓应午（？—1225）：字明父，彭州濛阳人。嘉定六年（1213）以辞赋为乡举首，嘉定十年（1217）始登进士第，调中江县县尉，一说高博县县尉，时溃卒近境，人情汹汹，应午督兵守御乃定。岁大疫，市药散赈不遗余力。郡有疑狱，一讯即办。尝摄令通泉，芟吏弊，免逋租。

约南宋宁宗嘉定十三年（1220）任成都府华阳县县丞。

终官监成都钱引务，宝庆元年（1225）七月十三日卒。

【史料来源】

（宋）魏了翁：《重校鹤山先生大全文集》卷八四《监成都府钱引务邓君应午墓志》，载《宋集珍本丛刊》第76册，北京：线装书局，2004年。

（清）黄庭桂：（雍正）《四川通志》卷七上《名宦·宋》，文渊阁《四库全书》本。

冯文荐：字鹗卿，吉州庐陵县人。

南宋宁宗开禧元年（1205）任赣州雩都县县丞。

【史料来源】

（明）董天锡撰：（嘉靖）《赣州府志》卷七《秩官志·雩都·县丞·宋》，载《天一阁藏明代方志选刊》，上海：上海古籍书店，1962年。

叶秀发：字叔英，台州仙居县人。南宋宁宗嘉定十三年（1220）登进士第三甲。

约南宋宁宗时期任长溪县县丞。

累迁侍讲兼修国史。

【史料来源】

（宋）陈耆卿：（嘉定）《赤城志》卷三三《人物门·本朝·仕进·进士科》，载《宋元方志丛刊》第7册，北京：中华书局，1990年。

（清）黄瑞辑：《台州金石录》卷八《宋仙居进士续题名碑》，北京：国家图书馆出版社，2017年。

叶洪：抚州人，绍熙中监绍兴府酒税。庆元初上封事忤逆韩侂胄之意，削籍编置建昌，再徙赣州，迫以峻险，将死于途中。

南宋宁宗嘉定二年（1209）复官，调赣州雩都县丞，卒于官。

【史料来源】

（宋）欧阳守道：《巽斋文集》卷一九《书叶监酒庆元封事》，文渊阁《四库全书》本。

叶湜（1168—1226）：字子是，建宁府建安县人。以父任得邵州新化县主簿，改宁都县县尉。

约南宋宁宗时期为泉州惠安县县丞。知州真德秀辟以自助。

升赣州赣县知县。督吏胥不少假借，而以家人父子遇其士民。双方至庭，一见即决，无所宿滞。邑有田讼，吏数令不能辨枉直，湜一见诘问，具得其情，县人称神明。后任饶州安仁县知县。宝庆三年（1227）卒，年五十九。

【史料来源】

（清）黄宗羲撰，（清）全祖望补修，陈金生、梁运华点校：《宋元学案》卷六九《县令叶子是先生湜》，北京：中华书局，1986年。

卢孝孙：字新之，号玉溪，信州贵溪县人。南宋宁宗嘉泰二年（1202）登进士第。

约南宋宁宗时期任衢州西安县县丞。

转知玉山县，历浙东转运司干办公事，再调信州通判。用荐者改京秩，除太学正兼诸王宫大小学教授。以言事贬钱塘税，再征为太学博士，迁太常寺丞。淳祐初，挂冠归，累召不起，学者称玉溪先生。

【史料来源】

（明）张士镐、（明）江汝璧等纂修：（嘉靖）《广信府志》卷一四《选举志·进士·宋》，《四库全书存目丛书》本，济南：齐鲁书社，1997年。

（清）王梓材、（清）冯云濠编撰，沈芝盈、梁运华点校：《宋元学案补遗》卷八一《太学卢玉溪先生孝孙》，北京：中华书局，2012年。

卢颖：绍兴府会稽人。

南宋宁宗嘉定十一年（1218）为黄岩县县丞。

【史料来源】

（明）袁应祺修，（明）牟汝忠等纂：（万历）《黄岩县志》卷四《职官志·县官·宋》，载《天一阁藏明代方志选刊》，上海：上海古籍书店，

1963年。

卢端谊：严州淳安县人。南宋宁宗嘉泰二年（1202）登进士第。

约南宋宁宗时期任县丞。

【史料来源】

（宋）陈公亮修，刘文富纂：（淳熙）《严州图经》卷一《登科记》，载《宋元方志丛刊》第5册，北京：中华书局，1990年。

（明）姚鸣鸾修，（明）余坤等纂：（嘉靖）《淳安县志》卷一〇《科贡·进士·宋》，载《天一阁藏明代方志选刊》，上海：上海古籍书店，1965年。

任士宁：福州侯官县人。南宋宁宗嘉定四年（1211）登进士第。

南宋宁宗嘉定时期任营道县县丞。

【史料来源】

（宋）梁克家：（淳熙）《三山志》卷三一《人物类·科名·本朝》，载《宋元方志丛刊》第8册，北京：中华书局，1990年。

（明）黄仲昭修纂：（弘治）《八闽通志》卷四七《选举志·科第·福州府·宋》，福州：福建人民出版社，2006年。

吕午：字伯可，号竹坡，徽州歙县人，吕沆父。

南宋宁宗嘉定四年（1211）登进士第，初授湖州乌程县主簿。

约南宋宁宗嘉定时期调当涂县县丞。守吴柔胜谓午有操守，俾其子渊、潜定交焉。

监温州天富北监盐场，改知余杭县，以言罢，公论大不平，然午自此名益重。浙东提举章良朋留之幕，旋兼沿海制置司事。差知龙阳县。差两浙转运司主管文字。差监三省枢密院门兼监提辖封桩上库。丁父忧，免丧，迁大府寺簿。帝亲擢拜监察御史。迁宗正少卿兼国史院编修官、实录院检讨官。出知泉州。移浙东提刑。提举崇禧观，再移浙东提刑。复为监察御史。兼崇政殿说书。迁起居郎兼史院官，官至中奉大夫，间居一纪卒，年七十有七，累赠至华文阁学士、通奉大夫。

【史料来源】

（元）脱脱等：《宋史》卷四〇七《吕午传》，北京：中华书局，1977年。

（清）王梓材、（清）冯云濠编撰，沈芝盈、梁运华点校：《宋元学案补遗》卷七一《吕先生午》，北京：中华书局，2012年。

朱权（1155—1232）：字圣与，号默斋，徽州休宁县人。淳熙庚子秋试，遂魁乡荐，淳熙十四年（1187）登进士第，授迪功郎，任隆兴府分宁县主簿，未赴，任丁朝议艰，服阕，调福州连江县主簿，改辟象州连山县尉兼主簿。

南宋宁宗庆元五年（1199）以举主升从事郎，调绍兴府会稽县县丞。

开禧元年（1205）调泰州如皋县买纳盐场，考举及格。历知饶州余干县，颇有政声。嘉定十二年（1219）入朝，坚行在左藏东库。时金鞑相攻，山东归附，方讲备边之策，遂陈述七事。年七十余致仕归，差主管绍兴鸿禧观。绍定五年（1232）卒，年七十八。有《讷言》十篇、《末议》四篇、《默斋文集》二十卷。

【史料来源】

（明）彭泽修，（明）汪舜民纂：（弘治）《徽州府志》卷七《人物志·文苑·宋》，载《天一阁藏明代方志选刊》，上海：上海古籍书店，1964年。

（清）陆心源撰，徐旭、李建国点校：《宋诗纪事补遗》卷五六《朱权》，太原：山西古籍出版社，1997年。

朱况：字伯荀，徽州休宁县人，朝散大夫朱权从侄，世以仁厚称。常与权读书颜公山，蔬食数年，卒成其学。南宋宁宗庆元二年（1196）登进士第，初授台州府曹。

南宋宁宗初期调抚州崇仁县县丞。

转德安府录事参军。岁大侵，漕使吴柔胜属意荒政，遴选能吏相与讲行，得况大喜，专以委之。况择宽广僧庐日设糜粥，全活甚重。金人扰边，大使赵方檄况备御有功，露章称荐，改知建宁府瓯宁县。财计甚乏，而运盐难办，究心措画先期益额，独为八省之最。守臣史弥坚特荐以励诸县，且有朴忠许国之褒。秩满，授昭武倅，终于家。

【史料来源】

（明）彭泽修，（明）汪舜民纂：（弘治）《徽州府志》卷八《人物志二·宦业·宋》，载《天一阁藏明代方志选刊》，上海：上海古籍书店，1964年。

（清）孙尔准等修，（清）陈寿祺纂，（清）程祖洛等续修，（清）魏敬中续纂：（道光）《重纂福建通志》卷一二四《宋官绩》，扬州：广陵书社，2018年。

朱衍：字达善，徽州休宁县人，朝议大夫朱安国从孙。南宋宁宗开禧元年（1205）登进士第，初授宜兴县尉。

南宋宁宗嘉定时期转任鄞县县丞。

升桐庐县知县，转鄂州通判，兼司外廪武昌，为上流重镇，军务繁剧，每以公务协裨郡政，公帑告赢缗以五万计，悉举以助军储，差通判潭州，嘉熙元年（1237）转朝奉大夫，差知梅州，丐祠卒。

【史料来源】

（明）彭泽修，（明）汪舜民纂：（弘治）《徽州府志》卷八《人物志·宦业·宋》，载《天一阁藏明代方志选刊》，上海：上海古籍书店，1964年。

（清）赵宏恩：（乾隆）《江南通志》卷一二〇《选举志·进士·宋》，扬州：江苏广陵书社有限公司，2010年。

朱洪：徽州休宁县人。

南宋宁宗嘉定四年（1211）登进士第。历蒲圻县县丞。

【史料来源】

（明）彭泽修，（明）汪舜民纂：（弘治）《徽州府志》卷六《选举志·科第·宋》，载《天一阁藏明代方志选刊》，上海：上海古籍书店，1964年。

朱端直：**南宋宁宗庆元四年（1198）为安溪县县丞。**

【史料来源】

（明）林有年纂：（嘉靖）《安溪县志》卷三《官制类·职官·宋》，载《天一阁藏明代方志选刊》，上海：上海古籍书店，1963年。

刘刚中：字德言，又字近仁，号琴轩，邵武军光泽县人。少慷慨力学，好为文，喜欢读老庄荀杨之书，有所得，皆为发明。及登朱熹之门，朱熹问其读何书当如何用力，刚中以所学对，朱熹指出学非如此，读老庄书坏人心术，遂专听朱熹言，笃志于道。登南宋宁宗嘉定四年（1211）进士第，调湖北汉阳县主簿。

南宋宁宗嘉定时期转婺州兰溪县县丞。

有《师友问答》《西溪寄语》等若干卷。

【史料来源】

（明）黄仲昭修纂：（弘治）《八闽通志》卷七〇《人物志》，福州：福建人民出版社，2006年。

（清）黄宗羲撰，（清）全祖望补修，陈金生、梁运华点校：《宋元学案》卷六九《县丞刘琴轩先生刚中》，北京：中华书局，1986年。

刘君仲：金陵人。

南宋宁宗嘉定八年（1215）为安溪县县丞。

【史料来源】

（明）袁应祺修，（明）牟汝忠等纂：（万历）《黄岩县志》卷四《职官志·县官·宋》，载《天一阁藏明代方志选刊》，上海：上海古籍书店，1963年。

刘炯：字季铭，一作季明，建州建阳县人，刘爚弟。

南宋宁宗庆元五年（1199）登进士第，调进贤县县丞。

庆元五年（1199）迁固始县县令。早从朱熹学，闻正心诚意之旨，比挂帅归武夷，徜徉九曲之间，悠然自寻其乐。

【史料来源】

（明）何乔远：《闽书》卷九五《英旧志·建宁府·建阳县·科第·宋》，福州：福建人民出版社，1994 年。

（清）王梓材、（清）冯云濠编撰，沈芝盈、梁运华点校：《宋元学案补遗》卷二七《刘先生炯》，北京：中华书局，2012 年。

孙华仲：镇江丹徒人，孙沂弟，孙荩曾侄孙。嘉定元年（1208）进士，任吴县主簿。

南宋宁宗嘉定时期任平江府常熟县县丞。

因疾辞归，病卒。

【史料来源】

（元）俞希鲁编撰，杨积庆，贾秀英等校：（至顺）《镇江志》卷一八《人材》，南京：凤凰出版社，1999 年。

孙旸：**约南宋宁宗嘉定时期任迪功郎、江州德化县县丞。**

【史料来源】

（宋）李心传撰，朱军点校：《道命录》卷一〇《录用伊川先生后人诏旨》，上海：上海古籍出版社，2017 年。

孙沂（1169—1234）：字彦温，一字彦与，镇江丹徒人，孙大成子，孙华仲兄。嘉定四年（1211）登进士第，授平江府吴县主簿，转镇江府萧山县县尉，再任仙居县县尉。

南宋宁宗时期终官平江府常熟县县丞。

沂善理民事，有治声，故台府再委之摄邑郡，亦委之摄府学教授，皆不就，以病辞归。端平元年（1234）卒，年六十六。

【史料来源】

（宋）刘宰：《漫堂文集》卷三一《故常熟县丞孙承直墓志铭》，载《宋集珍本丛刊》第 72 册，北京：线装书局，2004 年。

（元）俞希鲁编撰，杨积庆、贾秀英等校：《镇江志》卷三一《孙承直（沂）墓志铭》，南京：凤凰出版社，1999 年。

纪极（1147—1219）：字拯之，镇江府丹阳县人。由乡举上名入太学，以遗泽出仕，为南剑州剑浦县县尉。

南宋宁宗嘉定初期迁平江昆山县县丞。

嘉定六年（1213）再迁知饶州乐平县，时乡饮久不举，极始行之。江东诸郡大水，极竭力救护之，民得以安之。嘉定十一年（1218）差通判广德军，未上，次年正月以疾卒，年七十三，官止承事郎。

【史料来源】

（宋）刘宰：《漫堂文集》卷三三《纪通判行述》，载《宋集珍本丛刊》第 72 册，北京：线装书局，2004 年。

（元）俞希鲁编撰，杨积庆、贾秀英等校：（至顺）《镇江志》卷一八《人材》，南京：凤凰出版社，1999 年。

江叔豫（1186—1251）：字子顺，其祖辈时代居住河南陈留县，南渡后家于永福县，遂为永福人。有文才，尤练世事。以父任入官，任抚州宜黄县县尉。

南宋宁宗时期转任南海县县丞。

升任漳州龙溪县县令，昭信军节度判官，擢通判兴化军、武冈军，皆著治绩。终通判琼州，未赴任而卒。时淳祐十一年（1251）五月，年六十六。有遗稿若干卷。

【史料来源】

张㧑之、沈起炜、刘德重主编：《中国历代人名大辞典》，上海：上海古籍出版社，1999 年。

江拱辰：字端朝，严陵人。

南宋宁宗嘉定十六年（1223）为黄岩县县丞。

【史料来源】

（明）袁应祺修，（明）牟汝忠等纂：（万历）《黄岩县志》卷四《职官志·县官·宋》，载《天一阁藏明代方志选刊》，上海：上海古籍书店，1963年。

许桂：字叔诜，饶州乐平县人。南宋宁宗开禧元年（1205）登进士第。

约南宋宁宗时期任建宁府瓯宁县县丞。

【史料来源】

（明）陈策纂修：（正德）《饶州府志》卷二《学校志科贡附·乐平·进士》，载《天一阁藏明代方志选刊续编》，上海：上海书店出版社，1990年。

（清）汤慐修，（清）石景芬纂：（同治）《饶州府志》卷一四《选举志·宋进士》，上海：上海古籍出版社，2010年。

阮幡：字君聘，福州长溪县人，一作福州闽县人。南宋宁宗庆元二年（1196）登进士第。

约南宋宁宗时期任光泽县县丞。

【史料来源】

（宋）梁克家撰（淳熙）《三山志》卷三一《人物类·科名·本朝》，载《宋元方志丛刊》第8册，北京：中华书局，1990年。

（明）陈应宾修，（明）闵文振纂：（嘉靖）《福宁州志》卷八《科贡·进士·宋》，载《天一阁藏明代方志选刊续编》，上海：上海书店出版社，1990年。

余一夔：绍兴府余姚县人。南宋宁宗嘉定元年（1208）登进士第。

约南宋宁宗嘉定时期任吉州安福县县丞。

【史料来源】

（宋）张淏：（宝庆）《会稽续志》卷六《进士》，载《宋元方志丛刊》第7册，北京：中华书局，1990年。

（明）张元忭：（万历）《绍兴府志》卷三三《选举志・进士・宋》，明万历刻本。

汪了翁：庆元府奉化县人。南宋宁宗嘉定四年（1211）登进士第。

约南宋宁宗时期任龙南县县丞。

【史料来源】

（宋）罗濬撰：（宝庆）《四明志》卷一〇《进士》，载《宋元方志丛刊》第5册，北京：中华书局，1990年。

（元）袁桷撰：（延祐）《四明志》卷六《人物考・进士》，载《宋元方志丛刊》第6册，北京：中华书局，2006年。

陆子坦（1156—1221）：字文度，越州山阴人，陆游第四子。以恩荫补承务郎，三转至宣义郎。监临安府盐官县税。

南宋宁宗时期知江州彭泽县丞，以父忧不赴。服除，签判荆门军，知安丰军六安县，签判归州。嘉定十四年（1221）二月五日以疾终，年六十六。

【史料来源】

何新所编著：《新出宋代墓志碑刻辑录・南宋卷・陆子坦圹记（一二二二）》，北京：文物出版社，2020年。

汪立中：字强仲，明州鄞县人，汪大猷次子。南宋宁宗嘉定七年（1214）登进士第，监台州在城商税。

南宋宁宗时期官武义县县丞。

调荆门签判，开禧二年（1206）四月迁知华亭县，入为太府少卿，嘉定间出知武冈军，宝庆二年（1226）擢直宝谟阁知徽州，卒于官。

【史料来源】

（宋）楼钥撰，顾大朋点校：《楼钥集》卷九十一《敷文阁学士宣奉大夫致仕赠特进汪公行状》，杭州：浙江古籍出版社，2010年。

（宋）袁甫：《蒙斋集》卷一二《徽州秀锦阁记》，文渊阁《四库全书》本。

汪绎：字仲成，黟县人，提刑汪作励孙，给事汪义端子。以祖泽补承务郎，监福州水口镇，分司建康粮料院。

约南宋宁宗时期转越州萧山县县丞。

擢知安丰、霍邱两县，历滁州、建康府，迁知兴国军，未行。召对，极言守江之策，除军器监簿，出守仪真。

【史料来源】

（明）彭泽修，（明）汪舜民纂：（弘治）《徽州府志》卷八《人物志·宦业·宋》，载《天一阁藏明代方志选刊》，上海：上海古籍书店，1964年。

汪绶：字仲章，黟县人，提刑汪作励孙，寺丞义荣子。以祖泽为将仕郎，宜黄县主簿。

约南宋宁宗时期调桐庐县县丞，改授淮东机幕，调越州新昌县县丞。为政以敏，给称凡四，有政声。

用荐改知丰城县，擢兴国倅，知兴国军，备述沿江利害。后擢军器监丞，加强军备，知太平州，访求圩田利病，创修圩一局治行有闻，得旨进宝章阁，终朝散大夫。

【史料来源】

（明）彭泽修，（明）汪舜民纂：（弘治）《徽州府志》卷八《人物志·宦业·宋》，载《天一阁藏明代方志选刊》，上海：上海古籍书店，1964年。

（明）凌迪知撰：《万姓统谱》卷四六《汪》，文渊阁《四库全书》本。

汪缜：字仲理，黟县人，提刑汪作励孙，汪义和子。以祖泽补承务郎，调宣城水阳镇。

约南宋宁宗时期转临安盐官县县丞。

授复州签幕，改调荆州签判，寻知永兴县，授江西帅幕，后转知寿昌县，会有旨废郡改邑，改知汉阳，转朝散大夫，未及上任而卒。

【史料来源】

（明）彭泽修，（明）汪舜民纂：（弘治）《徽州府志》卷八《人物志·宦业·宋》，载《天一阁藏明代方志选刊》，上海：上海古籍书店，1964年。

（明）凌迪知撰：《万姓统谱》卷四六《汪》，文渊阁《四库全书》本。

李万：字必大，寿昌军南丰县人。南宋宁宗嘉定元年（1208）登进士第，任武冈军录事参军。

约南宋宁宗嘉定五年（1212）任赣县县丞。

【史料来源】

（明）夏良胜纂修：（正德）《建昌府志》卷一五《选举志·进士》，载《天一阁藏明代方志选刊》，上海：上海古籍书店，1964年。

（明）董天锡撰：（嘉靖）《赣州府志》卷七《秩官志·赣县·县丞·宋》，载《天一阁藏明代方志选刊》，上海：上海古籍书店，1962年。

李绅（1142—1219）：字绶卿，幼从邻师学书，过目辄成诵，师以其敏而惧已之轧其进也。乾道戊子、淳熙丁酉、庚子，皆举于乡。辛丑礼部奏名，既赐第，授迪功郎、监淮南转运司造船场。未上，丁承事公忧。服阙，监平江府支盐仓。秩满，关升从政郎，任楚州山阳县县令。

南宋宁宗时期再调太平州当涂县县丞。

授通直郎致仕。再岁宗祀明堂，赠典乃及亲。又二岁，再值明堂恩，赐绯银鱼袋。未即得疾，嘉定十二年（1219）卒，享年七十有八。

【史料来源】

（宋）刘宰撰：《漫塘文集》卷三四《李通直行述》，载《宋集珍本丛刊》第72册，北京：线装书局2004年。

（元）俞希鲁编撰，杨积庆、贾秀英等校：（至顺）《镇江志》卷一八《人材·科举·土著》，南京：凤凰出版社，1999年。

张之才：潭州长沙人。

南宋宁宗嘉定时期任灌县县丞。

【史料来源】

（清）金鉷修：（雍正）《广西通志》卷五一《秩官》，文渊阁《四库全书》本。

（清）李瀚章、裕禄等编纂：（光绪）《湖南通志》卷一五六《选举志·荐举一》，长沙：岳麓书社，2009 年。

张汝永（1160—1230）：字端衮，镇江府金坛人。汝永世居金坛之上，自幼性识通敏，闻见该洽，为文雅赡，作字有古法，而行书尤胜。南宋宁宗淳熙十三年（1186）与弟汝玉同举乡荐，嘉定七年（1214）廷对登进士第，初授和州含山县主簿，以才略为当路所知。

南宋宁宗嘉定时期终官溧阳县县丞。

绍定三年（1230）无疾而卒，年七十一。

【史料来源】

（宋）刘宰：《漫堂文集》卷三一《故溧阳县丞孙承直墓志铭》，载《宋集珍本丛刊》第 72 册，北京：线装书局，2004 年。

（元）俞希鲁编撰，杨积庆、贾秀英等校：（至顺）《镇江志》卷一八《人材·科举·土著》，南京：凤凰出版社 1999 年。

张即之（1186—1263）：字温夫，号樗寮，参知政事张孝伯子，爱国词人张孝祥侄，原籍历阳，南渡后与其母同居于宁波府鄞县。以父恩授承务郎，铨中两浙转运司进士举，历监平江府粮料院。丁父忧，服除，监临安府楼店务。丁母忧，服除，监临安府龙山税、宁国府城下酒曲务，签书荆门军判官厅公事。

约南宋宁宗晚期转任湖州乌程县县丞。

特差签书江阴军判官厅公事，提领户部犒赏酒库所干办公事，添差两浙转运司主管文字，行在检点赡军激赏酒库所主管文字，监尚书六部门，淮南东路提举常平司主管文字，添差通判扬州，改镇江，又改嘉兴，将作监簿，军器监丞，司农寺丞，知嘉兴未赴，以言者罢。丐祠，主管云台观，引年告老，特授直秘阁，致仕。南宋理宗景定四年（1263）卒，年七十八，葬于鄞县桃园乡。以能书闻名天下，尤善大字，其翰墨尤重气节，为世所推重，金人亦宝之。

【史料来源】

（元）脱脱等：《宋史》卷四四五《张即之传》，北京：中华书局，1977年。

（元）陶宗仪撰：《书史会要》卷六《宋》，文渊阁《四库全书》本。

张侃：字直夫，号拙轩，又号退斋。祖籍大梁，徙家邗城，绍兴末，渡江居湖州，岩子。

南宋宁宗嘉定十四年（1221），任监常州奔牛镇酒税，调上虞县县丞。

宝庆二年（1226），知句容县。端平二年（1235），为镇江签判。晚年以退名斋，吴泳为之记。侃为人萧散，浮沉末僚，交游如赵师秀、周文璞辈，皆吟咏自适、恬静不争之士，所作诗亦多清隽圆润，时有闲淡之致，惜其未能开辟门户，自成一家。著有《张氏拙轩集》六卷。

【史料来源】

（宋）吴泳：《鹤林集》卷三六《退斋记》，载《宋集珍本丛刊》第74册，北京：线装书局，2004年。

杨倩描：《宋代人物辞典》（下），保定：河北大学出版社，2015年。

张国华（1167—1237）：字直之，建昌南城人。以荫补通仕郎，授兴国军户曹。

再调赣州赣县丞、隆兴府新建县丞。用荐者改秩，以宣教郎知临江军清江县，通判赣州、隆兴府，再任主管华州云台观，知邕州，广南西路安抚都监。再任建康府崇禧观。积阶至朝奉大夫，借紫。嘉熙元年（1237）二月一日卒，享年七十一。

【史料来源】

何新所编著：《新出宋代墓志碑刻辑录·南宋卷·张国华圹铭（一二四〇）》，北京：文物出版社，2020年。

张修：南宋宁宗嘉定时期任县丞。

郡守齐硕令其修复宁海知县薛公所凿之薛公井，井成，作亭覆之。

【史料来源】

（宋）林表民撰：《赤城集》卷一四《薛公井记》，文渊阁《四库全书》本。

张彦清（1155—1218）：字叔澄，建宁府浦城县人。少孤，力学，从朱熹游，得其大指。又从李吕游，质疑辨惑，造诣日深。南宋光宗绍熙元年（1190）登进士第，初授光泽簿，移教泉州。

约南宋宁宗初期调任吉州安福县县丞。

擢知庆元县，后以目疾主管台州崇道观。为人以孝悌忠信为根本，廉洁劲挺为枝干。亲早殁，恨养弗待，不茹甘服美者终其身。嘉定十一年（1218）卒，年六十四。真德秀志其墓。

【史料来源】

（明）何乔远：《闽书》卷九九《英旧志·建宁府·浦城县·科第·宋》，福州：福建人民出版社，1995年。

（清）王梓材、（清）冯云濠编撰，沈芝盈、梁运华点校：《宋元学案补遗》卷二五《县令张先生彦清》，北京：中华书局，2012年。

张谦：汀州府宁化县人。南宋宁宗嘉定四年（1211）特奏名登进士第。

约南宋宁宗时期任澧县县丞。

【史料来源】

（明）邵有道：（嘉靖）《汀州府志》卷一三《人物志·进士·宋》，载《天一阁藏明代方志选刊续编》，上海：上海书店出版社，1990年。

（明）谢晋等编：《永乐大典》卷七八九四《临汀府·进士题名》，北京：

中华书局，2012 年。

张端节：**南宋宁宗嘉定八年（1215）为黄岩县县丞。**

【史料来源】

（明）袁应祺修，（明）牟汝忠等纂：（万历）《黄岩县志》卷四《职官志·县官·宋》，载《天一阁藏明代方志选刊》，上海：上海古籍书店，1963 年。

张璹：处州龙泉县人。南宋宁宗嘉定元年（1208）登进士第。

约南宋宁宗时期任连江县县丞。

【史料来源】

（清）嵇曾筠：（雍正）《浙江通志》卷一二七《选举志·进士·宋》，上海：上海古籍出版社，1991 年。

沈瑜庆：（民国）《福建通志》卷三二《职官志·宋》，北京：方志出版社，2016 年。

杜广心（1179—1232）：字德充，成都府华阳县人，少从学于刘光祖及魏了翁。

南宋宁宗时期以父荫补官，任雅州卢山县酒务，历任依政、中江、涪城三县县丞。

约南宋宁宗朝任盐亭县县令。约南宋理宗朝任崇庆府江原县知县。致仕辟通判永州军，未及上任，丁母忧，未免丧而卒，时绍定五年（1232）三月，年五十四，阶奉议郎服绯衣银鱼。

【史料来源】

（宋）魏了翁撰：《鹤山先生大全文集》卷八二《永康军通判杜君墓志铭》，载《宋集珍本丛刊》第 76 册，北京：线装书局，2004 年。

杜元：南康军都昌县人。南宋宁宗嘉定十三年（1220）进士。

约南宋宁宗时期任会昌县县丞。

【史料来源】

（明）林庭棉、（明）周广纂修：（嘉靖）《江西通志》卷一三《南康府·科名·宋》，《四库全书存目丛书》本，济南：齐鲁书社，1997年。

（清）刘坤一：（光绪）《江西通志》卷二二《选举表·宋进士》，载《中国地方志集成》，南京：凤凰出版社，2009年。

杜杲（1173—1248）：字子昕，号于耕，邵武人，杜庶父。以父荫授海门买纳盐场，未上任，福建提点刑狱陈彭寿檄摄闽尉。

约南宋宁宗时期调江山县县丞。

知六安县。知定远县，会李全犯边，衔时为淮帅，辟通判濠州，朝廷以杲久习边事，擢知濠州。差主管官告院，知安丰军。奉崇道祠，再知濠州，未行，改安丰。擢将作监，御书慰谕之。诏以安抚兼庐州，进太府卿、淮西制置副使兼转运使。权刑部尚书。南宋理宗淳祐元年（1241）擢工部尚书，遂以直学士奉祠。起知太平州。淳祐二年（1242）擢华文阁学士、沿江制置使、知建康府、行宫留守，节制安庆、和州、无为三郡。进敷文阁学士，迁刑部尚书，乞归不许，兼吏部尚书。进徽猷阁，奉祀。请老，升宝文阁致仕。帝思前功，进龙图阁而杲卒，遗表上，赠开府仪同三司。杲淹贯多能，为文丽密清严，善行草。晚岁专意理学，尝言吾兵间无悖谋左画，得于“四书”。

【史料来源】

（宋）周应合纂：（景定）《建康志》卷一《留都录·行宫留守》，载《宋元方志丛刊》第2册，北京：中华书局，2006年。

（元）脱脱等：《宋史》卷四一二《杜杲传》，北京：中华书局，1977年。

杨士训（1162—1219）：字尹叔，漳州漳浦县人。南宋宁宗庆元二年（1196）擢进士第，初授福州古田县县尉。

约南宋宁宗时期再转为潮州海阳县县丞。

升任福州永福县县令。其治永福，留意学校，更定祭器，修立社稷风雨师坛，有以民俗险健为言者，君不敢鄙夷其民，推诚以待之，邑之人士诵君之德。以选差监鄂州粮料院，累官至宣教郎，嘉定十二年（1219）卒，年五十八。

【史料来源】

（宋）黄榦：《勉斋先生黄文肃公文集》卷三八《杨料院（士训）墓志铭》，载《宋集珍本丛刊》第67册，北京：线装书局，2004年。

（清）黄宗羲撰，（清）全祖望补修，陈金生、梁运华点校：《宋元学案》卷六九《料院杨尹叔先生士训》，北京：中华书局，1986年。

杨士豁：泉州晋江县人。南宋光宗绍熙四年（1193）特奏名登进士第。

南宋宁宗开禧元年（1205）以承事郎任福州府宁德县县丞。

改任长溪县知县，终知连州。

【史料来源】

（明）陈应宾修，闵文振纂：（嘉靖）《福宁州志》卷一〇《名宦·宋》，载《天一阁藏明代方志选刊本续编》，上海：上海书店出版社，1990年。

（明）黄仲昭修纂：（弘治）《八闽通志》卷五〇《选举志·科第·泉州府·宋》，福州：福建人民出版社，2006年。

杨泰之（1169—1230）：字叔正，号克斋。眉州青神县人。少刻志于学，卧不设榻几十岁。南宋宁宗庆元二年（1196）登进士第，调泸川尉，易什邡，再调绵州学教授。

南宋宁宗时期再调罗江县县丞，制置司檄置幕府。

改知严道县，摄通判嘉定。召杨泰之赴都堂审察，以亲老辞。差知广安军，未上，丁父忧。免丧，知富顺监。去官，以禄禀数千缗予邻里，以千缗为义庄。知普州，以安居、安岳二县受祸尤惨，泰之力白丙尽蠲其赋。知果州。迁军器少监、大理寺少卿。绍定元年（1228）诏直宝谟阁、知重庆府。绍定三年（1230）主管千秋鸿禧观，卒，年六十二。所著有《克斋文集》《论语解》《老子解》《春秋列国事目》《公羊穀梁类》《诗类》《诗名物编》《论孟类》《东汉三国志南北史唐五代史类》《历代通鉴本朝长编类》《东汉名物编》《诗事类》《大易要言》《杂著》，凡二百九十七卷。

【史料来源】

（宋）李心传撰，徐规点校：《建炎以来朝野杂记乙集》卷九《蜀士立功立节次第》，北京：中华书局，2000年。

（宋）魏了翁：《鹤山先生大全文集》卷八一《杨公（泰之）墓志铭》，载《宋集珍本丛刊》第76册，北京：线装书局，2004年。

苏邦：**南宋宁宗庆元元年（1195）为安溪县县丞。**

【史料来源】

（明）林有年纂：（嘉靖）《安溪县志》卷三《官制类·职官·县丞》，载《天一阁藏明代方志选刊本》，上海：上海古籍书店，1961年。

应行之：字平父，宁海县人。南宋宁宗开禧元年（1205）登进士第。**南宋宁宗时期终蒲官圻县县丞。**

【史料来源】

（宋）陈耆卿：（嘉定）《赤城志》卷三三《人物志·本朝·仕进·进士科》，载《宋元方志丛刊》第7册，北京：中华书局，1990年。

吴次春：温州瑞安县人。**南宋宁宗嘉定十年（1217）登进士第。历汀州府上杭县县丞。**寄禄官终儒林郎。

【史料来源】

（明）汤日昭撰：（万历）《温州府志》卷一〇《选举志·进士·宋》，明万历刻本。

（清）嵇曾筠撰：（雍正）《浙江通志》卷一二七《选举志·进士·宋》，上海：上海古籍出版社，1991年。

吴祥（1）：台州仙居县人。南宋宁宗嘉定十五年（1222）上舍释褐。

约南宋宁宗时期任龙游县县丞。

【史料来源】

（清）嵇曾筠：（雍正）《浙江通志》卷一二七《选举志·进士·宋》，上海：上海古籍出版社，1991年。

吴焕：兴化军莆田县人，吴颋子。南宋宁宗庆元二年（1196）特奏名登进士第。

约南宋宁宗时期任连江县县丞。

【史料来源】

（明）黄仲昭修纂：（弘治）《八闽通志》卷五四《选举志·科第·兴化府·宋》，福州：福建人民出版社，2006年。

（明）何乔远：《闽书》卷一〇五《英旧志·兴化府·莆田县·科第·宋》，福州：福建人民出版社，1994年。

沈连（1169—1226）：字少逸，祖籍建安吴兴县，徙隆兴府分宁县。南宋宁宗嘉泰二年（1202）登进士第，初授太平州司户参军，未上。调静江府司法参军，京西路提刑司检法官兼干办公事。

约南宋宁宗嘉定年间以劳迁承议郎，调岳州华容县县丞。

未上任，致仕，转奉议郎。宝庆二年（1226）四月庚子卒，年五十八。

【史料来源】

（宋）魏了翁：《鹤山先生大全文集》卷七〇《华容县丞奉议郎致仕沈君墓志铭》，载《宋集珍本丛刊》第76册，北京：线装书局，2004年。

（清）许应鑅、（清）王之藩修：（同治）《南昌府志》卷二九《选举志·进士·宋》，南京：江苏古籍出版社，1996年。

邹近仁：字季友，一字鲁卿，号归轩，饶州德兴人，一说乐平人，南宋宁宗庆元五年（1199）登进士第。

南宋宁宗年间官龙阳县县丞。

尝问道于杨简，顿有觉悟。性至孝，廉介耿直，不惑于利，所当为，虽强御不畏。嘉定二年（1209）卒。有《归轩集》。

【史料来源】

（清）刘坤一：（光绪）《江西通志》卷二二《选举表·宋进士》，载《中国地方志集成》，南京：凤凰出版社，2009年。

（清）黄宗羲撰，（清）全祖望补修，陈金生、梁运华点校：《宋元学案》卷七四《县丞邹归轩先生近仁》，北京：中华书局，1986年。

邹斌：字隽父，一字俊甫，又字倩父，学者称南堂先生，抚州临川县人。南宋宁宗嘉定四年（1211）登进士第，初授德安府司户参军。

约南宋宁宗嘉定时期仕至武冈县县丞。嘉定十七年（1224）前后曾任从事郎、衡州耒阳县丞。

秩满而归，无意于仕途，寄禄官终奉议郎，年八十四卒，有《南堂稿》。

【史料来源】

（清）黄宗羲撰，（清）全祖望补修，陈金生、梁运华点校：《宋元学案》卷七七《司石邹南堂先生斌》，北京：中华书局，1986年。

何新所编著：《新出宋代墓志碑刻辑录·南宋卷·甘荣墓记（一二二四）》，北京：文物出版社，2020年。

邹辉：字明之，钱塘县人。

南宋宁宗庆元四年（1198）为黄岩县县丞。

【史料来源】

（明）袁应祺修，（明）牟汝忠等纂：（万历）《黄岩县志》卷四《职官志·县官·宋》，载《天一阁藏明代方志选刊》，上海：上海古籍书店，1963年。

陈应辰：亭头人，南宋宁宗嘉定十二年（1219）乡贡特奏名进士。初任南恩司法。

南宋宁宗嘉定十五年（1222）调龙川县县丞。

移连州推官，签署签判，这时连州欠朝廷粮运，当地官吏，谷禾登场，就预先索取于人，民甚苦之。应辰在官五年，将自已积蓄的俸禄，偿还积欠国家粮额。连州太守陈中孚将此事奏闻朝廷，升为通直郎。致仕后家居，建清沟亭，延师训子孙，又于黄旗山畔筑青紫峰亭，与邑中名士相唱和，年八十余卒。为人谦和，举动不妄，宽厚待人，可称长者。著有《清沟集》。

【史料来源】

（明）郭棐撰，黄国声、邓贵忠点校：《粤大记》，广州：广东人民出版社，2014 年。

（清）陆心源撰，徐旭、李建国点校：《宋诗纪事补遗》卷六五《陈应辰》，太原：山西古籍出版社，1997 年。

陈求曾（1183—1253）：一字求鲁，字质甫，温州乐清人。南宋宁宗嘉定十六年（1223）登进士第，调临海县尉，再调汉阳教官。

南宋宁宗晚期任丽水县县丞。丽水曹东畎辟为机幕，敬之如宾友。

南宋理宗初期迁知福州闽县事，所至皆有声。除通判澧州，有声于湖湘。除监察御史兼侍讲，又除右正言，条陈弊事尤力，除大理寺少卿、江东提刑。宝祐元年（1253），主管明道宫，抗章引年，以直秘阁致仕，卒年七十一。先生自小为官，恪然有守，所至得誉且皆有劳绩可纪。先生以廉介明于时，而学问有渊奥。

【史料来源】

（宋）林希逸：《鬳斋续集》卷二二《秘阁提刑侍讲正官陈公墓志铭》，文渊阁《四库全书》本。

（清）王梓材、（清）冯云濠编撰，沈芝盈、梁运华点校：《宋元学案补遗》卷五二《陈先生求鲁》，北京：中华书局，2012 年。

陈易：字后之，泉州永春县人。南宋宁宗庆元二年（1196）登进士第。

南宋宁宗嘉泰年间任怀安县县丞。

【史料来源】

（明）黄仲昭修纂：（弘治）《八闽通志》卷五〇《选举志·科第·泉州府·宋》，福州：福建人民出版社，2006年。

（清）王梓材、（清）冯云濠编撰，沈芝盈、梁运华点校：《宋元学案补遗》卷六八《陈复之先生易》，北京：中华书局，2012年。

陈珙：字子重，仙游县人。以太学内舍登嘉定元年（1208）进士第，授复州教授。

南宋宁宗嘉定时期任永春县县丞。

郡守真德秀爱之，俾入郡幕。后试教官科擢首选，授西外睦宗院教授。寻知永春县，究心民瘼，樽节月会，杜苞苴之费，余钱八千缗，以补不足，迁两浙路运官，卒。

【史料来源】

（宋）赵与泌：（宝祐）《仙溪志》卷二《令佐题名·县丞》，福州：福建人民出版社，1989年。

（明）郑岳编，黄起龙校正：《莆阳文献传》卷二〇《陈珙》，北京：中国文史出版社，2014年。

陈范：字朝弼，一字仁复，建州崇安人。南宋宁宗嘉定七年（1214）进士，调婺源县县尉，善断狱。

南宋宁宗嘉定十年（1217）秩满，改抚州崇仁县县丞。

陈范与县令相友善，终日与之议论，政化大行，后以疾解印归乡里，以诗书自愉，遂不复出。

【史料来源】

（明）夏玉麟等修，（明）汪佃等纂：（嘉靖）《建宁府志》卷一五《选举志·进士·宋》，厦门：厦门大学出版社，2009年。

（清）王梓材、（清）冯云濠编撰，沈芝盈、梁运华点校：《宋元学案补遗》卷六九《县丞陈先生范》，北京：中华书局，2012年。

陈梓：字处恭，建宁府建安县人，陈扃孙。

南宋宁宗庆元五年（1199）登进士第，为赣县县丞。

历知南恩州，江寇发，帅曹乞梓知南安军，寇不敢犯境，迁本路漕，使吏间以例册进，梓曰："非军赐，皆不可领就。"领安抚司事，属岁不登，讲求荒政，诱致米商卒为稔官，终朝请大夫。

【史料来源】

（明）黄仲昭修纂：（弘治）《八闽通志》卷六四《人物志·良吏·宋》，福州：福建人民出版社，2006年。

（明）夏玉麟等修，（明）汪佃等纂：（嘉靖）《建宁府志》卷一五《选举志·进士·宋》，厦门：厦门大学出版社，2009年。

陈畴：**南宋宁宗嘉定时期任赣县县丞。**

嘉定五年（1212）升泉州南安县知县。

【史料来源】

（明）董天锡撰：（嘉靖）《赣州府志》卷七《秩官志·赣县·县丞·宋》，载《天一阁藏明代方志选刊》，上海：上海古籍书店，1962年。

（明）汤日昭撰：（万历）《温州府志》卷七《秩官志·县职·宋知县》，明万历刻本。

陈紫之：**南宋宁宗嘉定八年（1215）为安溪县县丞。**

【史料来源】

（明）林有年纂：（嘉靖）《安溪县志》卷三《官制类·职官·县丞》，载《天一阁藏明代方志选刊》，上海：上海古籍书店，1963年。

陈景魏（1183—1259）：南宋泉州南安县人，陈知柔从孙。以郊恩补信州铅山簿。

南宋宁宗时期破贼有功，辟广州新会县县丞。

改知潮州潮阳县，为官耿介，不阿奉。寻由提辖文思院改知惠州郡，后改知韶州，以言罢，主管云台观。后起知英德府，所治皆有绩。开庆元年（1259）卒，年七十七。

【史料来源】

（清）陆心源辑：《宋史翼》卷二二《陈景魏传》，杭州：浙江古籍出版社，2016年。

（清）李清馥撰，徐公喜、管正平、周明华点校：《闽中理学渊源考》卷一《郡守陈先生景魏》，南京：凤凰出版社，2011年。

陈稷：南康军都昌县人。南宋宁宗嘉定十三年（1220）登进士第。

约南宋宁宗时期任汀州府上杭县县丞。

转长林县县尉。

【史料来源】

（清）刘坤一：（光绪）《江西通志》卷二二《选举表·宋进士》，载《中国地方志集成》，南京：凤凰出版社，2009年。

沈瑜庆：（民国）《福建通志》卷三二《职官志·宋》，北京：方志出版社，2016年。

陈增（1200—1266）：字仲能，别号习斋，莆田人，陈宿子。以祖泽补承务郎。

南宋宁宗时期任怀安县丞。

退而居者二十载，迁将作监簿，累迁大理司直，积官至朝奉大夫。先生自少至老，不知世有诡遇速化之事。祖陈俊卿有赡族义庄，先生益推广其意，修身治家，主于忠厚。别号习斋，魏了翁书其匾，咸淳二年（1266）卒，年六十七。

【史料来源】

（宋）刘克庄撰，王蓉贵、向以鲜校点，刁忠民审订：《后村先生大全集》

卷一六五《陈司直墓志铭》，成都：四川大学出版社，2008 年。

（清）王梓材、（清）冯云濠编撰，沈芝盈、梁运华点校：《宋元学案补遗》卷三四《寺丞陈克斋先生宿附子增》，北京：中华书局，2012 年。

陈德一：字长明，福州连江县人，陈舜申子。幼聪敏，经传子史百家之书靡不通贯。南宋光宗绍熙四年（1193）登进士第。

南宋宁宗嘉定时期任清湘县县丞。

仕至朝请郎、宜州知州。德一清正廉洁，卒之时家无余财，惟余所著《易传发微》《横州文集》诸书板数千片而已。德一兄弟四人，二为知州，二为知县，家以诗礼相承，异世同爨，为邑望族。

【史料来源】

（明）黄仲昭修纂：（弘治）《八闽通志》卷六四《人物志·儒林·宋》，福州：福建人民出版社，2006 年。

（明）李贤撰：《明一统志》卷七四《人物志》，文渊阁《四库全书》本。

何伯熭：字子恭，婺州金华县人，何基父。

南宋宁宗嘉定时期为抚州临川县丞，而黄榦适知其县事，伯熭令其二子师事焉。

【史料来源】

（元）脱脱等：《宋史》卷四三八《何基传》，北京：中华书局，1977 年。

（清）李清馥撰，徐公喜、管正平、周明华点校：《闽中理学渊源考》卷二六《文肃黄勉斋先生榦》，南京：凤凰出版社，2011 年。

何器：婺州义乌县人。

南宋宁宗庆元二年（1196）登进士第。仕至广昌县县丞。

【史料来源】

（明）熊人霖修纂：（崇祯）《义乌县志》卷一〇《人物表·选举·宋科目》，杭州：浙江人民出版社，1987 年。

(清) 嵇曾筠：(雍正)《浙江通志》卷一二六《选举志·进士·宋》，上海：上海古籍出版社，1991 年。

罗之纪：字国张，号筠心居士，筠州高安县人。南宋宁宗嘉定中特奏名登进士第，初授孝感县县尉。

约南宋宁宗晚期调文林郎、宜山县县丞。

【史料来源】

(明) 熊相：(正德)《瑞州府志》卷九《人物志·守令》，载《天一阁藏明代方志选刊续编》，上海：上海书店出版社，1990 年。

罗必元（1175—1265）：字亨父，初名叠，号北谷山人。隆兴进贤人。南宋宁宗嘉定十年（1217）登进士第。调咸宁县县尉，抚州司法参军。

南宋宁宗嘉定时期调抚州崇仁县县丞，郡檄权法曹。曾极坐诗案系狱，初编隶广南，继改湖南听读，吏议甚峻，公奋笔数百言，“朝廷既不深罪诗人，郡当推广上恩”，守感悟。极得善达贬所，公力也。

复摄司法。调福州观察推官。知余干县。淳祐中，通判赣州。贾似道总领京湖，克剥至甚。必元上疏，以为蠹国脉、伤民命，似道衔之。改知汀州，为御史丁大全按去，后起干行在粮料院。度宗即位，以直宝章阁兼宗学博士致仕，咸淳元年（1265）卒，年九十一。必元尝从危稹、包逊学，最为有渊源，见理甚明，风节甚高，至今乡人犹尊慕之云。

【史料来源】

(宋) 刘克庄撰，王蓉贵、向以鲜校点，刁忠民审订：《后村先生大全集》卷一六二《直宝章阁罗公墓志铭》，成都：四川大学出版社，2008 年。

(元) 脱脱等：《宋史》卷四一五《罗必元传》，北京：中华书局，1977 年。

郑与：字师点，汀州府长汀县人。南宋宁宗嘉定四年（1211）特奏名登进士第。

约南宋宁宗时期为端溪县县丞。

【史料来源】

（明）邵有道：（嘉靖）《汀州府志》卷一三《人物志・进士・宋》，载《天一阁藏明代方志选刊续编》，上海：上海书店出版社，1990年。

（明）黄仲昭修纂：（弘治）《八闽通志》卷五一《选举志・科第・汀州府・宋》，福州：福建人民出版社，2006年。

郑仲龙：处州松阳县人。南宋宁宗庆元二年（1196）登进士第。

约南宋宁宗时期人任永福县县丞。

【史料来源】

（清）嵇曾筠：（雍正）《浙江通志》一二六《选举志・进士・宋》，上海：上海古籍出版社，1991年。

沈瑜庆：（民国）《福建通志》卷三二《职官志・宋》，北京：方志出版社，2016年。

郑秀申：一作申秀，字实夫，漳州龙溪县人。南宋宁宗嘉定十六年（1223）特奏名登进士第。

约南宋宁宗时期任古田县、怀安县县丞。

【史料来源】

（明）黄仲昭修纂：（弘治）《八闽通志》卷五一《选举志・科第・漳州府・宋》，福州：福建人民出版社，2006年。

沈瑜庆：（民国）《福建通志》卷三三《选举志・宋进士》，北京：方志出版社，2016年。

郑硕：字肤叟，福州三山人。宁宗庆元五年（1199）登进士第。

南宋宁宗嘉定十年（1217）任赣州雩都县县丞。

【史料来源】

（宋）梁克家撰（淳熙）《三山志》卷二六《人物类・科名・本朝》，载

《宋元方志丛刊》第8册，北京：中华书局，1990年。

（明）黄仲昭修纂：（弘治）《八闽通志》卷四七《选举志·科第·福州府·宋》，福州：福建人民出版社，2006年。

郑敭：字扬休，一作玉休，平江府昆山县人。南宋宁宗嘉定元年（1208）特奏名登进士第。

约南宋宁宗时期终天台县县丞。

【史料来源】

（宋）凌万顷撰：（淳祐）《玉峰志》卷中《名宦》，载《宋元方志丛刊》第1册，北京：中华书局，1990年。

（明）王鏊撰：（正德）《姑苏志》卷五《科第表·上·宋·进士》，载《天一阁藏明代方志选刊续编》，上海：上海书店出版社，1990年。

林及之（1169—1229）：字时可，莆田人，林孝泽孙。以荫补官，为增城县尉，约束豪吏及诸贵，为人所难能。

约南宋宁宗初期改永福县县丞，尤清苦，吏卒不胜饥，皆弃去，至自行文书。

宰龙溪。秩止宣义郎，赐绯鱼袋，绍定二年（1229）三月九日卒，年六十一。公以孝谨自操，若严父哲师之临其旁也。以礼度字检责，若法家拂士之议其后也；发言主于谦厚，若恐其有振触也；制行归于平实，若恐其涉矫亢也。为人自幼至老，大概如此。

【史料来源】

（宋）刘克庄撰，王蓉贵、向以鲜校点，刁忠民审订：《后村先生大全集》卷一四九《林龙溪墓志铭》，成都：四川大学出版社，2008年。

林子冲：字通卿，一字詹叔，自号云岫居士，福州侯官县人，林之奇从子。学问德业，有声于乡里之间，士宗之者数百人。南宋光宗绍熙四年（1193）登进士第。初为南丰县主簿，时郡守陈岐欲修二陈礼乐书，以子冲大儒之后延之，子冲随文释义，补缺订讹，书成，周必大、杨万里等皆称其精密。

约南宋宁宗时期调任将乐县县丞，其父死，徒步扶柩归侯官，以哀毁而卒，年五十四。

【史料来源】

（宋）梁克家撰：（淳熙）《三山志》卷三一《人物类·科名·本朝》，载《宋元方志丛刊》第8册，北京：中华书局，1990年。

（清）王梓材、（清）冯云濠编撰，沈芝盈、梁运华点校：《宋元学案补遗》卷三六《主簿林云岫先生子冲》，北京：中华书局，2012年。

林庆（1175—1242）：字养源，福清人，林遹曾孙。由祖泽历泉州晋江县县尉，兴化县主簿。

南宋宁宗初期为莆田县县丞。

约宋理宗年间终南剑州判官，年六十一乞休致，转任通直郎。淳祐二年（1242）卒，年六十八。

【史料来源】

（宋）刘克庄撰，王蓉贵、向以鲜校点，刁忠民审订：《后村先生大全集》卷一五〇《林判官墓志铭》，成都：四川大学出版社，2008年。

林起初：兴化军莆田县人。南宋宁宗开禧元年（1205）登进士第。

约南宋宁宗时期任长溪县县丞。

【史料来源】

（明）黄仲昭修纂：（弘治）《八闽通志》卷五四《选举志·科第·兴化府·宋》，福州：福建人民出版社，2006年。

（明）何乔远：《闽书》卷一〇五《英旧志·兴化府·莆田县·科第·宋》，福州：福建人民出版社，1994年。

卓先（1146—1229）：字进之，莆田人。为漳州龙溪县主簿，约宋宁宗年间为永庆军节度推官，郡倚以治。太守欲畀京削，君曰："吾素无荣望，故心平而气和，一开其端，方寸扰扰，自此始矣。"因辞焉。

南宋宁宗时期为增城县县丞，常可否邑事，长官赖以寡过。

用省罢法去为建宁军节度推官。亢旱，松溪、政和、建阳、浦城四邑仰食下流客米，至是府禁米舟出城。公争曰："四邑独非建民乎？"太守史公弥坚不以为忤，益重之，然君倦游归矣。及奉绍熙癸丑廷对，四十余矣。盖流落州县又四十年，年八十四，以绍定己丑（1229）二月卒。

【史料来源】

（宋）刘克庄撰，王蓉贵、向以鲜校点，刁忠民审订：《后村先生大全集》卷一四八《卓推官墓志铭》，成都：四川大学出版社，2008年。

（明）黄仲昭修纂：（弘治）《八闽通志》卷五四《选举志·福州府·科第·宋》，福州：福建人民出版社，2006年。

周师成：字宗圣，号雉山，湖州长兴县人，一说严州寿昌县人。南宋宁宗庆元五年（1199）登进士第。

约南宋宁宗年间历盐官县县丞。

师成少年秀丽，读书善记，议论古今，落落可听。有诗高远，爱做选格。仕不得志，晚年若有所遇，如游仙散圣之徒。

【史料来源】

（宋）陈公亮修，（宋）刘文富纂：（淳熙）《严州续志》卷一《登科记》，载《宋元方志丛刊》第5册，北京：中华书局，1990年。

（宋）谈钥撰：（嘉泰）《吴兴志》卷一七《进士题名》，载《宋元方志丛刊》第5册，北京：中华书局，1990年。

周深源：平江府吴县人。南宋宁宗开禧元年（1205）登进士第。

约南宋宁宗时期任嘉兴县县丞。

【史料来源】

（宋）范成大撰，（宋）汪泰亨等续修：（绍定）《吴郡志》卷二八《进士题名》，载《宋元方志丛刊》第1册，北京：中华书局，1990年。

（宋）叶适：《叶适集》卷一四《参议朝奉大夫宋公墓志铭》，北京：中华书局，2010年。

季南琴：**南宋宁宗嘉定十年（1217）任信丰县县丞。**

【史料来源】

（明）董天锡撰：（嘉靖）《赣州府志》卷七《秩官志·信丰·县丞·宋》，载《天一阁藏明代方志选刊》，上海：上海古籍书店，1962年。

姚东：字明仲，漳州龙溪县人。南宋宁宗庆元二年（1196）登进士第，授长溪县主簿，大旱，祷雨辄应，人称主簿雨。令丞廨被火，独簿廨存，人以为诚爱所格。

约南宋宁宗庆元年间调保昌县县丞，宪台知其廉介，屡一疑狱委之，后以通直郎致仕。

【史料来源】

（明）陈应宾修，闵文振纂：（嘉靖）《福宁州志》卷一〇《名宦·宋》，载《天一阁藏明代方志选刊续编》，上海：上海书店出版社，1990年。

（明）黄仲昭修纂：（弘治）《八闽通志》卷五一《选举志·科第·漳州府·宋》，福州：福建人民出版社，2006年。

姚洽：字德孚，福州长溪县人。南宋宁宗嘉定元年（1208）登进士第。

约南宋宁宗时期仕至承事郎、汀州上杭县县丞。

【史料来源】

（宋）梁克家撰：（淳熙）《三山志》卷三一《人物类·科名·本朝》，载《宋元方志丛刊》第8册，北京：中华书局，1990年。

（明）陈应宾修，（明）闵文振纂：（嘉靖）《福宁州志》卷八《科贡·进士·宋》，载《天一阁藏明代方志选刊续编》，上海：上海古籍书店，1990年。

赵必健（1193—1262）：字自强，抚州临川人，嘉定十年（1217）登进士第，授修职郎、南昌尉，秩满调桂阳军法曹，循承直郎。任平阳县县令。

南宋宁宗时期为赣州宁都县县丞，彭守铉改筑外城，公与有劳。时居厚持宪，罗致之幕，兼郡纠曹。

后任石城县县令。改奉议郎任兴国军永兴县知县。后通判扬州。擢知全州。景定元年（1260）起知英德府，景定三年（1262）正月卒，年七十。公清丽冲约，自奉如穷书生，无囊橐厚藏、苞苴私觌。居官事当施行，虽临以权贵风旨不少变。

【史料来源】

（宋）刘克庄撰，王蓉贵、向以鲜校点，刁忠民审订：《后村先生大全集》卷一六〇《英德赵使君墓志铭》，成都：四川大学出版社，2008年。

赵必愿（？—1249）：字立夫，饶州余干县人，赵崇宪子。未弱冠，丁大母忧，哀毁骨立。服除，以大父汝愚遗表，补承务郎。

南宋宁宗开禧元年（1205）铨监平江府粮料院，调平江府常熟县县丞。

嘉定七年（1214）举进士，知建宁府崇安县，剖判如流，吏不能困。授湖、广总所干办公事。丁父忧，居丧尽礼，贻书问学于黄榦。服除，差充两浙运司主管文字。再考，特差充提领安边所主管文字。差知全州，陛辞，奏乞下道、江二州访周敦颐之后。知常州，改知处州，陈折帛纳银之害，皆得请。移泉州，罢白土课及免差吏榷铁，讽诸邑行义役。差主管官告院。越五日，诏依旧主管官告院兼知台州。端平元年（1234），以直秘阁知婺州。迁太府寺丞，寻迁度支郎中。嘉熙元年（1237），贻书政府，论边防事宜，授右司郎中。迁左司郎中，又迁司农少卿兼左司。兼敕令所删修官，拜司农卿，兼职如故。改宗正少卿，仍兼删修敕令兼国史编修、实录检讨，寻兼左司，迁太府卿，仍兼编修、检讨，迁宗正少卿。诏依旧太府卿，仍兼职，且兼中书门下检正诸房公事。迁起居舍人，兼职仍旧。权吏部右侍郎，乞免兼检正，从之。兼国史修撰。权户部尚书。以宝谟阁直学士奉祠，不许。淳祐五年（1245），以华文阁直学士知福州、福建安抚使，三辞，不许。赠银青光禄大夫。必愿才周器博，心平量广，而又早闻家庭忠孝之训、师友正大之言，故所立卓然可称。

【史料来源】

（宋）曹彦约：《昌谷集》卷八《应诏荐季衍等状》，文渊阁《四库全书》本。

（元）脱脱等：《宋史》卷四一三《赵必愿传》，北京：中华书局，1977年。

赵汝似：宗室，字子有，河南开封人，居福州长溪县。南宋宁宗庆元五年（1199）登进士第。

南宋宁宗嘉泰四年（1204）任赣州雩都县县丞。

【史料来源】

（宋）梁克家撰：（淳熙）《三山志》卷三一《人物类·科名·本朝》，载《宋元方志丛刊》第8册，北京：中华书局，1990年。

（明）董天锡撰：（嘉靖）《赣州府志》卷七《秩官志·雩都·县丞·宋》，载《天一阁藏明代方志选刊》，上海：上海古籍书店，1962年。

赵汝求：字叔艺，寓居汀州长汀县。南宋宁宗开禧二年（1206）登进士第，调临安府仁和县主簿。

南宋宁宗嘉定初期吉州万安县县丞。

终官福州观察推官。

【史料来源】

（明）黄仲昭修纂：（弘治）《八闽通志》卷五一《选举志·科第·汀州府·宋》，福州：福建人民出版社，2006年。

（明）解缙等编：《永乐大典》卷七八九四《临汀府·进士题名》，北京：中华书局，2012年。

赵汝诚：字诚甫，宗室，赵善佳子，浚仪人，居福州。南宋宁宗嘉定元年（1208）登进士第。

南宋宁宗嘉定八年（1215）任赣州雩都县县丞。

【史料来源】

（宋）梁克家撰：（淳熙）《三山志》卷三一《人物类·科名·本朝》，载《宋元方志丛刊》第8册，北京：中华书局，1990年。

（明）董天锡撰：（嘉靖）《赣州府志》卷七《秩官志·雩都·县丞·宋》，载《天一阁藏明代方志选刊》，上海：上海古籍书店，1962年。

赵师侊：宗室，字晦之，庆元府鄞县人，赵师備弟。南宋宁宗庆元二年（1196）登进士第。

南宋宁宗开禧元年（1205）任彭泽县县丞。

后转知大冶县。与袁燮交甚密。

【史料来源】

（宋）罗濬：（宝庆）《四明志》卷一〇《进士》，载《宋元方志丛刊》第5册，北京：中华书局，1990年。

（明）张时彻纂修，（明）周希哲订正：（嘉靖）《宁波府志》卷三《选举志·进士·宋》，明嘉靖三十九年（1560）刻本。

赵汝适（1170—1231）：字伯可，庆元府鄞县人，赵善待子，太宗八世孙。绍熙时期赵善待卒，因荫授将仕郎。南宋宁宗庆元二年（1196）登进士第。庆元五年（1199）循从政郎，以应办人使赏，循文林郎。

南宋宁宗庆元六年（1200）任湘潭县县丞。

开禧元年（1205）转绍兴府观察判官。开禧三年（1207）转宣教郎。嘉定二年（1209）知婺州武义县。嘉定五年（1212）转奉议郎。嘉定六年（1213）充行在点检赡军激赏酒库所主管文字。嘉定八年（1215）赏转承议郎。嘉定九年（1216）转朝奉郎、临安通判。嘉定十三年（1220）转朝散郎。嘉定十五年（1222）上登极恩，转朝散大夫，除福建提举市舶司。宝庆元年（1225）七月兼知泉州，十一月兼知南外宗正事。宝庆三年（1227）除知安吉州，未上，改知饶州。绍定元年（1228）二月，转朝请大夫。绍定三年（1230）闰二月兼权江东提刑，三月主管华州云台观。绍定四年（1231）转朝议大夫，七月卒，年六十二。赵汝适端方凝重，廉洁自持，教子以义，理家有法，所治皆有声。

【史料来源】

（宋）袁燮撰：《絜斋集》卷一七《朝请大夫赵公（汝适）墓志铭》，北京：中华书局，1983 年。

（宋）罗濬：（宝庆）《四明志》卷一〇《进士》，载《宋元方志丛刊》第 5 册，北京：中华书局，1990 年。

赵汝畿：**南宋宁宗嘉定时期任安远县县丞。**

【史料来源】

（明）董天锡撰：（嘉靖）《赣州府志》卷七《秩官志・安远・县丞・宋》，载《天一阁藏明代方志选刊》，上海：上海古籍书店，1962 年。

赵时佐（1181—1233）：字宣仲，寓居金坛县，赵彦恂孙。庆元三年（1197）通议遇大礼，恩补将仕郎，以漕举免铨，授迪功郎、和州含山县县尉。

约南宋宁宗时期调任彭泽县县丞。

历监庆元府三石桥酒库，廉洁自持，课以溢额。改知益阳县，移知石首县，惩奸除恶，民皆称快。擢婺州通判，终宁国府通判。绍定六年（1233）卒，年五十三。

【史料来源】

（宋）刘宰：《漫塘文集》卷三二《故宁国通判朝奉赵大夫墓志铭》，载《宋集珍本丛刊》第 72 册，北京：线装书局，2004 年。

（元）俞希鲁编撰，杨积庆、贾秀英等校：（至顺）《镇江志》卷一八《人材》，南京：凤凰出版社，1999 年。

赵希环：字国瑞，河南开封人。

南宋宁宗嘉泰十一年（1218）任赣州雩都县县丞。

【史料来源】

（明）董天锡撰：（嘉靖）《赣州府志》卷七《秩官志·雩都·县丞·宋》，载《天一阁藏明代方志选刊》，上海：上海古籍书店，1962年。

赵希侒：字安道，一作汝道，漳州龙溪县人。南宋宁宗开禧元年（1205）登进士第，授古田县县尉。

南宋宁宗时期终官南剑州沙县县丞。

【史料来源】

（明）陈能修，（明）郑庆云、（明）辛绍佐纂：（嘉靖）《延平府志》卷一〇《官师志·名宦·宋》，载《天一阁藏明代方志选刊》，上海：上海古籍书店，1961年。

（明）黄仲昭修纂：（弘治）《八闽通志》卷五四《选举志·科第·兴化府·宋》，福州：福建人民出版社，2006年。

赵伯浒：字彦泽，宗室，寓居台州黄岩县，德昭六世孙。光宗绍熙元年（1190）登进士第。

南宋宁宗初期终官长洲县县丞，一说平江府常熟县县丞。

【史料来源】

（宋）陈耆卿：（嘉定）《赤城志》卷三四《人物志·本朝·仕进·宗室》，载《宋元方志丛刊》第7册，北京：中华书局，1990年。

（明）袁应祺修，（明）牟汝忠等纂：（万历）《黄岩县志》卷五《人物志上·科名·宋·进士》，载《天一阁藏明代方志选刊》，上海：上海古籍书店，1963年。

赵时恪：字恭仲，号茝坡，庆元府昌国县人。

南宋宁宗嘉定四年（1211）擢右科，七年（1214）再登进士第，调任池

州青阳县县丞，三仕于京荐，甫及格，竟因病去世。

【史料来源】

（宋）罗濬撰：（宝庆）《四明志》卷一〇《进士》，载《宋元方志丛刊》第5册，北京：中华书局，1990年。

（元）冯福京修，（元）郭荐纂：（大德）《昌国州图志》卷六《进士题名》，《宋元方志丛刊》第6册，北京：中华书局，1990年。

赵希悰：秀州海盐县人，南宋孝宗淳熙十四年（1187）登进士第。

约南宋宁宗时期为平江府昆山县县丞。

累迁至侍郎。

【史料来源】

（宋）谢公应撰：（咸淳）《玉峰续志·县丞》，载《宋元方志丛刊》第1册，北京：中华书局，1990年。

（元）徐硕：（至元）《嘉禾志》卷一五《宋登科题名》，上海：上海古籍出版社，2010年。

赵时通（1161—1221）：号宜伯，居星水县，廷美九世孙。

南宋宁宗庆元二年（1196）登进士第，授余杭县县丞。

擢知建昌县。累迁抚州通判，摄太守事。升知邵武军，大行惠政，军民便之，皆称快。嘉定十四年（1221）卒于官，年六十一。时通性孝友，每每以禄养不及母亲而伤悲。兄弟析产，所当得之皆分给诸弟。居官清廉，勤政爱民，有循吏之风。

【史料来源】

（宋）真德秀：《西山先生真文忠公集》卷四四《赵邵武墓志铭》，载《宋集珍本丛刊》第75册，北京：线装书局，2004年。

赵彦谏：寓居宁国府宁国县。

南宋宁宗嘉定三年（1210）为黄岩县县丞。

【史料来源】

（明）袁应祺修，（明）牟汝忠等纂：（万历）《黄岩县志》卷四《职官志·县官·宋》，载《天一阁藏明代方志选刊》，上海：上海古籍书店，1963年。

赵彦寓：**南宋宁宗嘉定六年（1213）为安溪县县丞。**

【史料来源】

（明）林有年纂：（嘉靖）《安溪县志》卷三《官制类·职官·县丞》，载《天一阁藏明代方志选刊》，上海：上海古籍书店，1963年。

赵崇正：台州临海县人。南宋宁宗嘉定十年（1217）登进士第。**约南宋宁宗时期任昆山县县丞。**

【史料来源】

（宋）陈耆卿：（嘉定）《赤城志》卷三四《人物志·本朝·仕进·宗室》，载《宋元方志丛刊》第7册，北京：中华书局，1990年。

（明）杨逢春修，（明）方鹏纂：（嘉靖）《昆山县志》卷五《官守·宋》，扬州：广陵书社，2016年。

赵遇：字君载，浙江三衢人。**南宋宁宗嘉泰元年（1201）任赣州雩都县县丞。**

【史料来源】

（明）董天锡撰：（嘉靖）《赣州府志》卷七《秩官志·雩都·县丞·宋》，载《天一阁藏明代方志选刊》，上海：上海古籍书店，1962年。

赵善畛：字文彬，漳州龙溪县人。**南宋宁宗庆元五年（1199）登进士第，初调连江县县丞，摄邑事。**历潮州通判，摄郡事。秩满还乡，上表丐祠，以朝散郎致仕。

【史料来源】

（明）黄仲昭修纂：（弘治）《八闽通志》卷五一《选举志·科第·漳州

府·宋》，福州：福建人民出版社，2006年。

沈瑜庆：（民国）《福建通志》卷三三《选举志·宋进士》，北京：方志出版社，2016年。

赵善湘：字清臣，濮安懿王五世孙，杭州仁和县人，父武翼郎不陋，从高宗渡江，闻明州多名儒，徙居焉。善湘以恩补保义郎，转成忠郎、监潭州南岳庙，转忠翊郎，又转忠训郎。

南宋宁宗庆元二年（1196）登进士第，以近属转秉义郎，换承事郎，调金坛县县丞。

庆元五年（1199）知余姚县。开禧元年（1205）添差通判婺州。嘉定元年（1208）以招茶寇功，赴都堂审察，提辖文思院。出判无为军兼淮南转运判官、淮西提点刑狱。嘉定四年（1211）改知常州。嘉定八年（1215）主管武夷山冲佑观。嘉定十年（1217）知湖州。嘉定十一年（1218）丁内艰，明年起复，知和州，三辞不获命。迁知大宗正丞兼权户部郎官，改知秘阁、淮南转运判官，兼淮西提举常平，兼知无为军。进直徽猷阁、主管淮南制置司公事，兼知庐州，兼本路安抚，仍兼转运判官、提举常平。嘉定十三年（1220）进直宝文阁。以平固始寇功，赐金带，许令服系。嘉定十四年（1221）进直龙图阁、知镇江府。嘉定十七年（1224），拜大理少卿，进右文殿修撰、知镇江府，封祥符县男，赐食邑。宝庆二年（1226）进集英殿修撰，拜大理卿兼权刑部侍郎，进宝章阁待制、沿海制置使兼知建康府、江东安抚使兼主管行宫留守司公事。绍定元年（1228）以创防江军、宁淮军及平楚州畔寇刘庆福等功，皆升其官，进龙图阁待制，仍任，兼江东转运副使。绍定三年（1230）进焕章阁直学士，仍任，进封伯，加食邑。以李全犯淮东，进焕文阁学士、江淮制置使，乃命专讨，许便宜从事。绍定四年（1231）进封侯，加食邑。及戮全，善湘遣使以露布上，乃进兵部尚书，仍兼任。嘉熙二年（1238），授四川宣抚使兼知成都府，未拜，改沿海制置使兼知庆元府。改知绍兴府兼浙东安抚使。淳祐二年（1242）帝手诏求所解《春秋》，进观文殿学士，守本官致仕，卒。所著有《周易约说》八卷、《周易或问》四卷、《周易续问》八卷、《周易指要》四卷、《学易补过》六卷、《洪范统论》一卷、《中庸约说》一卷、《大学解》十卷、《论语大意》十卷、《孟子解》十四卷、《老子解》十卷、《春秋三传通议》三十卷、《诗词杂著》三十五卷。

【史料来源】

（宋）罗濬：（宝庆）《四明志》卷一〇《进士》，载《宋元方志丛刊》第5册，北京：中华书局，1990年。

（元）脱脱等：《宋史》卷四一三《赵善湘传》，北京：中华书局，1977年。

赵善蓬：字道山，宗室，河南开封人，居福州古田县，赵善彬弟。

南宋宁宗庆元二年（1196）登进士第，任赣州雩都县县丞。

【史料来源】

（宋）梁克家撰：（淳熙）《三山志》卷三一《人物类·科名·本朝》，载《宋元方志丛刊》第8册，北京：中华书局，1990年。

（明）董天锡撰：（嘉靖）《赣州府志》卷七《秩官志·雩都·县丞·宋》，载《天一阁藏明代方志选刊》，上海：上海古籍书店，1962年。

赵翰夫：字宗甫。宗室，居台州宁海县。

南宋宁宗庆元二年（1196）登进士第。历南剑州尤溪县县丞。

【史料来源】

（宋）陈耆卿撰：（嘉定）《赤城志》卷三四《人物志·本朝·仕进·宗室》，载《宋元方志丛刊》第7册，北京：中华书局，1990年。

（清）嵇曾筠：（雍正）《浙江通志》卷一二六《选举志·进士·宋》，上海：上海古籍出版社，1991年。

赵窥夫：绍兴府人。南宋理宗淳祐时期登进士第。

南宋宁宗庆元三年（1197）任从政郎、隆兴府南昌县县丞。

【史料来源】

（宋）陆游著，马亚中、涂小马校注：《渭南文集校注》卷三四《知兴化军赵公墓志铭》，杭州：浙江古籍出版社，2015年。

胡必大：临江军清江县人。宋宁宗嘉定元年（1208）登进士第。

嘉定十六年（1223）前后曾任文林郎、吉水县丞。

【史料来源】

（明）徐颢：（嘉靖）《临江府志》卷五《选举表第六》，载《天一阁藏明代方志选刊续编》，上海：上海书店出版社，1990年。

何新所编著：《新出宋代墓志碑刻辑录·南宋卷·胡绾妻赵氏墓记（一二二三）》，北京：文物出版社，2020年。

俞成：字平子，福建三山人。

南宋宁宗嘉定二年（1209）任赣州雩都县县丞。

【史料来源】

（明）董天锡撰：（嘉靖）《赣州府志》卷七《秩官志·雩都·县丞·宋》，载《天一阁藏明代方志选刊》，上海：上海古籍书店，1962年。

郭安仁：惠州海丰县人。南宋宁宗庆元二年（1196）登进士第。

南宋宁宗开禧时期任石城县县丞。

仕至宣教郎、知龙川县。

【史料来源】

（明）董天锡撰：（嘉靖）《赣州府志》卷七《秩官志·石城·县丞·宋》，载《天一阁藏明代方志选刊》，上海：上海古籍书店，1962年。

（明）郭棐撰，黄国声、邓贵忠点校：（万历）《粤大记》卷四《科第·宋进士科》，广州：广东人民出版社，2014年。

徐如晦：字光伯，丰城人。宋孝宗隆兴初应召陈十事，为慈利主簿。

宋宁宗开禧二年（1206）前后任迪功郎、袁州万载县丞。

【史料来源】

（清）谢旻：（雍正）《江西通志》卷六七《人物二·南昌府二》，文渊阁《四库全书》本。

何新所编著：《新出宋代墓志碑刻辑录·南宋卷·孙庸之夫人揭氏墓志（一二〇七）》，北京：文物出版社，2020年。

钟宏：字远之，一字子虚，号了斋，饶州乐平县人。嘉定进士，从邑宰杨简游，大受器重，得其传。任建德县主簿。

南宋宁宗嘉定时期转任贵溪县县丞，所治有声。

袁公甫表诸朝，称其学有源流，实得故阁学杨简之传。由两浙曹属转太学录，供职仅一月，谒告省亲，后屡擢，皆不就，朝廷高之。有《论语约说》《了斋缀稿》。

【史料来源】

（明）陈策纂修：（正德）《饶州府志》卷二《学校志科贡附·乐平·进士》，载《天一阁藏明代方志选刊续编》，上海：上海书店出版社，1990年。

（清）黄宗羲撰，（清）全祖望补修，陈金生、梁运华点校：《宋元学案》卷七四《学录钟了斋先生宏》，北京：中华书局，1986年。

姜弥明：字用之，浙江永嘉人。

南宋宁宗嘉定十六年（1223）任赣州雩都县县丞。

理宗端平三年（1236）任奉议郎，嘉熙二年（1238）通判临安府。

【史料来源】

（宋）陈公亮修，刘文富纂：（淳熙）《严州续志》卷一《登科记·正倅题名》，载《宋元方志丛刊》第5册，北京：中华书局，1990年。

（明）董天锡撰：（嘉靖）《赣州府志》卷七《秩官志·雩都·县丞·宋》，载《天一阁藏明代方志选刊》，上海：上海古籍书店，1962年。

洪恩：**南宋宁宗庆元时期为铜陵县县丞。**

【史料来源】

（明）王崇纂：（嘉靖）《池州府志》卷六《官秩篇·宦迹·宋》，载《天一阁藏明代方志选刊》，上海：上海古籍书店，1962年。

（明）沈梅撰：（嘉靖）《铜陵县志》卷五《官师篇·县丞·宋》，明嘉靖刻本。

胡桂子：池州青阳县人，胡楠子弟。南宋宁宗开禧元年（1205）登进士第。

约南宋宁宗时期任明州鄞县县丞，一说饶州鄱阳县丞。

【史料来源】

（明）王崇纂：（嘉靖）《池州府志》卷七《人物志·甲科·青阳·宋》，载《天一阁藏明代方志选刊》，上海：上海古籍书店，1962年。

（清）黄之隽、（清）赵弘恩：（乾隆）《江南通志》卷一二〇《选举志·进士·宋》，扬州：江苏广陵书社有限公司，2010年。

胡楠子：池州青阳县人，胡桂子兄。南宋宁宗开禧元年（1205）登进士第。

约南宋宁宗时期任寿昌县县丞。

【史料来源】

（明）王崇纂：（嘉靖）《池州府志》卷七《人物篇·甲科·青阳·宋》，载《天一阁藏明代方志选刊》，上海：上海古籍书店，1962年。

（清）黄之隽、（清）赵弘恩：（乾隆）《江南通志》卷一二〇《选举志·进士·宋》，扬州：江苏广陵书社有限公司，2010年。

茹骙：绍兴府嵊县人。

南宋宁宗庆元五年（1199）登进士第，调进贤县丞。

【史料来源】

（宋）张淏：（宝庆）《会稽续志》卷六《进士》，载《宋元方志丛刊》

第7册，北京：中华书局，1990年。

（宋）高似孙撰：《剡录》卷一《进士登科题名》，载《宋元方志丛刊》第7册，北京：中华书局，1990年。

顾元龙：字云伯，湖州归安县人。南宋宁宗庆元二年（1196）登进士第。

约南宋宁宗时期为黄岩县县丞。

【史料来源】

（宋）谈钥：（嘉泰）《吴兴志》卷一七《进士题名》，载《宋元方志丛刊》第5册，北京：中华书局，1990年。

（明）袁应祺修，（明）牟汝忠等纂：（万历）《黄岩县志》卷四《职官志·县官·宋》，载《天一阁藏明代方志选刊》，上海：上海古籍书店，1963年。

高东：温州平阳县人。南宋宁宗嘉定四年（1211）登进士第，任长溪县主簿。

南宋宁宗嘉定时期任长溪县县丞。

【史料来源】

（明）汤日昭撰：（万历）《温州府志》卷一〇《选举志·进士·宋》，明万历刻本。

（清）嵇曾筠：（雍正）《浙江通志》一二七《选举志·进士·宋》，上海：上海古籍出版社，1991年。

高定子（1177—1247）：字瞻叔，号著斋，邛州浦江县人，高稼弟。南宋宁宗嘉泰二年（1202）登进士第，授郪县主簿。

南宋宁宗时期调中江县县丞。父就养得疾，定子衣不解带者六旬。居丧，哀毁骨立。

服除，成都府路诸司辟丹棱令，寻改监资州酒务。丁母忧，服除，差知夹江县。寻差知长宁军。差知绵州。进直宝章阁。迁刑部郎中。寻以直宝谟阁、江南东路转运判官。迁军器监，又迁太府少卿，升计度转运副使。迁司农卿兼玉牒所检讨官。升兼枢密都承旨，又迁太常少卿兼国史院编修官。累言边事，迁起居舍人，寻兼中书舍人，参赞京湖、江西督视府事，定子亲往周视新城，大犒诸军，激励守将。迁礼部侍郎，仍兼中书舍人，即军中赐金带。诏以督府事入奏，既至，帝劳问甚渥，特进一官，寻兼崇政殿说书兼直学士院。未几，改侍讲、权礼部尚书，升兼侍读。擢拜翰林学士、知制诰兼吏部尚书，升兼修国史、实录院修撰，赐衣带、鞍马。进端明殿学士、签书枢密院事，寻兼权参知政事。仍旧职，知福州、福建安抚，固辞，提举洞霄宫。因请致仕，不许，改知潭州、湖南安抚大使，力辞，退居吴中，深衣大带，日以著述自娱。以资政殿学士转一官致仕，卒，年七十一，赠少保。定子作同人书院于夹江，修长兴学，创六先生祠，盖以教化为先务。所著《存着斋文集》《北门类稿》《薇垣类稿》《经说》《绍熙讲义》《奏议》《历官表奏》行于世。

【史料来源】

（元）脱脱等：《宋史》卷四〇九《高定子传》，北京：中华书局，1977年。

（明）曹学佺撰：《蜀中广记》卷四六《人物记・川南道蜀・宋》，文渊阁《四库全书》本。

高载：字东叔，蒲江人。南宋宁宗嘉泰二年（1202）登进士第，调嘉定府峨眉县尉。

约南宋宁宗开禧年间任丹棱县县丞。

转任丹棱县县令。调泸州录事参军。南宋宁宗嘉定九年（1216）改宣教郎任灵泉县知县。善治狱，狱为之空。丁母丧，哀毁卒。

【史料来源】

（宋）魏了翁：《重校鹤山先生大全文集》卷八八《知灵泉县奉议郎致仕高君载行状》，载《宋集珍本丛刊》第76册，北京：线装书局，2004年。

（清）黄宗羲撰，（清）全祖望补修，陈金生、梁运华点校：《宋元学案》卷八〇《知县高先生载》，北京：中华书局，1986年。

高稼（1117—1235）：字南叔，号缩斋。邛州蒲江县人。真德秀一见以国士期之。嘉定七年（1214）登进士第，初授成都尉。

约南宋宁宗时期转九陇县县丞。

丁内艰，免丧，辟潼川府路都钤辖司干办公事。制置使崔与之闻其名，改辟本司干办公事。稼持论不阿，忧世甚切。未几，改知绵谷县。桂如渊镇蜀，辟通判沔州，寻檄兼幕职。如渊辟稼知洋州。如渊既罢，李埴代之，以稼久劳，请改畀内郡，差知荣州。宣抚使黄伯固辟稼知阆州。制置使赵彦呐以参议官辟之，以直秘阁知沔州、利州提点刑狱兼参议官。为朝请大夫兼关外四州安抚司公事，措置西路屯田。终正议大夫、龙图阁直学士，谥曰忠。所著有《缩斋类稿》三十卷。

【史料来源】

（宋）魏了翁：《重校鹤山先生大全文集》卷七二《唐君（季乙）墓志铭》，载《宋集珍本丛刊》第76册，北京：线装书局，2004年。

（元）脱脱等：《宋史》卷四四九《高稼传》，北京：中华书局，1977年。

徐寿卿：永丰人。寿卿年少气锐，虽勉为科举之业，然引笔行墨纵横恣肆，多出己意，不牵于俗，仅得一第。

南宋宁宗庆元元年（1195）任宜黄县县丞。

不幸早卒，有文集十卷。

【史料来源】

（宋）汪应辰：《文定集》卷九《徐寿卿集序》，北京：学林出版社，2009年。

徐昌之：字应时，建宁府崇安县人。南宋宁宗庆元二年（1196）登进士第，初授醴陵县县尉。未几，父母相继而卒。昌之慨然曰：“吾为亲而仕，今禄不及养，吾休矣！”

约南宋宁宗庆元晚期调任吉州庐陵县县丞，竟归，老于家。

【史料来源】

（明）夏玉麟等修，（明）汪佃等纂：（嘉靖）《建宁府志》卷一五《选举志·进士·宋》，厦门：厦门大学出版社，2009 年。

（明）黄仲昭修纂：（弘治）《八闽通志》卷四九《选举志·科第·建宁府·宋》，福州：福建人民出版社，2006 年。

徐叔川（1167—1226）：字济叔，西安人，喆孙。庆元二年（1196）进士，为严州建德县主簿。

南宋宁宗嘉定时期迁池州铜陵县丞，又为常德龙阳县县丞。

嘉定间升知泉州晋江县，后主管东岳庙、江西安抚司机宜文字，终沿江制置司机宜文字，宝庆二年（1226）卒，年六十。

【史料来源】

（宋）刘宰撰：《漫塘文集》卷三三《纪通判行述》，载《宋集珍本丛刊》第 72 册，北京：线装书局，2004 年。

（宋）真德秀：《西山先生真文忠公文集》卷四四《徐济叔墓志铭》，载《宋集珍本丛刊》第 75 册，北京：线装书局，2004 年。

凌登龙（1190—1260）：字显夫，潭州善化县人。宁宗嘉定年间（1208—1224）进士，被提刑赵汝谠聘为岳麓书院主讲。升迪功郎，调蓝山县主簿。

南宋宁宗嘉定时期转任零陵县县丞。

约南宋宁宗末年、理宗初年任祁阳县县令，以疾辞。后被广西帅姚希得辟为柳州推官，升永州签判，晋承议郎。

【史料来源】

长沙市地方志办公室编：《长沙市志》卷一六，长沙：湖南人民出版社，2002 年。

诸葛兴：字仁叟，越州山阴县人。南宋宁宗嘉定元年（1208）登进士第。

约南宋宁宗时期历彭泽县、奉化县县丞。

尝作《会稽九颂》，有《梅轩集》。

【史料来源】

（宋）张淏撰：（宝庆）《会稽续志》卷六《进士》，载《宋元方志丛刊》第7册，北京：中华书局，1990年。

（明）张元忭：（万历）《绍兴府志》卷三三《选举志·进士·宋》，明万历刻本。

袁韶：字彦淳，庆元府鄞县人。南宋孝宗淳熙十四年（1187）登进士第。

南宋宁宗嘉泰时期为吴江县丞。苏师旦恃韩侂胄威福，挠役法，提举常平黄荣檄韶核田以定役。韶不听。是岁更定户籍，承徭赋，皆师旦党，师旦讽言者将论去。荣亟以是事白于朝，且荐之。未几，师旦败。

改知桐庐县，桐庐多宗室，袁韶至，绝私掖，莫敢挠。嘉定四年（1211）召为太常寺主簿。后为右司郎官，接伴金使。嘉定十三年（1220）为临安府尹。绍定元年（1231）拜参知政事，助史弥远平定李全之乱，不久致仕。年七十七卒，赠少傅，后以郊恩，累赠太师，越国公。

【史料来源】

（宋）潜说友：（咸淳）《临安志》卷四八《秩官六》，载《宋元方志丛刊》第5册，北京：中华书局，1990年。

（元）脱脱等：《宋史》卷四一五《袁韶传》，北京：中华书局，1977年。

袁槱（1145—1208）：字木叔，庆元府鄞县人，袁燮弟。木叔天资颖悟，博览群书，不专治举子业，木叔两上礼部，退而授徒乡里。约开禧时期登特奏名进士第，初授迪功郎、黄梅县县尉。

约南宋宁宗嘉定时期官至乐平县县丞。郡以前任人旷职，留不遣而督其逋负甚急，木叔请代之偿，许之，严于律吏而宽以待民。

累以赏恩，进承直郎，转宣教郎，嘉定六年（1213）九月卒，年六十四。袁槱持身惟谨，廉洁自持，终身不变。笔力遒劲，诗语清新，人皆爱之。侍亲极孝，于义甚急。

【史料来源】

（宋）袁燮撰：《絜斋集》卷二〇《亡弟木叔墓志铭》，北京：中华书局，1983年。

（清）陶元藻辑：《全浙诗话》卷一五《南宋》，清嘉庆元年（1796）怡云阁刻本。

黄克宽：漳州漳浦县人。南宋宁宗嘉定元年（1208）登进士第。

约南宋宁宗时期任福州闽县县丞。

终官知封州。

【史料来源】

（明）黄仲昭修纂：（弘治）《八闽通志》卷五一《选举志·科第·福州府·宋》，福州：福建人民出版社，2006年。

沈瑜庆：（民国）《福建通志》卷三二《职官志·宋》，北京：方志出版社，2016年。

黄武子：温州永嘉县人。南宋光宗绍熙四年（1193）登进士第。

南宋宁宗开禧三年（1207）为安溪县县丞。

【史料来源】

（明）林有年纂：（嘉靖）《安溪县志》卷三《官制类·职官·县丞》，载《天一阁藏明代方志选刊》，上海：上海古籍书店，1963年。

（清）嵇曾筠撰：（雍正）《浙江通志》卷一二六《选举志·进士·宋》，上海：上海古籍出版社，1991年。

黄学皋：字习之，漳州龙溪县人，父珙。久而擢第。

约南宋宁宗嘉定时期转饶州鄱阳县丞。

调泉州观察推官，需次于家，郡守屈置于学，以训诸生。所著有《评古》一册。

【史料来源】

（明）黄仲昭修纂：（弘治）《八闽通志》卷六八《选举志·科第·漳州府·宋》，福州：福建人民出版社，2006年。

（清）黄宗羲撰，（清）全祖望补修，陈金生、梁运华点校：《宋元学案》卷六九《县丞黄先生学皋》，北京：中华书局，1986年。

黄思谦：字益之，湖广临武人。

南宋宁宗嘉定十三年（1220）任赣州雩都县县丞。

【史料来源】

（明）董天锡撰：（嘉靖）《赣州府志》卷七《秩官志·雩都·县丞·宋》，载《天一阁藏明代方志选刊》，上海：上海古籍书店，1962年。

黄简（1177—1235）：字德廉，莆田人，黄艾子。以父任补承务郎，监镇江府江口镇税。

南宋宁宗时期改徽州休宁县县丞。

擢知会稽、丰城二县，移判严州，迁知宾柳二州。端平二年（1235）卒，年五十九。简孝顺父母，敬爱兄长。凝重静默，语笑容止皆中准程，出于自然，律身居官尤严苛。为官清廉，有名士之风，不肯随世俯仰，故官位不显。

【史料来源】

（宋）刘克庄撰，王蓉贵、向以鲜校点，刁忠民审订：《后村先生大全集》卷一四九《黄柳州（简）墓志铭》，成都：四川大学出版社，2008年。

常衍孙：嘉兴府嘉兴县人。南宋宁宗嘉定四年（1211）登进士第。

约南宋宁宗时期任句容县县丞。

【史料来源】

（元）徐硕：（至元）《嘉禾志》卷一五《宋登科题名》，上海：上海古籍出版社，2010年。

（清）许瑶光修，（清）吴仰贤等纂：（光绪）《嘉兴府志》卷四四《选举志·宋·进士》，北京：国家图书馆出版社，2016年。

章寅臣（1156—1225）：邛州浦江县人。南宋宁宗嘉定十年（1217）登进士第，调眉山县主簿。

南宋宁宗嘉定时期任雒县县丞。

魏了翁尝从之游，寅臣讲学不厌其烦，每每以义理启迪后进。宝庆元年（1125）卒，年七十。

【史料来源】

（宋）魏了翁：《重校鹤山先生大全文集》卷八二《章公（寅臣）墓志铭》，载《宋集珍本丛刊》第76册，北京：线装书局，2004年。

章楫：字济叔，台州临海县人。绍熙元年（1190）登进士第。

南宋宁宗时期终新城县县丞。

【史料来源】

（宋）陈耆卿：（嘉定）《赤城志》卷三三《人物志·本朝·仕进·进士科》，载《宋元方志丛刊》第7册，北京：中华书局，1990年。

龚最（1159—1229）：字仲旸，淳熙三年（1176）以父任为承奉郎，监泉州舶务，丁外艰，除监瑞州新昌县酒税。

南宋宁宗初期任泉州惠安县县丞。

转干办两浙西路提举常平公事，升任惠安县知县。后通判福州，通判广州广德军，知武冈军，擢汀州，请主管华州云台观，绍定二年（1229）正月望夜以疾卒于正寝，享年七十一，积阶至中散大夫，爵莆田县男，食邑三百户，赐紫金鱼袋。

【史料来源】

（宋）陈宓：《复斋先生龙图陈公文集》卷二二《中散大夫开国龚公圹铭》，载《宋集珍本丛刊》第73册，北京：线装书局，2004年。

曹椿：南康军都昌县人。

南宋宁宗庆元五年（1199）登进士第。仕至安仁县县丞。

【史料来源】

（明）林庭㭿、（明）周广纂修：（嘉靖）《江西通志》卷一三《南康府·科名·宋》，《四库全书存目丛书》本，济南：齐鲁书社，1997年。

（清）刘坤一：（光绪）《江西通志》卷二二《选举表·宋进士》，载《中国地方志集成》，南京：凤凰出版社，2009年。

葛一之：字元甫，台州临海县人。南宋宁宗庆元五年（1199）特奏名登进士第。

约南宋宁宗时期终德安县县丞。

【史料来源】

（宋）陈耆卿：（嘉定）《赤城志》卷三四《人物志·本朝·仕进·特科》，载《宋元方志丛刊》第7册，北京：中华书局，1990年。

（清）王瑞成等修：（光绪）《宁海县志》卷九《选举表·宋·进士》，清光绪二十八年（1902）刻本。

程东（1182—1249）：字楚望，饶州乐平人，振曾孙。以祖荫补官，历任连山县尉。

南宋宁宗时期调温州永嘉县县丞。

约宋宁宗年间屡迁至黄州判官，淳祐九年（1249）卒于官，年八十六。

【史料来源】

（宋）程鸣凤撰：《程氏贻范乙集》卷八《宋故宣义郎致仕程公行状》，明成化刻本。

蒋纯臣：字持正，浙江永嘉县人。南宋孝宗淳熙十四年（1187）登进士第。

南宋宁宗嘉定五年（1212）任赣州雩都县县丞。终赣州通判。

【史料来源】

（明）董天锡撰：（嘉靖）《赣州府志》卷七《秩官志·雩都·县丞·宋》，载《天一阁藏明代方志选刊》，上海：上海古籍书店，1962年。

（清）嵇曾筠撰：（雍正）《浙江通志》卷一二六《选举志·进士·宋》，上海：上海古籍出版社，1991年。

蒋叔与（1162—1223）：字少韩，一字德瞻，自号存斋，温州永嘉县人，行简子。以父恩调扬州司户，监仁和纳盐场，华阳军节度推官。

南宋宁宗时期迁吉州永新县县丞。

以赵方荐于朝，知信州弋阳县。兴利除弊，所治有声，民画像以祀之。嘉定十六年（1223）正月二十六卒，年六十二。

【史料来源】

（宋）吴泳：《鹤林集》卷三五《蒋知县墓志铭》，载《宋集珍本丛刊》第74册，北京：线装书局，2004年。

（宋）戴栩：《浣川集》卷一〇《存斋蒋弋阳墓志铭》，文渊阁《四库全书》本。

彭运成（1164—1225）：字子远，眉州丹棱县人。南宋宁宗庆元五年（1199）登进士第。初授荣州应灵县主簿，调嘉定府府学教授，又调雅州州学教授。

约南宋宁宗时期调隆州仁寿县县丞。

堂差潼川府府学教授，筑高风堂、续《进士题名记》以激励后进。又教授长宁。宝庆元年（1225）正月终于遂宁客舍，年六十二。

【史料来源】

（宋）魏了翁：《重校鹤山先生大全文集》卷七〇《彭君子远墓志铭》，载《宋集珍本丛刊》第76册，北京：线装书局，2004年。

（清）常明修，（清）杨芳灿纂：（嘉庆）《四川通志》卷一二三《选举志·进士》，清嘉庆二十一年（1816）刻本。

彭叔度（1128—1201）：字季量，吉州吉水县人，幼颖悟，八岁能属文。淳熙二年（1175）特恩授迪功郎，为静江府灵川县尉兼主簿，秩满，调融州司法参军，高宗庆寿，恩职郎用前举主循从政郎。

约南宋宁宗初期任南康军建昌县县丞。

转都昌县县令。宁宗覃恩，循文林郎，还不待年，告老，改通直郎致仕，俄赐服绯银。嘉泰元年（1201）卒，年七十有四。有文集三十余卷、《诗书意原》二十卷。

【史料来源】

（宋）周必大：《文忠集》卷七三《通直郎彭君叔度墓志铭》，文渊阁《四库全书》本。

（清）谢旻：（雍正）《江西通志》卷五〇《选举志·进士·宋》，文渊阁《四库全书》本。

禄坚复（1173—1232）：字子固，潼川人，禄东之从子。父檩之，以经学教授于家，累赠朝请郎。坚复年十七而孤，从舅氏王行轸学戴氏礼。

南宋宁宗开禧元年（1205）登进士第，任安岳县县丞。

转渠江、蓬溪、绵竹三县县令，擢通判嘉定府，摄资州府，差知威州，绍定六年（1233）解官归，卒于道，年六十。

【史料来源】

（宋）魏了翁：《重校鹤山先生大全文集》卷八四《知威州禄君墓志铭》，载《宋集珍本丛刊》第76册，北京：线装书局，2004年。

（清）王梓材、（清）冯云濠编撰，沈芝盈、梁运华点校：《宋元学案补遗》卷八〇《禄先生坚复》，北京：中华书局，2012年。

斯泽：温州永嘉县人。

南宋宁宗嘉定元年（1208）登进士第。终南康军南康县县丞。

【史料来源】

（明）汤日昭撰：（万历）《温州府志》卷一三《人物志·科第·宋》，明万历刻本。

（清）嵇曾筠撰：（雍正）《浙江通志》卷一二七《选举志·进士·宋》，上海：上海古籍出版社，1991 年。

喻偘（1154—1237）：字伯经，号庐隐，义乌人，父良能。庆元五年（1199）举进士，授宣城尉。历庆元府观察推官，丁父忧，不赴。调隆庆府观察推官。

南宋宁宗中期后乃以选人为宜春县县丞。宜春地连赣、吉，吏珥笔成风，民善讼。

约宋理宗初年，居久之，由承直郎改奉议郎、签书镇南军节度判官。听公事，改章服。寻升朝奉郎。嘉熙元年（1237）九月卒，年八十四。早从喻良弼学，后受经于陈亮。有《随见类录》二百卷、《芦隐类稿》五十卷。

【史料来源】

（明）宋濂：《文宪集》卷一〇《喻偘传》，长春：吉林出版集团，2005 年。

（清）黄宗羲撰，（清）全祖望补修，陈金生、梁运华点校：《宋元学案》卷五六《签判喻芦隐先生偘》，北京：中华书局，1986 年。

曾棠：字召南，赣州人，徙河南洛阳，文清公孙。

南宋宁宗庆元初为东阳县县丞。政事一本家学，建立漏泽园，经理常平仓，民养生丧死有赖焉。

【史料来源】

（明）董斯张：（崇祯）《吴兴备志》卷七《官师征第四之六》，文渊阁《四库全书》本。

（清）王梓材、（清）冯云濠编撰，沈芝盈、梁运华点校：《宋元学案补遗》卷三四《曾先生棠》，北京：中华书局，2012 年。

惠端方：字敬之，常州宜兴县人，惠迪子。

南宋宁宗庆元二年（1196）登进士第，官温州永嘉县县丞。处事审慎，不以妄与夺取为快，与友朋交同蔬醻，而无倦日，然立于高远，不可浼，喜作梅花诗，诸贤大夫皆交口称赞。

嘉定十五年（1222）升徽州祁门县知县。

【史料来源】

（宋）史能之：（咸淳）《重修毗陵志》卷一一《文事·科名》，扬州：广陵书社，2005年。

（宋）叶适：《叶适集》卷二九《建康府教授惠君墓志铭》，北京：中华书局，2010年。

滕珂：南郡人。

南宋宁宗初期任宣城县县丞。

约南宋宁宗嘉定元年（1208）任华亭县知县，后任广西永福县县令。嘉定十年（1217）任广东南雄州签判，以朝奉郎知新州军。

【史料来源】

（清）厉鹗撰：《宋诗纪事》卷五四《滕珂》，上海：上海古籍出版社，1983年。

（清）陆心源辑：《宋诗纪事小传补正》卷三《滕珂》，北京：中华书局，1971年。

颜颐仲（1188—1262）：字景正，漳州龙溪县人，以遗泽授通仕郎历宁化县县尉，改承务郎。

南宋宁宗后期再转为西安丞。民有争水利死者，凶身逸去，蔓延平人，宪委公核实。屏骑微服，访知其人，捕论如法，疑狱遂决。

移江山县主簿。约南宋宁宗后期、理宗初年任西安县知县。后调两浙转运司干办公事。迁通判临安府，除将作监主簿，知严州，入为司农丞，摄金部郎官，除直秘阁、两浙转运判官。除户部郎，兼知临安府。嘉熙改元，以直秘阁奉武夷祠，除广西转运判官，知泉州，擢吏部尚书，以宝华阁学士提举玉隆万寿宫。景定三年（1262）六月卒，年七十五。

【史料来源】

（宋）刘克庄撰，王蓉贵、向以鲜校点，刁忠民审订：《后村先生大全集》卷一四三《宝学颜尚书神道碑》，成都：四川大学出版社，2008 年。

潘周伯（1181—1269）：字宗之，长乐人。以父荫补将仕郎，嘉定四年（1211）调常德龙阳尉。

南宋宁宗绍定初年徙郴州桂东丞。

【史料来源】

（同治）《重纂福建通志》卷一八二《宋人物十一》，清同治刻本。

薛舜庸：字惠父，泉州府同安县人，薛舜俞弟。南宋光宗绍熙四年（1193）登进士第，初授龙溪县县尉。

约南宋宁宗庆元时期以赏改隆兴府分宁县县丞。

嘉定时期任古田县知县，有惠政，民皆赖之。按照旧制，民间牛死者输钱于官，舜庸叹曰："民不幸失牛，奈何重困之。"遂废除其法。

【史料来源】

（清）孙尔准等修，（清）陈寿祺纂，（清）程祖洛等续修，（清）魏敬中续纂：（道光）《重纂福建通志》卷一二三《宋官绩・福州》，扬州：广陵书社，2018 年。

戴思中：字子先，江阴军江阴县人。南宋宁宗庆元二年（1196）特奏名登进士第。

约南宋宁宗时期仕至县丞。

【史料来源】

（明）赵锦修，（明）张衮纂，刘徐昌点校：（嘉靖）《江阴县志》卷一四《选举表・宋・甲科》，上海：上海古籍出版社，2011 年。

（明）朱昱：（成化）《唐修毗陵志》卷一三《文事志一・甲科・宋》，《中国方志丛书》本。

第十四章　宋理宗朝（1225—1264）

上官彦宗：邵武军邵武县人。南宋宁宗嘉定十二年（1219）特奏名登进士第。

理宗淳祐十年（1250）官宜黄县丞。

【史料来源】

（清）陆心源撰，徐旭、李建国点校：《宋诗纪事补遗》卷六五《上官彦宗》，太原：山西古籍出版社，1997年。

丁南一（1197—1266）：字宋杰，号斗轩，兴化军莆田县人，丁伯杞子。少年时期即机敏灵活，在乡学中颇有名声，宝庆元年（1225）漕解，宝祐元年（1253）始别院廷试。以累举恩升丙科，授福州怀安县县尉，遭到弹劾而离职。

南宋理宗宝祐年间摄海阳县县丞，州学教授，兼任文公、元公两书院山长。

以悼亡归于乡，后不复出，居住一室，号曰斗轩。咸淳二年（1266）十一月六日卒，年七十。

【史料来源】

（宋）刘克庄撰，王蓉贵、向以鲜校点，刁忠民审订：《后村先生大全集》卷一二一《丁县尉（南一）》，成都：四川大学出版社，2008年。

（明）黄仲昭修纂：（弘治）《八闽通志》卷五四《选举志·科第·兴化

府·宋》，福州：福建人民出版社，2006年。

万坚：饶州德兴县人。南宋理宗绍定二年（1229）登进士第。

约南宋理宗时期仕至县丞。

【史料来源】

（清）汤惪修，（清）石景芬纂：（同治）《饶州府志》卷一四《选举志·进士·宋》，上海：上海古籍出版社，2010年。

（清）刘坤一：（光绪）《江西通志》卷二二《选举表·宋进士》，载《中国地方志集成》，南京：凤凰出版社，2009年。

上官彦华：邵武军人。南宋理宗淳祐十年（1250）特奏名登进士第。

约南宋理宗时期任宜黄县县丞。

【史料来源】

（明）邢址修，（明）陈让纂：（嘉靖）《邵武府志》卷八《选举志·进士·宋》，载《天一阁藏明代方志选刊》，上海：上海古籍书店，1964年。

（明）黄仲昭修纂：（弘治）《八闽通志》卷五二《选举志·科第·邵武府·宋》，福州：福建人民出版社，2006年。

王九万：建宁府建安县人。南宋宁宗嘉定十六年（1223）登进士第。南宋理宗宝庆二年（1226）序《阴符经》一卷。

南宋理宗端平初为长汀县县丞。

【史料来源】

（明）夏玉麟等修，（明）汪佃等纂：（嘉靖）《建宁府志》卷一五《选举志·进士·宋》，厦门：厦门大学出版社，2009年。

（明）黄仲昭修纂：（弘治）《八闽通志》卷三四《秩官志·建宁府·长汀县·宋》，福州：福建人民出版社，2006年。

王大节：福州人。

南宋理宗宝祐四年（1256）特奏名登进士第。历南安县县丞。

【史料来源】

（明）黄仲昭修纂：（弘治）《八闽通志》卷四八《选举志·科第·福州府·宋》，福州：福建人民出版社，2006年。

（明）何乔远：《闽书》卷七二《英旧志·福州府·闽县·科第·宋》，福州：福建人民出版社，1994年。

王介雍：福州闽县人。

南宋理宗绍定二年（1229）特奏名登进士第，仕光泽县县丞。

【史料来源】

（宋）梁克家：（淳熙）《三山志》卷三二《人物类·科名·本朝》，载《宋元方志丛刊》第8册，北京：中华书局，2006年。

（明）黄仲昭修纂：（弘治）《八闽通志》卷四七《选举志·科第·福州府·宋》，福州：福建人民出版社，2006年。

王师禹：漳州长泰县人。南宋理宗宝祐元年（1253）登进士第。

约南宋理宗时期任长泰县丞。

【史料来源】

（清）金鋐、（清）郑开极纂修：（康熙）《福建通志》卷三六《选举志·宋科名》，载《北京图书馆古籍珍本丛书》，北京：书目文献出版社，1989年。

（清）孙尔准等修，（清）陈寿祺纂，（清）程祖洛等续修，（清）魏敬中续纂：（道光）《重纂福建通志》卷一四七《选举志·宋科名·进士》，扬州：江苏广陵书社，2018年。

王㧑（1184—1252）：字谦父，王应麟父。庆元府鄞县人。博学耿介，非其友不与语，为楼昉高弟，独善游，文艺深醇，善议论。南宋理宗嘉定十六年（1223）登进士第。

约南宋理宗时期为安吉县县丞。

绍定年间任长兴县县令，后任新城县县令。迁国子正将作监主簿，后任婺州通判，改秘书丞，守徽州，迁吏部郎中兼崇政殿说书，后任直秘阁知温州。淳祐十二（1252）年卒，年六十九。

【史料来源】

（宋）陈骙：《南宋馆阁续录》卷七《官联一》，北京：中华书局，1998年。

（宋）罗濬：（宝庆）《四明志》卷一〇《进士》，载《宋元方志丛刊》第5册，北京：中华书局，1990年。

王彻：**南宋理宗绍定三年（1230）为安溪县县丞。**

【史料来源】

（明）林有年纂：（嘉靖）《安溪县志》卷三《官制类·职官·县丞》，载《天一阁藏明代方志选刊》，上海：上海古籍书店，1963年。

王西发：字噩甫，本安丰县人，王沔子，宋端平中徙居丹徒县。

南宋理宗宝祐元年（1253）登进士第，任润州金坛县、荆山县两县丞。

约南宋理宗景定年间至南宋咸淳年间任通州静海县知县。入元后，不仕，隐居黄鹤山下，自号息寮子。

【史料来源】

（元）俞希鲁编撰，杨积庆、贾秀英等校：（至顺）《镇江志》卷一九《人材》，南京：凤凰出版社，1999年。

（清）赵宏恩：（乾隆）《江南通志》卷一二一《选举志·进士·宋》，扬州：江苏广陵书社有限公司，2010年。

王景寿：绍兴府嵊县人。南宋理宗绍定五年（1232）登进士第。

约南宋理宗时期任平江府昆山县县丞。

【史料来源】

（宋）张淏撰：（宝庆）《会稽续志》卷六《进士》，载《宋元方志丛刊》

第7册，北京：中华书局，1990年。

（明）杨逢春修，（明）方鹏纂：（嘉靖）《昆山县志》卷五《官守·宋》，扬州：广陵书社，2016年。

方应龙：婺州义乌县人。南宋宁宗嘉定十六年（1223）登进士第。

约南宋理宗初期历大冶县县丞。

【史料来源】

（明）王懋德等修，（明）陆凤仪等编：（万历）《金华府志》卷一八《科第·宋进士》，北京：国家图书馆出版社，2014年。

（清）嵇曾筠撰：（雍正）《浙江通志》卷一二七《选举志·进士·宋》，上海：上海古籍出版社，1991年。

方克昌：字世蕃，兴化军莆田县人，方同子。南宋理宗嘉熙二年（1238）登进士第，为连江县主簿。

约南宋理宗时期改永春县县丞。

【史料来源】

（明）黄仲昭修纂：（弘治）《八闽通志》卷五四《选举志·科第·兴化府·宋》，福州：福建人民出版社，2006年。

（明）何乔远：《闽书》卷一〇五《英旧志·兴化府·莆田县·科第·宋》，福州：福建人民出版社，1994年。

方应箕：兴化军莆田人，南宋理宗开庆元年（1259）舍选。

约南宋理宗时期任惠安县县丞。

【史料来源】

（明）黄仲昭修纂：（弘治）《八闽通志》卷五四《选举志·科第·兴化府·宋》，福州：福建人民出版社，2006年。

方禼：兴化军莆田县人。南宋理宗宝祐四年（1256）特奏名登进士第。

南宋理宗时期任泉州南安县县丞。

【史料来源】

（明）黄仲昭修纂：（弘治）《八闽通志》卷五四《选举志·科第·兴化府·宋》，福州：福建人民出版社，2006年。

（明）何乔远：《闽书》卷一〇五《英旧志·兴化府·莆田县·科第·宋》，福州：福建人民出版社，1994年。

邓垚：南剑州沙县人。南宋理宗淳祐元年（1241）特奏名登进士第，初授福州府宁德县县尉。

约南宋理宗时期转长汀县县丞。

【史料来源】

（明）陈能修，（明）郑庆云、（明）辛绍佐纂：（嘉靖）《延平府志》卷一四《选举志·进士·宋》，载《天一阁藏明代方志选刊》，上海：上海古籍书店，1961年。

（清）孙尔准等修，（清）陈寿祺纂，（清）程祖洛等续修，（清）魏敬中续纂：（道光）《重纂福建通志》卷一五〇《宋选举四》，扬州：广陵书社，2018年。

丘方（960—1279）：字正叔，丘鳞之侄，福建连城人，擅长于文学，秉性耿介。南宋理宗宝庆二年（1226）登进士第。

南宋理宗宝庆三年（1227）任宁都县县丞，大力兴学，优待士人，政教皆有绩。

【史料来源】

（明）邵有道：（嘉靖）《汀州府志》卷一四《人物志·名吏·宋》，载《天一阁藏明代方志选刊续编》，上海：上海书店出版社，1990年。

（明）黄仲昭修纂：（弘治）《八闽通志》卷五一《选举志·科第·汀州府·宋》，福州：福建人民出版社，2006年。

丘炳：**南宋理宗嘉熙二年（1238）为安溪县县丞。**

【史料来源】

（明）林有年纂：（嘉靖）《安溪县志》卷三《官制类·职官·县丞》，《天一阁藏明代方志选刊》，上海：上海古籍书店，1963年。

丘梦周：字克明，汀州宁化县人。南宋理宗端平二年（1235）特奏名登进士第。

约南宋理宗时期任全州清湘县县丞。

【史料来源】

（明）邵有道：（嘉靖）《汀州府志》卷一三《人物志·进士·宋》，载《天一阁藏明代方志选刊续编》，上海：上海书店出版社，1990年。

（明）黄仲昭修纂：（弘治）《八闽通志》卷五一《选举志·科第·汀州府·宋》，福州：福建人民出版社，2006年。

边应升：字子用，平江府昆山县人。南宋理宗淳祐元年（1241）登进士第。

约南宋理宗时期任宝应县县丞。

【史料来源】

（宋）凌万顷撰：（淳祐）《玉峰志》卷中《进士题名》，载《宋元方志丛刊》第7册，北京：中华书局，1990年。

（明）杨逢春修，（明）方鹏纂：（嘉靖）《昆山县志》卷六《进士·宋》，扬州：广陵书社，2016年。

帅宝：字仲珍，濠州人，乡进士。

南宋理宗淳祐时期任盐官县县丞。以清廉著。

擢昌邑县县令，劝农课士听讼，咸得其情，所治有声，民皆赖之，卒于官，留葬之。

【史料来源】

（清）嵇曾筠撰：（雍正）《浙江通志》卷一四九《名宦志·杭州府·宋》，上海：上海古籍出版社，1991 年。

（清）甘文蔚、（清）王元音修，（清）王守矩、（清）章起龙纂：（乾隆）《昌化县志》卷一〇《冢墓》，清乾隆十三年（1748）刻本。

刘汉仪：字山甫，绍兴府上虞县人，刘汉传（1211—1286）弟。理宗朝特奏名登进士第，授明州教授。

南宋理宗时期调明州鄞县县丞。

尝受学于何云源，因而得建安蔡氏之学，能深究体用，以新自得者。著有《止善编》。

【史料来源】

（清）王梓材、（清）冯云濠编撰，沈芝盈、梁运华点校：《宋元学案补遗》卷六七《刘先生汉仪》，北京：中华书局，2012 年。

刘光叔：字景实，兴华军莆田县人，刘南叔弟。少与兄南叔齐名，兄以声律魁太学，第进士，官贵池主簿，早卒。光叔两得国子监奏荐，黜于省试。南宋理宗绍定二年（1229）特奏名登进士第。初授兴宁县主簿，改大庾主簿。

约南宋理宗时期任武义县县丞。上官交荐，君宦情已阑，筋力殊未衰而倦游，忽动莼鲈之念，径去不待钟漏之迫，其见之卓、志之高，固系累宠禄不能决裂者之所愧也。

归，浮沈闾里，严以课子，故诸子皆力学。淳祐四年（1244）卒，年六十八。

【史料来源】

（宋）刘克庄撰，王蓉贵、向以鲜校点，刁忠民审订：《后村先生大全集》卷一五三《武义刘丞墓志铭》，成都：四川大学出版社，2008 年。

（明）黄仲昭修纂：（弘治）《八闽通志》卷五四《选举志·科第·兴化府·宋》，福州：福建人民出版社，2006 年。

刘纯：字君锡，刘崇之子，建宁府建阳县人。少喜骑射，以父荫授沙县主簿。纯清正廉洁，断事果决。时岁大疫，纯躬治粥药，存活甚众。

南宋理宗初期调袁州分宜县县丞。

寻入朝，监和济局。绍定二年（1229），闽寇晏头陀聚众在汀州暴动，又攻南剑州、建宁府。乃辞官归乡，散家财招募唐石义勇千人讨之。知邵武军王遂请于朝，命知邵武县。后又率军讨盗贼刘安国，盗将平，为贼所得，不屈而死。事闻，赠朝散郎，赐谥义壮，立庙麻纱，庙号忠烈。

【史料来源】

（明）黄仲昭修纂；（弘治）《八闽通志》卷三八《秩官·名宦》，福州：福建人民出版社，2006年。

（明）夏玉麟等修，（明）汪佃等纂：（嘉靖）《建宁府志》卷一八《人物志·文学·宋》，厦门：厦门大学出版社，2009年。

江天锡：字顺之，汀州府长汀县人。南宋理宗淳祐元年（1241）特奏名登进士第。

约南宋理宗时期终潮州潮阳县县丞。

【史料来源】

（明）邵有道：（嘉靖）《汀州府志》卷一三《人物志·进士·宋》，载《天一阁藏明代方志选刊续编》，上海：上海书店出版社，1990年。

（明）黄仲昭修纂：（弘治）《八闽通志》卷五一《选举志·科第·汀州府·宋》，福州：福建人民出版社，2006年。

江寅：建宁府崇安县人。江灏从孙。南宋理宗宝庆元年（1225）登进士第。

约南宋理宗时期为上杭县县丞。

历知襄阳府谷城、处州丽水、吉州庐陵三县县事，以循良著称。蜀兵兴，上书言朝政得失，出为武安军节度掌书记。

【史料来源】

（明）夏玉麟等修，（明）汪佃等纂：（嘉靖）《建宁府志》卷一五《选举志·进士·宋》，厦门：厦门大学出版社，2009年。

（清）孙尔准等修，（清）陈寿祺纂，（清）程祖洛等续修，（清）魏敬中续纂：（道光）《重纂福建通志》卷九四《宋职官》，扬州：广陵书社，2018年。

庄师熊：字次公，号梅庄，福州府宁德县人。南宋理宗端平二年（1235）登进士第。

约南宋理宗时期官抚州乐安丞。

【史料来源】

（宋）梁克家：（淳熙）《三山志》卷三二《人物类·科名·本朝》，载《宋元方志丛刊》第8册，北京：中华书局，2004年。

（明）黄仲昭修纂：（弘治）《八闽通志》卷五五《选举志·科第·福宁州·宋》，福州：福建人民出版社，2006年。

孙杓：字端友，江阴军江阴县人。南宋理宗淳祐七年（1247）登进士第。

约南宋理宗时期任县丞。

【史料来源】

（明）赵锦修，（明）张衮纂，刘徐昌点校：（嘉靖）《江阴县志》卷一四《选举表·宋·甲科》，上海：上海古籍出版社，2011年。

（清）赵宏恩：（乾隆）《江南通志》卷一二一《选举志·进士·宋》，扬州：江苏广陵书社有限公司，2010年。

邬秀寔：庆元府鄞县人，南宋理宗淳祐七年（1247）登进士第。

南宋理宗景定元年（1260）邛州浦江县县丞。

【史料来源】

（宋）罗濬：（宝庆）《四明志》卷一〇《郡志·叙人·进士》，载《宋元方志丛刊》第5册，北京：中华书局，1990年。

（清）嵇曾筠：（雍正）《浙江通志》卷一二八《选举志·进士·宋》，上海：上海古籍出版社，1991年。

朱俊龙：字杰父，饶州乐平县人。南宋理宗开庆元年（1259）登进士第。

约南宋理宗时期任新建县县丞。

【史料来源】

（明）陈策纂修：（正德）《饶州府志》卷二《学校志科贡附·乐平·进士》，载《天一阁藏明代方志选刊续编》，上海：上海书店出版社，1990年。

（清）汤惠修，（清）石景芬纂：（同治）《饶州府志》卷一四《选举志·进士·宋》，上海：上海古籍出版社，2010年。

陈士迈：通州海门县人。

南宋理宗淳祐十年（1250）登进士第。仕至吴县县丞。

【史料来源】

（明）盛仪辑：（嘉靖）《惟扬志》卷一九《人物志·宋进士》，扬州：江苏广陵书社有限公司，2013年。

（清）赵宏恩：（乾隆）《江南通志》卷一二一《选举志·进士·宋》，扬州：江苏广陵书社有限公司，2010年。

陈子颐：闽县人，陈坚兄。敏而勤，登嘉定十六年（1223）进士第，宝庆二年（1226）调安溪尉。

南宋理宗绍定二年（1129）任福州莆田县县丞。

迁知永丰县。

【史料来源】

（宋）刘克庄著，辛更儒笺校：《刘克庄集笺校》卷八八《重修太平陂记》，北京：中华书局，2011年。

陈圭（？—1272）：字表夫，莆田人，陈宓子。以祖泽授承务郎。

约南宋理宗初期调泉州南安县丞。

端平初，擢差提辖行在榷货务，除将作监簿，迁大理丞。冬雷之变，上封事论政，语甚切直，丐去，差知漳州，终提举广东常平，痛割贪弊，淳祐八年（1248）卒。

【史料来源】

（宋）陈宓：《复斋先生龙图陈公文集》卷八《子圭字说》，《宋集珍本丛刊》第73册，北京：线装书局，2004年。

（宋）赵汝腾：《庸斋集》卷六《陈提举墓志铭》，文渊阁《四库全书》本。

陈庆勉（1183—1261）：一作广勉，字志问，徽州休宁县人。南宋理宗绍定五年（1232）登进士第，授庐州舒城县尉，历嘉兴华亭县浦东监盐场，迁韶州推官。

南宋理宗淳祐八年（1248），调知蒲圻县县丞。

后历福州签判，兼西外宗寺簿、湖南转运司主管文字、武冈军通判，不上，换福州通判，未上，卒。累官至宣议郎。生于淳熙十年（1183），卒于景定二年（1261），享年七十九岁。

【史料来源】

（元）陈栎：《定宇集》卷九《通守陈公传》，文渊阁《四库全书》本。

（明）彭泽修，（明）汪舜民纂：（弘治）《徽州府志》卷七《人物志·文苑·宋》，载《天一阁藏明代方志选刊》，上海：上海古籍书店，1964年。

陈仲微（1212—1283）：字致广，瑞州高安人，陈乘之子。其先居江州，旌表义门。南宋理宗嘉熙二年（1238）登进士第。调莆田尉，会守令阙，台阃委以县事。

约南宋理宗嘉熙时期迁海盐县丞。邻邑有疑狱十年，郡命仲微按之，一问立决。

改知崇阳县。通判黄州，职兼饷馈，以身律下，随事检柅，军兴赖以不乏。复通判江州，迁干办诸司审计事，知赣州、江西提点刑狱，忤丞相贾似道，监察御史舒有开言罢。久之，起知惠州，迁太府寺丞兼权侍右郎官。出知江东提点刑狱。德祐元年（1275），迁秘书监，寻拜右正言、左司谏、殿中侍御史。益王即位海上，拜吏部尚书、给事中。厓山兵败，走安南。越四年卒，年七十有二。仲微天禀笃实，虽生长富贵，而恶衣菲食，自同窭人。故能涵饫《六经》，精研理致，于诸子百家、天文、地理、医药、卜筮、释老之学，靡不搜猎。自号遂初，门人称文溪先生。

【史料来源】

（元）脱脱等：《宋史》卷四二二《陈仲微传》，北京：中华书局，1977年。

（明）熊相：（正德）《瑞州府志》卷九《人物志·将相》，载《天一阁藏明代方志选刊续编》，上海：上海书店出版社，2014年。

陈宣子：绍兴府诸暨县人。南宋理宗绍定五年（1232）登进士第。

约南宋理宗时期任县丞。

【史料来源】

（明）张元忭：（万历）《绍兴府志》卷三三《选举志·进士·宋》，明万历刻本。

（清）嵇曾筠：（雍正）《浙江通志》一二七《选举志·进士·宋》，上海：上海古籍出版社，1991年。

陈端年：字居亮，福州长溪县人，陈经子。南宋理宗嘉定十六年（1223）登进士第。

南宋理宗初期任桐城县县丞。

【史料来源】

（宋）梁克家撰：（淳熙）《三山志》卷二六《人物类·科名·本朝》，载《宋元方志丛刊》第8册，北京：中华书局，1990年。

（明）陈应宾修，（明）闵文振纂：（嘉靖）《福宁州志》卷八《科贡·进士·宋》，载《天一阁藏明代方志选刊续编》，上海：上海书店出版社，1990年。

陈德符：鄞县人。

南宋理宗淳祐时期为建阳县县丞。

【史料来源】

（明）冯继科：（嘉靖）《建阳县志》卷二《历代职官年表》，明嘉靖三十二年（1553）刻本。

（清）孙尔准等修，（清）陈寿祺纂，（清）程祖洛等续修，（清）魏敬中续纂：（道光）《重纂福建通志》卷一九二《宋人物·外传》，扬州：广陵书社，2018年。

汪大信：字梦约，徽州休宁县人，习《礼经》，南宋宁宗嘉定十六年（1223）登进士第。初授武昌县主簿，丁父忧，改钱塘县县尉，任广西道盐场，以亲嫌，不赴，闲居十年。

南宋理宗时期迁赣州石城县县丞。摄邑，期年贼掠之，大信率邑民数十御之，贼皆遁去。

转分宜县知县，任辰州推官，丁母艰，服阙，调高邮推官，未赴，卒。

【史料来源】

（明）彭泽修，（明）汪舜民纂：（弘治）《徽州府志》卷八《人物志·宦业·宋》，载《天一阁藏明代方志选刊》，上海：上海古籍书店，1964年。

（清）赵宏恩：（乾隆）《江南通志》卷一二〇《选举志·进士·宋》，扬州：江苏广陵书社有限公司，2010年。

张从龙：饶州德兴县人。

南宋理宗嘉熙二年（1238）登进士第。仕至福安县县丞。

【史料来源】

（明）陈策纂修：（正德）《饶州府志》卷二《学校志科贡附·乐平·进

士》，载《天一阁藏明代方志选刊续编》，上海：上海书店出版社，1990年。

（清）刘坤一：（光绪）《江西通志》卷二二《选举表·宋进士》，载《中国地方志集成》，南京：凤凰出版社，2009年。

杨友龙：隆兴府武宁县人。

南宋理宗开庆元年（1259）登进士第。终吉州庐陵县县丞。

【史料来源】

（明）徐麟纂修：（嘉靖）《武宁县志》卷五《人物类·宋·进士》，载《天一阁藏明代方志选刊续编》，上海：上海书店出版社，1990年。

（清）许应鑅、（清）王之藩修：（同治）《南昌府志》卷二九《选举志·进士·宋》，南京：江苏古籍出版社，1996年。

杨元定（1186—1253）：名不详，字元定，金华人。自幼天姿凝重，家虽贫约，不与凡儿伍，父兄异其志。

南宋理宗端平二年（1235），授迪功郎、常州晋陵县主簿，再调临安府于潜县县丞。远势利，安淡泊，与长官为文字之交，户庭寂然，人不知其为官府也，未尝求知于人，诸公多得于案牍间，皆知其学之有源也，交荐于朝。秩满，府尹欲罗致之，君翩然而归。逾年始谒选，更授**庆元府定海县丞**，宦情既薄，不欲矫世，挂冠，其无意于斯世也久矣。宝祐元年（1253）二月卒于家，年六十八。

【史料来源】

（宋）王柏撰：《鲁斋集》卷一九《祭定海县丞杨元定》，文渊阁《四库全书》本。

（宋）王柏撰：《鲁斋集》卷二〇《定海县丞杨公墓志铭》，文渊阁《四库全书》本。

杨令圭（1191—1233）：字如斯，遂宁人，杨辅孙。以祖恭惠致仕恩，补承务郎。

南宋理宗中期授潼川府中江县县丞。

移昌州签判，知涪城县事，终官汉川通判府事、莅事行己，能世其家。绍定六年（1233）卒，年四十三，积官止朝奉郎。

【史料来源】

（宋）魏了翁：《重校鹤山先生大全文集》卷八四《汉川通判杨君墓志铭》，载《宋集珍本丛刊》第76册，北京：线装书局，2004年。

（清）王梓材、（清）冯云濠编撰，沈芝盈、梁运华点校：《宋元学案补遗》卷七九《县令杨先生令圭》，北京：中华书局，2012年。

李仁深（1186—1230）：字声伯，饶州府德兴县人，李骏长子。嘉定中以恩补将仕郎，授予兴国军通山簿尉。

南宋理宗绍定三年（1230）调南昌县县丞，未及上而卒，年四十五。

【史料来源】

（宋）真德秀：《西山先生真文忠公集》卷四六《南昌丞李君墓志铭》，载《宋集珍本丛刊》第75册，北京：中华书局，2004年。

（清）王梓材、（清）冯云濠编撰，沈芝盈、梁运华点校：《宋元学案补遗》卷七〇《李先生仁深》，北京：中华书局，2012年。

李应符：婺州永康县人。南宋理宗景定三年（1262）登进士第。

约南宋理宗晚期任古田县县丞。

【史料来源】

（明）王懋德等修，（明）陆凤仪等编：（万历）《金华府志》卷一八《科第·宋进士》，北京：国家图书馆出版社，2014年。

（清）嵇曾筠撰：（雍正）《浙江通志》卷一二八《选举志·进士·宋》，上海：上海古籍出版社，1991年。

李俊：字世节，饶州浮梁县人。

南宋理宗开庆元年（1259）登进士第。历县丞。仕至郎中。

【史料来源】

（明）陈策纂修：（正德）《饶州府志》卷二《学校志科贡附·乐平·进士》，《天一阁藏明代方志选刊续编》，上海：上海书店出版社，1990 年。

（清）刘坤一：（光绪）《江西通志》卷二三《选举表·宋进士》，载《中国地方志集成》，南京：凤凰出版社，2009 年。

李湝：字晋甫，平江府昆山县人，李应祥子。南宋理宗淳祐元年（1241）特奏名登进士第四等。

约南宋理宗时期任宝应县县丞。

【史料来源】

（宋）凌万顷撰：（淳祐）《玉峰志》卷中《进士题名》，载《宋元方志丛刊》第 1 册，北京：中华书局，1990 年。

（明）王鏊：（正德）《姑苏志》卷五《科第表上·宋·进士》，载《天一阁藏明代方志选刊续编》，上海：上海书店出版社，1990 年。

吴君召：抚州崇仁县人，吴琮侄孙。

南宋理宗开庆元年（1259）登进士第。历进贤县县丞。

【史料来源】

（宋）黄震著，张伟、何忠礼主编：《黄震全集》卷七十六《咸淳八年终特荐州县官申省状》，杭州：浙江大学出版社，2013 年。

（清）刘坤一：（光绪）《江西通志》卷二三《选举志·宋进士》，载《中国地方志集成》，南京：凤凰出版社，2009 年。

吴思齐（1238—1301）：字子善，自号全归子，其先为处州丽水人，祖深有奇才，永康陈亮以女妻之，故徙浙江永康。父吴遂，官至朝散郎，知广德军，以父任入官。思齐少颖悟，仿父作古文，季父国子监丞天泽器重之，悉授以所学，遂以辞章闻名，以任子入官。

南宋理宗后期寻为嘉兴县县丞，会令以言去，摄县事，有能声，忤逆贾似道，遂隐居浦阳。

值宋改物，家无儋石，有劝之仕者，辄谢之曰："譬如处子已嫁，不能更二夫也。"与方凤等，每登严陵山恸哭西台。学者多争师事之。元成宗大德五年（1301）卒，年六十四。手编圣贤顺正考终之事，曰《俟命录》，录成，赋诗别诸友方卒。又有《风雨集》。

【史料来源】

（明）程敏政撰：《宋遗民录》卷九，明嘉靖二年（1523）至四年（1525）程威等刻本。

（明）徐象梅撰：《两浙名贤录》卷四三《风节》，杭州：浙江古籍出版社，2012年。

吴柔胜：字子常，汀州长汀县人。南宋理宗嘉定十六年（1223）特奏名登进士第。

南宋理宗初期历永福县县丞。

【史料来源】

（明）邵有道：（嘉靖）《汀州府志》卷一三《人物志·进士·宋》，载《天一阁藏明代方志选刊续编》，上海：上海书店出版社，1990年。

（明）黄仲昭修纂：（弘治）《八闽通志》卷五一《选举志·科第·汀州府·宋》，福州：福建人民出版社，2006年。

余辅：饶州德兴县人。得马廷鸾授学，南宋理宗宝祐元年（1253）登进士第。

南宋理宗时期任武昌县县丞。

【史料来源】

（清）谢旻：（雍正）《江西通志》卷五一《选举志·进士·宋》，文渊阁《四库全书》本。

（清）汤惪修，（清）石景芬纂：（同治）《饶州府志》卷一四《选举志·进士·宋》，上海：上海古籍出版社，2010年。

宋儒：字希淳，信州贵溪县人。南宋理宗嘉定十六年（1223）登进士第，累迁大理评事，上国是书，陈安内攘外事宜，执政恶其切直。

南宋理宗初期调迪功郎、江夏县县丞。

【史料来源】

（清）蒋继洙修纂：（同治）《广信府志》卷七之一《选举志·进士·宋》，载《中国地方志集成》，南京：凤凰出版社，2009年。

（清）刘坤一：（光绪）《江西通志》卷二二《选举志·宋进士》，载《中国地方志集成》，南京：凤凰出版社，2009年。

周一龙：潭州湘阴县人，南宋理宗宝庆二年（1226）登进士第。

约南宋理宗时期为平江府昆山县县丞。

【史料来源】

（明）杨逢春修，（明）方鹏纂：（嘉靖）《昆山县志》卷五《官守·宋》，扬州：广陵书社，2016年。

（清）吕肃高：（乾隆）《长沙府志》卷二五《选举志·宋·进士》，长沙：岳麓书社，2008年。

周武孙：**南宋理宗淳祐六年（1246）为安溪县县丞。**

【史料来源】

（明）林有年纂：（嘉靖）《安溪县志》卷三《官制类·职官·县丞》，载《天一阁藏明代方志选刊》，上海：上海古籍书店，1963年。

林千之：字能一，温州平阳县人。南宋理宗开庆元年（1259）登进士第。

约南宋理宗时期任连江县县丞。

累迁至知信州。

【史料来源】

（清）嵇曾筠撰：（雍正）《浙江通志》卷一二八《选举志·进士·宋》，

上海：上海古籍出版社，1991 年。

（清）刘坤一：（光绪）《江西通志》卷一一《宋职官表》，载《中国地方志集成》，南京：凤凰出版社，2009 年。

林有道：兴化军莆田县人。南宋理宗景定三年（1262）特奏名登进士第。

约南宋理宗晚期历福清县县丞。

【史料来源】

（明）黄仲昭修纂：（弘治）《八闽通志》卷五四《选举志·科第·兴化府·宋》，福州：福建人民出版社，2006 年。

沈瑜庆：（民国）《福建通志》卷三五《选举志·宋特奏名》，北京：方志出版社，2016 年。

林应之：字行之，福州罗源县人。南宋理宗嘉熙二年（1238）特奏名登进士第。

约南宋理宗时期仕至县丞。

【史料来源】

（宋）梁克家：（淳熙）《三山志》卷三二《人物类·科名·本朝》，载《宋元方志丛刊》第 8 册，北京：中华书局，1990 年。

（明）黄仲昭修纂：（弘治）《八闽通志》卷四七《选举志·科第·福州府·宋》，福州：福建人民出版社，2006 年。

郑必复：台州临海县人，郑闰祖子，治《书》。

南宋理宗宝祐四年（1256）登进士第三甲第一人。历邛州浦江县县丞。

【史料来源】

（宋）佚名：《宝祐四年登科录》，文渊阁《四库全书》本。

（明）谢铎撰：（弘治）《赤城新志》卷九《人物志·进士》，《四库全书存目丛书》本，济南：齐鲁书社，1997 年。

郑仲度：福建三山人。

约南宋理宗绍定时期任赣州雩都县县丞。

未几，升雩都县知县。

【史料来源】

（明）董天锡撰：（嘉靖）《赣州府志》卷七《秩官志·雩都·县丞·宋》，载《天一阁藏明代方志选刊》，上海：上海古籍书店，1962年。

郑轸：泉州德化县人。

南宋理宗淳祐元年（1241）为仁化县县丞，建仁化县县学。

淳祐四年（1244）特奏名登进士第。

【史料来源】

（明）黄仲昭修纂：（弘治）《八闽通志》卷五〇《选举志·科第·泉州府·宋》，福州：福建人民出版社，2006年。

（明）何乔远：《闽书》卷九〇《英旧志·泉州府·德化县·科第·宋》，福州：福建人民出版社，1994年。

郑荐玉：兴华军莆田县人，郑刚子。南宋理宗开庆元年（1259）特奏名登进士第。

约南宋理宗时期任从事郎、惠安县县丞。

【史料来源】

（明）黄仲昭修纂：（弘治）《八闽通志》卷五四《选举志·科第·兴化府·宋》，福州：福建人民出版社，2006年。

（明）何乔远：《闽书》卷一〇五《英旧志·兴化府·莆田县·科第·宋》，福州：福建人民出版社，1994年。

郑思忱：字景千，泉州安溪县人。尝从蔡和游，嘉定四年（1211）登进士第，为新兴令，除遗利钱三百万。绍定二年以宣教郎（1229）知崇安县，复均惠仓。思忱喜读书，听讼犹手不释卷，俗吏多迂之，有谮之于州。

约南宋宋理宗绍定年间左迁至建州浦城县县丞。时真德秀方家食，与之语，知其贤，言于太守，复得仕。

起知南恩州，辟浙东帅府参议官，以雷变上封事，言士溺苞苴，习久难化，民坐困且盗，宜去暴恤贫，节用蓄力，除监登闻鼓院，年七十二卒。有诗书释。公少年豪爽，晚而和粹，凝然有守，君子也。

【史料来源】

（明）夏玉麟等修，（明）汪佃等纂：（嘉靖）《建宁府志》卷六《选举志·进士·宋》，厦门：厦门大学出版社，2009年。

（清）黄宗羲撰，（清）全祖望补修，陈金生、梁运华点校：《宋元学案》卷六八《鼓院郑先生思忱》，北京：中华书局，1986年。

欧阳鉴：字明甫，湖广春陵人。

南宋理宗绍定五年（1232）任赣州雩都县县丞。

【史料来源】

（明）董天锡撰：（嘉靖）《赣州府志》卷七《秩官志·雩都·县丞·宋》，载《天一阁藏明代方志选刊》，上海：上海古籍书店，1962年。

孟醇：宋理宗绍定元年（1228）年前后曾任修职郎、福州宁德县丞。

【史料来源】

何新所编著：《新出宋代墓志碑刻辑录·南宋卷·黄子政圹记（一二三〇）》，北京：文物出版社，2020年。

赵与旹（1175—1231）：字行之，宗室，太祖十世孙。寓居临江军、一作嘉兴府嘉兴县。南宋理宗宝庆二年（1226）登进士第，补官右选，调筦库之任于婺州、泰州、衢州者三。又监御前军器所，司行在草料场。

南宋理宗初期任处州丽水县县丞。

绍定四年（1231）十一月卒，年五十七。所著《宾退录》，考证经史，辨析典故，颇多精核，可为《梦溪笔谈》《容斋随笔》之续。

【史料来源】

（宋）赵孟坚撰：《彝斋文编》卷四《从伯故丽水丞赵公墓志铭》，文渊阁《四库全书》本。

（元）徐硕：（至元）《嘉禾志》卷二三《碑碣八·海盐县·县学记》，上海：上海古籍出版社，2010年。

赵与榭：建昌军南丰县人。南宋理宗绍定五年（1232）登进士第。

约南宋理宗时期仕至承事郎、海阳县县丞。

【史料来源】

（明）夏良胜纂修：（正德）《建昌府志》卷一五《选举志·进士》，载《天一阁藏明代方志选刊》，上海：上海古籍书店，1964年。

（清）刘坤一：（光绪）《江西通志》卷二二《选举表·宋进士》，载《中国地方志集成》，南京：凤凰出版社，2009年。

赵与疆：字安卿，宗室，居福州。南宋理宗宝庆二年（1226）登进士第。

约南宋理宗时期任长汀县县丞。

【史料来源】

（宋）梁克家：（淳熙）《三山志》卷三二《人物类·科名·本朝》，载《宋元方志丛刊》第8册，北京：中华书局，2006年。

沈瑜庆：（民国）《福建通志》卷三二《职官志·宋》，北京：方志出版社2016年。

赵必赞：字子襄，居徽州休宁县，赵善璙从曾孙。应右科，累阶忠训郎。**南宋理宗端平二年（1235）进士第，授承奉郎，调宣州南陵县县丞。**不久丁内艰，孝慕尽哀。**服满，授余干县县丞。**以才干称，兼宪幕。

升任吉州吉水县令，吉水民风强悍，县令多不得终其任，必赞刚毅果敢，所治深得士心民心。后主福建路转运司主管机宜文字，漕使赖之，唯画诺而已。终官建宁府通判。

【史料来源】

（明）程敏政：《新安文献志》卷九三《赵刑部善璙传》，合肥：黄山书社，2004年。

（明）彭泽修，（明）汪舜民纂：（弘治）《徽州府志》卷六《选举志·科第·宋》，载《天一阁藏明代方志选刊》，上海：上海古籍书店，1964年。

赵汝庀：字道夫，抚州临川人。南宋宁宗嘉定七年（1214）登进士第。

南宋理宗绍定二年（1229）任赣州雩都县县丞。

【史料来源】

（明）董天锡撰：（嘉靖）《赣州府志》卷七《秩官志·雩都·县丞·宋》，载《天一阁藏明代方志选刊》，上海：上海古籍书店，1962年。

（明）杨渊纂：（弘治）《抚州府志》卷一八《科第·进士·宋》，载《天一阁藏明代方志选刊续编》，上海：上海古籍书店出版社，2014年。

赵汝栳：宗室，居江南西路吉州。

南宋理宗淳祐元年（1241）登进士第。历长汀县县丞。

【史料来源】

（明）林庭棉、（明）周广纂修：（嘉靖）《江西通志》卷二六《吉安府志·科目·宋》，《四库全书存目丛书》本，济南：齐鲁书社，1997年。

沈瑜庆：（民国）《福建通志》卷三二《职官志·宋》，北京：方志出版社，2016年。

赵师晃：明州鄞县人。南宋孝宗淳熙十四年（1187）登进士第。

约南宋理宗时期为平江府昆山县县丞。

【史料来源】

（宋）罗濬：（宝庆）《四明志》卷一〇《进士》，载《宋元方志丛刊》第5册，北京：中华书局，1990年。

（宋）谢公应撰：（咸淳）《玉峰续志·县丞》，载《宋元方志丛刊》第1

册，北京：中华书局，1990年。

赵师歆：宗室，居福州。

南宋理宗绍定五年（1232）登进士第。历仙游县县丞。

【史料来源】

（宋）梁克家：（淳熙）《三山志》卷三二《人物类·科名·本朝》，载《宋元方志丛刊》第8册，北京：中华书局，1990年。

（明）黄仲昭修纂：（弘治）《八闽通志》卷四七《选举志·科第·福州府·宋》，福州：福建人民出版社，2006年。

赵汝枽：**南宋理宗淳祐九年（1249）为安溪县县丞。**

【史料来源】

（明）林有年纂：（嘉靖）《安溪县志》卷三《官制类·职官·县丞》，载《天一阁藏明代方志选刊》，上海：上海古籍书店，1963年。

赵汝催：宗室，居福州。

南宋理宗淳祐十年（1250）登进士第。历仙游县县丞。

【史料来源】

（宋）梁克家撰：（淳熙）《三山志》卷三二《人物类·科名·本朝》，载《宋元方志丛刊》第8册，北京：中华书局，1990年。

（明）黄仲昭修纂：（弘治）《八闽通志》卷四八《选举志·科第·福州府·宋》，福州：福建人民出版社，2006年。

赵师櫕：字孚仲，衡阳人。

南宋理宗嘉熙三年（1239）任赣州雩都县县丞。

理宗时期以罪拘管西外宗正司，福建提刑王梦龙以其智勇可用，嘱制兵器。寇逼龙溪，令师櫕迎敌于林岭，身为先锋，战十余合，贼至益众，师櫕适陷田中，贼断其左臂，师櫕以右手拔背刀，斩敌数人，仰天大呼曰："报国死于此矣。”遂没焉。尤溪之民为之立庙，嘉熙初都承旨王野上其事请加褒赠，乃赠武节郎，赐其庙额曰忠愍，于一子恩泽。

【史料来源】

（元）脱脱等：《宋史》卷四四九《赵师槚传》，北京：中华书局，1977年。

（明）董天锡撰：（嘉靖）《赣州府志》卷七《秩官志·雩都·县丞·宋》，载《天一阁藏明代方志选刊》，上海：上海古籍书店，1962年。

赵时悟：庆元府昌国县人。南宋理宗绍定五年（1232）登进士第。

约南宋理宗时期为平江府昆山县县丞。

【史料来源】

（宋）罗濬：（宝庆）《四明志》卷十《叙人下·进士》，载《宋元方志丛刊》第5册，北京：中华书局，1990年。

（元）冯福京撰：（大德）《昌国州图志》卷六《进士题名》，载《宋元方志丛刊》第6册，北京：中华书局，1990年。

赵时钺：初名时宏，字子礼，宗室，居建宁府崇安县，南宋宁宗嘉定十六年（1223）登进士第。

南宋理宗绍定时期以长汀县县丞，摄知上杭县事。时汀州寇余党出没，各属有关，麻胡者又诱汝云等作乱，时钺出奇尽获之，民赖以安。

后修城垒，复官廨，不久迁滨州通判，官至朝奉大夫、知邵武军。

【史料来源】

（明）夏玉麟等修，（明）汪佃等纂：（嘉靖）《建宁府志》卷一五《选举志·进士·宋》，厦门：厦门大学出版社，2009年。

（明）黄仲昭修纂：（弘治）《八闽通志》卷四九《选举志·科第·建宁府·宋》，福州：福建人民出版社，2006年。

赵希概：字平叔，瑞州人。

南宋理宗宝庆二年（1226）登进士第。历醴陵县县丞。

【史料来源】

（明）熊相：（正德）《瑞州府志》卷一〇《人物志·文学》，载《天一阁藏明代方志选刊续编》，上海：上海书店出版社，1990年。

（清）刘坤一：（光绪）《江西通志》卷二二《选举表·宋进士》，载《中国地方志集成》，南京：凤凰出版社，2009年。

赵孟宗：瑞州人。

南宋理宗端平二年（1235）登进士第。历桃源县县丞。

【史料来源】

（清）谢旻修：（雍正）《江西通志》卷五一《选举志·进士·宋》，文渊阁《四库全书》本。

赵彦咏：**南宋理宗淳祐元年（1241）为安溪县县丞。**

【史料来源】

（明）林有年纂：（嘉靖）《安溪县志》卷三《官制类·职官·县丞》，载《天一阁藏明代方志选刊》，上海：上海古籍书店，1963年。

赵必赞：徽州休宁县人，初授承奉郎。

约南宋理宗时期调宣州南陵县县丞，未任，继授饶州余干县县丞。以才干著称，兼宪幕。

迁吉州吉水县县令。秩满，授福建路转运司主管机宜文字，后除建宁府倅，卒。

【史料来源】

（明）彭泽修，（明）汪舜民纂：（弘治）《徽州府志》卷九《人物志·孝友·宋》，载《天一阁藏明代方志选刊》，上海：上海古籍书店，1964年。

赵继烈：宋理宗淳祐七年（1247）前后曾任从事郎、赣州赣县县丞。

【史料来源】

何新所编著：《新出宋代墓志碑刻辑录·南宋卷·孙坦墓记（一二四七）》，北京：文物出版社，2020年。

赵崇普：台州天台县人。

南宋理宗宝祐四年（1256）特奏名登进士第。仕至广德县县丞。

【史料来源】

（明）谢铎撰：（弘治）《赤城新志》卷九《人物志·进士》，《四库全书存目丛书》本，济南：齐鲁书社，1997年。

（清）嵇曾筠撰：（雍正）《浙江通志》卷一二八《选举志·进士·宋》，上海：上海古籍出版社，1991年。

赵善得：温州永嘉县人。

南宋理宗绍定二年（1229）登进士第。历仙居县县丞。

【史料来源】

（明）汤日昭撰：（万历）《温州府志》卷一〇《选举志·进士·宋》，明万历刻本。

（清）嵇曾筠撰：（雍正）《浙江通志》卷一二七《选举志·进士·宋》，上海：上海古籍出版社，1991年。

项公泽：字德润，温州永嘉县人。

南宋理宗绍定五年（1232），由童科擢进士第，南宋理宗淳祐年间任长洲县县丞。

后转昆山县令，昆山此前凡十三任长官皆不以善去，公泽以文学饰吏事，为政廉敏，留意学校，卖田养士。县事百废待举，公泽亲力亲为，有惠政，民皆称颂之。后知吉州、安吉州、潮州，皆有政声，官至宗正丞、中奉大夫。宋亡，隐居乡里，尝修《玉峰志》。

【史料来源】

（宋）谢公应撰：（咸淳）《玉峰续志·县丞》，载《宋元方志丛刊》第1册，北京：中华书局，1990年。

（宋）刘克庄撰，王蓉贵、向以鲜校点，刁忠民审订：《后村先生大全集》卷六六《项公泽宗正丞》，成都：四川大学出版社，2008年。

胡文举：字仲明，南昌进贤人。南宋理宗宝祐元年（1253）登进士第。开庆元年（1259）任宁国军主簿，宝祐中调赣县尉，冤案平反甚多，能断无名狱，皆以为神，台省疑狱多嘱之，郡有冤狱，文举皆能平反，吴太守大喜之，辟为州录事参军。

约南宋理宗末期转浮梁县县丞，卒于官。

【史料来源】

（明）董天锡撰：（嘉靖）《赣州府志》卷七《秩官志·浮梁·县丞·宋》，载《天一阁藏明代方志选刊》，上海：上海古籍书店，1962年。

（清）陆心源撰，徐旭、李建国点校：《宋诗纪事补遗》卷七一《胡文举》，太原：山西古籍出版社，1997年。

胡有德：徽州祁门县人。南宋理宗淳祐七年（1247）特奏名登进士第。

约南宋理宗时期任吉水县县丞。

【史料来源】

（明）彭泽修，（明）汪舜民纂：（弘治）《徽州府志》卷六《选举志·科第·宋》，载《天一阁藏明代方志选刊》，上海：上海古籍书店，1964年。

（清）赵宏恩：（乾隆）《江南通志》卷一二一《选举志·进士·宋》，扬州：江苏广陵书社有限公司，2010年。

胡余潜（1166—1234）：字叔昭，台州临海县人。自襁褓而孤，随母亲适余氏，应举登第后始归宗胡氏，以示不忘养育之恩。除为铅山县主簿。

南宋理宗时期历任绍兴府会稽县县丞。

改知平阳县，金溪县。端平元年（1234）辟知滕州，命未下，起居如常，然若忽忽不乐者，一夕端坐，奄然而逝，年六十九，阶朝散郎，以子升朝，累赠某官。

【史料来源】

（宋）陈耆卿：（嘉定）《赤城志》卷三四《人物志 · 本朝 · 仕进 · 进士科》，载《宋元方志丛刊》第7册，北京：中华书局，1990年。

（宋）刘克庄撰，王蓉贵、向以鲜校点，刁忠民审订：《后村先生大全集》卷一五四《胡滕州墓志铭》，成都：四川大学出版社，2008年。

宣发：**南宋理宗淳祐时期为袁州分宜县县丞。**

【史料来源】

（明）严嵩：（正德）《袁州府志》卷六《职官 · 宋》，明正德刻本。

洪焘：杭州于潜县，端明殿学士洪咨夔子，才学器识底法乃父。

约南宋理宗时期任徽州休宁县县丞。

景定元年（1260）十一月知临安府兼浙西安抚使。

【史料来源】

（元）脱脱等：《宋史》卷四五《理宗纪五》，北京：中华书局，1977年。

（宋）刘克庄撰，王蓉贵、向以鲜校点，刁忠民审订：《后村先生大全集》卷七九《辟休宁丞洪焘充本司干官申省状》，成都：四川大学出版社，2008年。

洪僴（1196—1258）：字子度，饶州鄱阳人，洪适孙，洪梠子。南宋理宗绍定四年（1231）解试，以父荫补官，初授临江军新淦县县尉。

约南宋理宗调福州古田县县丞。

改调岳州录事参军，转信阳弋阳县知县。逾两考，始迁提辖文思院，寻转建宁军通判。秩满，差知沅州，提举辰、沅、靖三州兵甲。宝祐六年（1258）十二月卒，年六十三。

【史料来源】

陈柏泉编：《江西出土墓志选编·宋尚书考公郎开国朝议洪公（儆）墓志铭》，南昌：江西教育出版社，1991年。

倪龙跃：福州罗源县人，倪龙起弟。南宋理宗开庆元年（1259）特奏名登进士第。补任平江府昆山文学。

约南宋理宗时期任县丞。

【史料来源】

（清）卢凤芩修，（清）林春溥纂：（道光）《新修罗源县志》卷一七《宋代科举一览表》，清道光十一年（1831）刻本。

唐廷瑞：字君详，号容斋，徽州歙县人。南宋理宗宝祐四年（1256）特奏名登进士第。授福州文学。

南宋理宗晚期迁儒林郎、铜陵县县丞，未赴任，终于家。

【史料来源】

（明）彭泽修，（明）汪舜民纂：（弘治）《徽州府志》卷八《人物志·宦业·宋》，载《天一阁藏明代方志选刊》，上海：上海古籍书店，1964年。

（清）黄之隽、赵弘恩：（乾隆）《江南通志》卷一二一《选举志·进士·宋》，扬州：江苏广陵书社有限公司，2010年。

徐拱（1189—1244）：字拱辰，历任监临江军新淦县酒税。

约南宋理宗年间辟绍兴府会稽县县丞。

升徽州祁门县知县。除广东提点刑狱司干办公事，通判南雄州，知南雄州，两易知高州，知兴国军，改知道州淳祐四年（1244）卒，年五十六。

【史料来源】

（宋）方岳：《秋崖集》卷四〇《墓志铭·朝奉大夫知道州徐公墓志铭》，文渊阁《四库全书》本。

徐硕：字汝大，号容斋，福州长溪县人。淳祐十年（1250）登进士第，任建州浦城县县尉。

南宋理宗时期历信州永丰县县丞。

【史料来源】

（宋）梁克家：（淳熙）《三山志》卷三二《人物类·科名·本朝》，载《宋元方志丛刊》第8册，北京：中华书局，1990年。

（明）陈应宾修，（明）闵文振纂：（嘉靖）《福宁州志》卷八《科贡·进士·宋》，载《天一阁藏明代方志选刊续编》，上海：上海书店出版社，1990年。

徐登：字君甫，福州长溪县人。南宋理宗绍定五年（1232）特奏名登进士第。

约南宋理宗时期任光泽县县丞。

【史料来源】

（宋）梁克家：（淳熙）《三山志》卷三二《人物类·科名·本朝》，载《宋元方志丛刊》第8册，北京：中华书局，1990年。

（明）黄仲昭修纂：（弘治）《八闽通志》卷五五《选举志·科第·福宁州·宋》，福州：福建人民出版社，2006年。

袁燚：庆元府奉化县人。南宋理宗淳祐四年（1244）登进士第。

约南宋理宗时期任乐清县县丞。

【史料来源】

（宋）罗濬：（宝庆）《四明志》卷一《郡守》，载《宋元方志丛刊》第5册，北京：中华书局，1990年。

（元）袁桷撰：（延祐）《四明志》卷六《人物考·进士》，载《宋元方志丛刊》第6册，北京：中华书局，1990年。

章一贵：宁国府宁国县人。南宋理宗淳祐七年（1247）登进士第。

约南宋理宗时期任太平州司理参军。仕至余杭县县丞。

【史料来源】

（明）范镐纂修：（嘉靖）《宁国县志》卷三《人物类·科第·宋》，载《天一阁藏明代方志选刊续编》，上海：上海书店出版社，1990年。

萧山：一作萧石，南剑州沙县人。南宋理宗端平二年（1235）特奏名登进士第。

约南宋理宗时期任长溪县县丞。

【史料来源】

（明）陈能修，（明）郑庆云、（明）辛绍佐纂：（嘉靖）《延平府志》卷一四《选举志·进士·宋》，载《天一阁藏明代方志选刊》，上海：上海古籍书店，1961年。

（明）黄仲昭修纂：（弘治）《八闽通志》卷五二《选举志·科第·邵武府·宋》，福州：福建人民出版社，2006年。

萧浒：**南宋理宗时期任武陵县丞。**

【史料来源】

（清）李瀚章、裕禄等编纂：（光绪）《湖南通志》卷一一二《职官志三·宋二》，长沙：岳麓书社，2009年。

黄大中：字应之，汀州府长汀县人。南宋理宗淳祐四年（1244）特奏名登进士第。

约南宋理宗淳祐五年（1245）任兴国县县丞。

【史料来源】

（明）邵有道：（嘉靖）《汀州府志》卷一三《人物志·进士·宋》，载《天一阁藏明代方志选刊续编》，上海：上海书店出版社，1990年。

（明）黄仲昭修纂：（弘治）《八闽通志》卷五一《选举志·科第·汀州府·宋》，福州：福建人民出版社，2006年。

黄申（1221—1291）：字西乡，隆州井研县人，南宋理宗开庆元年

（1259）登进士第，授迪功郎、德安县县尉，摄德安县主簿兼提点江西刑狱，狱事多所辨明。

约南宋理宗晚期受丞相江万里、提刑黄震交荐而调乐安县县丞，为政廉谨，有治绩。

以恩升从事郎。宋亡，隐巴山以终，至元二十八年（1291）卒，年七十一。

【史料来源】

（元）脱脱等：《宋史》卷四五四《黄申传》，北京：中华书局，1977年。

（清）常明修，（清）杨芳灿纂：（嘉庆）《四川通志》卷一二三《选举志·进士》，清嘉庆二十一年（1816）刻本。

黄登：吉州吉水县人。南宋理宗绍定二年（1229）登进士第。

南宋理宗绍定二年（1229）出任赣州宁都县县丞。

秩满，迁柳州贵阳县县令，所治有声。历官荆南军节度掌书记，以功加主管制司机宜文字，援笔立就。夜有谋变者，谍密以告，登卧不为意，明日出庭事召之，诛其首罪者，余悉不问，一军乃安，其临事敏断如此，官至朝奉郎。

【史料来源】

（明）董天锡撰：（嘉靖）《赣州府志》卷七《秩官志·宁都·县丞·宋》，载《天一阁藏明代方志选刊》，上海：上海古籍书店，1962年。

（明）余之祯：（万历）《吉安府志》卷一八《黄登传》，北京：书目文献出版社，1991年。

黄瑞卿：**南宋理宗时期任茶陵县县丞。**

【史料来源】

（清）李瀚章、裕禄等编纂：（光绪）《湖南通志》卷一一二《职官志三·宋二》，长沙：岳麓书社，2009年。

曹沂：字文起，瑞安人。父绛，里称长者，遇岁艰，率族众定里谷价，十损二三以便人。沂轻财好施，能继父志。嘉熙四年（1240）岁大祲，沂亟倾廪，得积谷六百斛，尽发以赈贫民。族兄弟有争田讼久弗决者，沂割己产以平之。

南宋理宗后期以特科入官，终长兴县县丞。

子茂冲，登淳祐第，终知定海县，人以余庆归之。

【史料来源】

（明）徐象梅：《两浙名贤录》卷九《独行》，杭州：浙江古籍出版社，2012年。

揭著（1183—1249）：字诚伯，豫章丰城人。嘉泰四年（1204）乡贡，西堂范应铃居首，揭著次之。宋理宗绍定五年（1232）特奏名进士，以永州文学授迪功郎、饶州德兴主簿。丁忧未上。服除，广西提点刑狱范应铃、广东经略安抚使赵师楷皆欲罗致。会任南雄州司法参军，入赵帅幕。存斋胡公知赣州，辟为录事。秩满，授从政郎、湖南转运司主管账司。家遭火灾，藏书尽焚。

后摄永新县丞三月，摄万安令三月，两邑士民皆称之。淳祐九年（1249）八月十九日得疾卒，年六十七。

【史料来源】

何新所编著：《新出宋代墓志碑刻辑录·南宋卷·揭著圹记（一二四九）》，北京：文物出版社，2020年。

曾颖瑞（1225—1300）：字履祥，建昌军南城县人，曾同子。理宗宝祐五年（1257）以恩补官，任峡州远安簿尉。

南宋理宗晚期迁清江县县丞，吏事修举，民赖之以安。

累迁宣教郎、知安徽桐城县事，宋末赞画黄万石幕中，贾似道欲见之，不肯往，谒告而归。宋亡，颖瑞闭门不复出，乡里人称颖瑞劲节先生。元大德四年（1300）卒，年七十六。

【史料来源】

（清）王梓材、（清）冯云濠编撰，沈芝盈、梁运华点校：《宋元学案补遗》卷三四《曾先生同附子颖瑞》，北京：中华书局，2012 年。

龚梦鲤：建昌军南城县人。南宋宁宗嘉定十六年（1223）登进士第。

南宋理宗嘉熙元年（1237）任赣州雩都县县丞。

【史料来源】

（明）董天锡撰：（嘉靖）《赣州府志》卷七《秩官志·雩都·县丞·宋》，载《天一阁藏明代方志选刊》，上海：上海古籍书店，1962 年。

（明）夏良胜纂修：（正德）《建昌府志》卷一五《选举·进士》，载《天一阁藏明代方志选刊》，上海：上海古籍书店，1964 年。

谢公旦：字清父，一字景周，号野杭，抚州崇仁县人。南宋宁宗嘉定七年（1214）登进士第，初授吉州永新县主簿。

南宋理宗绍定元年（1228）为建宁县县丞。

继任福建转运判官，不久加直天章阁。有古人献烛百矩，烛心皆隐黄金，亟封还之，后卒于官。

【史料来源】

（明）杨渊纂：（弘治）《抚州府志》卷一八《科第一·进士》，载《天一阁藏明代方志选刊续编》，上海书店出版社，2014 年。

（明）邢址修，（明）陈让纂：（嘉靖）《邵武府志》卷四《秩官·宋》，载《天一阁藏明代方志选刊》，上海：上海古籍书店，1964 年。

谢无逸：抚州临川人。

南宋理宗淳祐八年（1248）为邵武军邵武县县丞。

【史料来源】

（明）邢址修，（明）陈让纂：（嘉靖）《邵武府志》卷四《秩官·宋》，载《天一阁藏明代方志选刊》，上海：上海古籍书店，1964 年。

（清）孙尔准等修，（清）陈寿祺纂，（清）程祖洛等续修，（清）魏敬中续纂：（道光）《重纂福建通志》卷九四《宋职官》，扬州：广陵书社，2018年。

谢有进：徽州祁门县人。

南宋理宗景定三年（1262）特奏名登进士第。南宋理宗晚期历都昌县县丞。

【史料来源】

（明）彭泽修，（明）汪舜民纂：（弘治）《徽州府志》卷六《选举志·科第·宋》，载《天一阁藏明代方志选刊》，上海：上海古籍书店，1964年。

（清）黄之隽、（清）赵弘恩：（乾隆）《江南通志》卷一二一《选举志·进士·宋》，扬州：江苏广陵书社有限公司，2010年。

傅严：建昌军新城县人，一作南丰县人。南宋理宗淳祐四年（1244）登进士第。

约南宋理宗时期任信丰县县丞。

【史料来源】

（明）黄文鸑纂修：（正德）《新城县志》卷七《选举志·宋·进士科》，载《天一阁藏明代方志选刊》，上海：上海古籍书店，1962年。

（明）夏良胜纂修：（正德）《建昌府志》卷一五《选举志·进士》，载《天一阁藏明代方志选刊》，上海：上海古籍书店，1964年。

程若颜：徽州休宁县人。南宋理宗绍定二年（1229）登进士第。

约南宋理宗时期任仁和县县丞。

【史料来源】

（明）彭泽修，（明）汪舜民纂：（弘治）《徽州府志》卷七《人物志·文苑·宋》，载《天一阁藏明代方志选刊》，上海：上海古籍书店，1964年。

（清）赵宏恩：（乾隆）《江南通志》卷一二〇《选举志·进士·宋》，扬州：江苏广陵书社有限公司，2010年。

惠畴：字叙之，江阴人。嘉定十三年（1220）进士，初辟为提领所干属，改浙东安抚司干办公事，两监西京中岳庙。约南宋宁宗末年、理宗初年任乐平县、余姚县、平江府常熟县县令。后主管佑神观，绍定改元，被旨为内职事官，越三年除簿。

南宋理宗绍定时期转为县丞。

请外，知武陵，以直宝章阁、朝请大夫致仕。卒年五十。

【史料来源】

（宋）吴泳：《鹤林集》卷三四《惠寺丞墓志铭》，载《宋集珍本丛刊》第74册，北京：线装书局，2004年。

熊应鹏：抚州乐安县人。南宋理宗嘉定十六年（1223）登进士第。

约南宋理宗初期历临武县县丞。

【史料来源】

（明）杨渊纂：（弘治）《抚州府志》卷一八《科第一·进士》，载《天一阁藏明代方志选刊续编》，上海：上海书店出版社，1990年。

（清）刘坤一：（光绪）《江西通志》卷二二《选举志·宋进士》，载《中国地方志集成》，南京：凤凰出版社，2009年。

蔡督：字廉夫，浙江嘉禾人。

南宋理宗端平元年（1234）为赣州雩都县县丞。

【史料来源】

（明）董天锡撰：（嘉靖）《赣州府志》卷七《秩官志·雩都·宋·县丞》，载《天一阁藏明代方志选刊》，上海：上海古籍书店，1962年。

薛嵎：字宾日，小名峡，小字仲正，温州永嘉县人，薛绍孙。治《书》。

南宋理宗宝祐四年（1256）登进士第五甲第三十八人。历长溪县县丞。

【史料来源】

（宋）佚名：《宝祐四年登科录》，文渊阁《四库全书》本。

（明）汤日昭撰：（万历）《温州府志》卷一〇《选举志·进士·宋》，明万历刻本。

檀涣：字元吉，池州建德人。以恩调南康军建昌县尉，澧州司法参军。任黄州黄陂县县令。

约南宋理宗初年任临江军新涂县县丞。所治皆有声，律己以廉，待下以宽。知民疾苦，一毫不扰，而所向辄办，上官贤重之，民感其德，无汲汲腾踏意，暮年犹才。选干办湖南安抚司公事。嘉定十六年（1223）三月卒，享年八十八。

【史料来源】

（宋）曹彦约撰：《昌谷集》卷一五《致仕通政檀公圹中记》，文渊阁《四库全书》本。

陈坤：漳州人。

南宋理宗绍定时期任潮州潮阳县县丞。

【史料来源】

（明）黄一龙：（隆庆）《潮阳县志》卷三，《职官表》载《天一阁藏明代方志选刊》，上海：上海古籍书店，1963年。

第十五章　宋度宗朝（1265—1274）

王子兼：字善达，先世居青州，其四世祖王允迪以干办沿海制置司事，奉母渡江而南，因之家庆元府奉化县。少时即喜读书，逮弱冠，连试国子举，皆进，试于礼部，不利，乃出而纵交名人，与戴表元、魏国叔高等人交往颇深。南宋度宗咸淳四年（1268）登进士第。授迪功郎、遂安县主学。移钓台山长。

约南宋度宗时期官平江府常熟县县丞。

入元后，避居乡里，以吟诗著书自娱。著有《王氏避地编》《梅谱》等，皆佚。子兼谦和乐易，好学深思，寡言语。

【史料来源】

（元）戴表元：《剡源文集》卷一一《王丞公避地编序》，文渊阁《四库全书》本。

（清）李前泮修：（光绪）《奉化县志》卷二三《人物传》，载《中国地方志集成·浙江府县志辑》，上海：上海书店出版社，2000年。

王应雷：台州仙居县人。

南宋度宗咸淳十年（1274）登进士第。历平湖县县丞。

【史料来源】

（清）嵇曾筠：（雍正）《浙江通志》卷一二九《选举志·进士·宋》，上海：上海古籍出版社，1991年。

王贵行：南宋嘉定府洪雅人。

南宋度宗咸淳年间任饶州德兴县县丞。

元兵攻取饶州时，通判常福举城而降，属邑皆随之而降，独贵行丝毫不屈，曰："吾幼学壮行，惟忠与孝。"赴水而死。

【史料来源】

杨倩描：《宋代人物辞典》（下），保定：河北大学出版社，2015 年。

王道翁：抚州崇仁人，慷慨有大节。

约南宋度宗咸淳年间授安陆县县丞，不就。构室浮丘山，奉母以居。

德祐元年（1275 年），文天祥于赣州起兵抗元，道翁率其弟子及乡勇千人应募，多次攻破贼寨，举为义兵总管。未几，元兵南下，文天祥被执，遂遣散其兵，悲愤而死。

【史料来源】

陈勋民主编：《崇仁县志》，江西省崇仁县县志编纂委员会，1990 年。

叶济仲：信州贵溪县人。

南宋度宗咸淳十年（1274）登进士第。历饶州德兴县县丞。

【史料来源】

（清）蒋继洙修纂：（同治）《广信府志》卷七之一《选举志·进士·宋》，载《中国地方志集成》，南京：凤凰出版社，2009 年。

叶桂锡：处州松阳县人。

南宋度宗咸淳七年（1271）登进士第。历玉山县县丞。

【史料来源】

（清）嵇曾筠：（光绪）《浙江通志》一二九《选举志·进士·宋》，上海：上海古籍出版社，1991 年。

（清）潘绍诒修：（光绪）《处州府志》卷一六《选举志·进士·宋》，清光绪三年（1877）刻本。

关应庚：**南宋度宗咸淳九年（1273）五月时任孝感县县丞。**上书言边防二十事，诏授武当军节度推官兼司法，京湖制司量才任使。

【史料来源】

（元）脱脱等：《宋史》卷四六《度宗纪》，北京：中华书局，1977年。

（明）凌迪知：《万姓统谱》卷二六《关》，文渊阁《四库全书》本。

朱炎：婺州义乌县人。

南宋度宗咸淳十年（1274）登进士第。历醴陵县县丞、州判官。

【史料来源】

（明）王懋德等修，（明）陆凤仪等编：（万历）《金华府志》卷一八《科第·宋进士》，北京：国家图书馆出版社，2014年。

（清）嵇曾筠撰：（雍正）《浙江通志》卷一二九《选举志·进士·宋》，上海：上海古籍出版社，1991年。

朱惟贤：徽州休宁县人。

南宋度宗咸淳元年（1265）特奏名登进士第，授楚州涟水县县丞，权淮东安抚大使司签书判官庭帅阃。

【史料来源】

（明）彭泽修，（明）汪舜民纂：（弘治）《徽州府志》卷六《选举志·科第·宋》，载《天一阁藏明代方志选刊》，上海：上海古籍书店，1964年。

（清）赵宏恩：（乾隆）《江南通志》卷一二一《选举志·进士·宋》，扬州：江苏广陵书社有限公司，2010年。

许谦：**南宋度宗咸淳七年（1271）为江阴军江阴县县丞。**

【史料来源】

（明）赵锦修，（明）张衮纂，刘徐昌点校：（嘉靖）《江阴县志》卷一二

《官师表·宋》，上海：上海古籍出版社，2011年。

孙鼎：婺州人。

南宋度宗时期任湘阴县县丞。

【史料来源】

（清）李瀚章、裕禄等编纂：（光绪）《湖南通志》卷一一二《职官志三·宋二》，长沙：岳麓书社，2009年。

陈子全：攸县人。

约南宋度宗咸淳时期为吉州庐陵县县丞。

景炎中临安陷落，子全与主簿吴希奭、尉王梦应勤王，驰疏奏闻，又遣使通桂帅，遂复袁州，袁州总管力争之，子全寡不敌众，湘郡诸县再陷，子全中流矢而死。子鸿修就逮，被杀，妻文氏及家属并死狱中，无遗类。子全少刚猛，晚入佛学，徒千数百人，颖悟如高僧。

【史料来源】

（清）陆心源撰，徐旭、李建国点校：《宋诗纪事补遗》卷八五《陈子全》，太原：山西古籍出版社1997年，第1995页。

（清）李瀚章、裕禄等编纂：（光绪）《湖南通志》卷一六二《人物志》，长沙：岳麓书社，2009年。

陈应选：福州闽县人。南宋理宗宝祐元年（1253）登进士第。

南宋度宗咸淳五年（1269）为安溪县县丞。

【史料来源】

（宋）梁克家撰：（淳熙）《三山志》卷三二《人物类·科名·本朝》，《宋元方志丛刊》第8册，北京：中华书局，1990年。

（明）林有年纂：（嘉靖）《安溪县志》卷三《官制类·职官·县丞》，载《天一阁藏明代方志选刊》，上海：上海古籍书店，1963年。

陈荐鱼：兴化军莆田县人，陈作乂子。

南宋度宗咸淳四年（1268）特奏名登进士第。历宣教郎、古田县县丞。元初，除兴化路儒学教授。

【史料来源】

（明）黄仲昭修纂：（弘治）《八闽通志》卷五四《选举志·科第·兴化府·宋》，福州：福建人民出版社，2006 年。

（明）何乔远：《闽书》卷一〇五《英旧志·兴化府·莆田县·科第·宋》，福州：福建人民出版社，1994 年。

吴仲宁：**南宋度宗咸淳二年（1266）为建宁县县丞。**

【史料来源】

（明）黄仲昭修纂：（弘治）《八闽通志》卷三五《秩官志·邵武府·宋》，福州：福建人民出版社，2006 年。

（明）邢址修，（明）陈让纂：（嘉靖）《邵武府志》卷四《秩官·宋》，载《天一阁藏明代方志选刊》，上海：上海古籍书店，1964 年。

余庭简：绍兴府余姚县人。南宋度宗咸淳四年（1268）登进士第。

南宋度宗时期任溧水县县丞。元兵攻溧水，不屈而死。

【史料来源】

（清）嵇曾筠：（雍正）《浙江通志》卷一六四《忠臣·宋》，上海：上海古籍出版社，1991 年。

（清）阮元编：《两浙金石志》卷一〇《宋绍兴府进士题名碑》，续修《四库全书》本。

郑曰卿：广州增城县人。南宋度宗咸淳元年（1265）登进士第。

约南宋度宗时期任吉州庐陵县县丞。

【史料来源】

（明）文章修，（明）张文海纂：（嘉靖）《增城县志》卷六《人物·历代科目》，载《天一阁藏明代方志选刊续编》，上海：上海书店出版社，1990年。

林圭：福州福清县人，一说福州长乐县人。南宋度宗咸淳元年（1265）登进士第。

约南宋度宗时期任惠安县县丞。

【史料来源】

（明）黄仲昭修纂：（弘治）《八闽通志》卷四八《选举志·科第·福州府·宋》，福州：福建人民出版社，2006年。

（明）何乔远：《闽书》卷七九《英旧志·福州府·福清县·科第·宋》，福州：福建人民出版社，1994年。

赵与沧：**南宋度宗咸淳六年（1270）为江阴县县丞。**

【史料来源】

（明）赵锦修，（明）张衮纂，刘徐昌点校：（嘉靖）《江阴县志》卷一二《官师表·宋》，上海：上海古籍出版社，2011年。

赵必瑑（1245—1294）：字玉渊，号秋晓，太宗十世孙，寓于东莞。南宋度宗咸淳元年（1265）与父同登进士。初任高要县尉，摄四会县令。

南宋度宗咸淳时期再任南康军南康县县丞。

文天祥开府惠州，辟为摄惠州军事判官。入元隐居不仕。至元三十一年（1294）卒，年五十一。著有《覆瓿集》六卷。

【史料来源】

（宋）赵必瑑撰：《覆瓿集》附录《祭赵必瑑文》，载《宋集珍本丛刊》第90册，北京：线装书局，2004年。

（清）陆心源辑：《宋史翼》卷一七《赵必瑑传》，杭州：浙江古籍出版社，2016年。

赵崇璵：南宋理宗淳祐十年（1250）登进士第。

南宋度宗咸淳二年（1266）为安溪县县丞。

【史料来源】

（明）林有年纂：（嘉靖）《安溪县志》卷三《官制类·职官·县丞》，载《天一阁藏明代方志选刊》，上海：上海古籍书店，1963 年。

（清）鲁曾煜：（乾隆）《福州府志》卷三八《选举志·宗子正奏》，清乾隆十九年（1754）刻本。

赵崇巉：建昌军南丰县人。

南宋度宗咸淳元年（1265）登进士第。历赣县县丞。

【史料来源】

（清）邵子彝等：（同治）《建昌府志》卷七《选举表·进士》，清同治十一年（1872）刻本。

胡起龙：隆兴府进贤县人。南宋度宗咸淳元年（1265）登进士第。

约南宋度宗时期仕至南剑州沙县县丞。

【史料来源】

（明）林庭棉、（明）周广纂修：（嘉靖）《江西通志》卷六《南昌府·科目·宋》，文渊阁《四库全书》本。

（清）许应鑅、（清）王之藩修：（同治）《南昌府志》卷二九《选举志·进士·宋》，南京：江苏古籍出版社，1996 年。

韩冥：**南宋度宗时期任湘阴县县丞。**

【史料来源】

（清）李瀚章、裕禄等编纂：（光绪）《湖南通志》卷一一二《职官志三·宋二》，长沙：岳麓书社，2009 年。

上官飞宠：乐清人。初名飞龙，度宗御笔于龙上加点为宠字，特赐进士出身。

南宋时期仕至县丞。

【史料来源】

（明）佚名辑：（永乐）《温州府乐清县志》卷七《宦绩·县官·宋》，载《天一阁藏明代方志选刊》，上海：上海古籍书店，1964年。

张登辰：字恕斋，东莞人，张光济子。善属文，有器识。南宋度宗咸淳九年（1273）举乡贡。兄张元吉、弟张衡皆有名。元吉当宋末为邑尉。张宏范率兵至，邑人惊恐，张元吉使登辰罄家资往赂，由是兵不犯境。

约南宋晚期张元吉摄宰，张登辰摄丞。

帅府欲增东莞税额，登辰力争得免。事定后，授将仕佐郎、靖江路儒学教授，登辰笑曰："岂吾志哉？"即谢病不出。著有《恕斋集》。

【史料来源】

（清）史澄：（光绪）《广州府志》卷一百四《宦绩一·宋·张元吉》，清光绪五年（1879）刻本。

广东文征编印委员会：《广东文征》卷四，广东文征编印委员会，1976年。

第十六章　宋恭帝朝（1275—1276）

李长庚（2）：字子西，瑞州新昌县人。南宋理宗景定三年（1262）登进士第，授清江县尉。

南宋恭帝初期调湘潭县县丞。元兵至，长庚不屈死，葬于学宫旁。

【史料来源】

（明）熊相：（正德）《瑞州府志》卷八《选举志·科第》，载《天一阁藏明代方志选刊续编》，上海：上海书店出版社，1990年。

（清）李瀚章、裕禄等编纂：（光绪）《湖南通志》卷一一二《职官志三·宋二》，长沙：岳麓书社，2009年。

徐垓：**南宋恭帝德祐元年（1275）为越州山阴县县丞。**

【史料来源】

（元）脱脱等：《宋史》卷四七《瀛国公纪》，北京：中华书局，1977年。

（明）张元忭撰：（万历）《绍兴府志》卷二八《职官志·丞·宋》，明万历刻本。

第十七章　宋端宗朝（1276—1278）

王德颙：南宋端帝景炎二年（1277）五月时任太湖县县丞，为淮民张德兴起兵所杀。

【史料来源】

（元）脱脱等：《宋史》卷四七《瀛国公纪》，北京：中华书局，1977 年。

张国用：南宋末景炎二年（1277）前后曾任从政郎、隆兴府凤新县丞。

【史料来源】

何新所编著：《新出宋代墓志碑刻辑录・南宋卷・黄埴表妻张氏圹记（一二七七）》，北京：文物出版社，2020 年。

第十八章　未确定任官时间官员

王从：**南宋时期任右承事郎湖州长兴县县丞。**

【史料来源】

（宋）吕祖谦撰：《东莱集》卷九《故左朝奉郎徽猷阁待制提举江州太平兴国宫江都县开国子食邑五百户致仕赠左通议大夫王公（居正）行状》，文渊阁《四库全书》本。

王宜之：庆元府鄞县人，王𣗋孙。

南宋时期任宣教郎、知临安府富阳县县丞。

【史料来源】

（宋）楼钥撰，顾大朋点校：《楼钥集》卷九十八《太师保宁军节度使致仕魏国公谥文惠追封会稽郡王史公神道碑》，杭州：浙江古籍出版社，2010 年。

王尚友：字必先。镇江府金坛县人。以特奏名入仕，授监临安府税院。

终龙泉县县丞。

【史料来源】

（宋）刘宰撰，王勇、李金坤校证：《京口耆旧传校证》卷七《王澂》，镇江：江苏大学出版社，2016 年。

王棣：湖州乌程县人。

任严州桐庐县县丞。

【史料来源】

（宋）刘一止撰：《苕溪集》卷五〇《宋故太儒人朱氏墓志铭》，载《宋集珍本丛刊》第34册，北京：线装书局，2004年。

王冀：**温州乐清县县丞。**

【史料来源】

（明）佚名辑：（永乐）《温州府乐清县志》卷七《宦绩·县官·宋》，载《天一阁藏明代方志选刊》，上海：上海古籍书店，1964年。

丘介夫：江阴县人。

曾为淞阳县县丞。

【史料来源】

（明）赵锦修，（明）张衮纂，刘徐昌点校：（嘉靖）《江阴县志》卷一四《选举表·宋·甲科》，上海：上海古籍出版社，2011年。

向子广：**曾为平江府昆山县县丞。**

【史料来源】

（明）杨逢春修，（明）方鹏纂：（嘉靖）《昆山县志》卷五《官守·宋》，扬州：广陵书社，2016年。

孙琏：**南宋时期任从政郎、信州玉山县县丞。**

【史料来源】

（宋）吕祖谦撰：《东莱集》卷九《故左朝奉郎徽猷阁待制提举江州太平兴国宫江都县开国子食邑五百户致仕赠左通议大夫王公（居正）行状》，文渊阁《四库全书》本。

邢铢：**曾为平江府昆山县县丞。**

【史料来源】

（明）杨逢春修，（明）方鹏纂：（嘉靖）《昆山县志》卷五《官守·宋》，扬州：广陵书社，2016年。

全寓：**曾为平江府昆山县县丞。**

【史料来源】

（明）杨逢春修，（明）方鹏纂：（嘉靖）《昆山县志》卷五《官守·宋》，扬州：广陵书社，2016年。

吕察问：**曾为平江府昆山县县丞。**

【史料来源】

（宋）谢公应撰：（咸淳）《玉峰续志·县丞》，载《宋元方志丛刊》第1册，北京：中华书局，1990年。

（明）杨逢春修，（明）方鹏纂：（嘉靖）《昆山县志》卷五《官守·宋》，扬州：广陵书社，2016年。

杜友直：楼弃婿。

南宋时期任福州怀安县县丞。

【史料来源】

（宋）楼钥撰，顾大朋点校：《楼钥集》卷一百八《叔祖居士并张夫人墓志铭》，杭州：浙江古籍出版社，2010年。

张允修：**为浦江县县丞。**

【史料来源】

（明）毛凤韶纂修：（嘉靖）《浦江志略》卷三《官守志·官制·宋知丞题名》，载《天一阁藏明代方志选刊》，上海：上海古籍书店，1961年。

张佺龄：**南宋时期任承奉郎、泉州晋陵县县丞。**

【史料来源】

（宋）楼钥撰，顾大朋点校：《楼钥集》卷一百十三《参议方君墓志铭》，杭州：浙江古籍出版社，2010年。

张得之：**曾为平江府昆山县县丞。**

【史料来源】

（明）杨逢春修，（明）方鹏纂：（嘉靖）《昆山县志》卷五《官守·宋》，扬州：广陵书社，2016年。

张傅霖：**曾为平江府昆山县县丞。**

【史料来源】

（明）杨逢春修，（明）方鹏纂：（嘉靖）《昆山县志》卷五《官守·宋》，扬州：广陵书社，2016年。

吴朴：**南宋时期任通直郎、明州鄞县县丞。**

【史料来源】

（宋）楼钥撰，顾大朋点校：《楼钥集》卷九十八《太师保宁军节度使致仕魏国公谥文惠追封会稽郡王史公神道碑》，杭州：浙江古籍出版社，2010年。

吴怡：字熙老，孜孜于学，乐善好施，敏于为吏，尝任蕲州之罗田县主簿，改任黄冈县县尉，从张耒游。

后迁蕲水县县丞，耒作序以送之。

【史料来源】

（宋）晁公武撰，孙猛校正：《郡斋读书志校正》卷一九《别集类下》，上海：上海古籍出版社，2011年。

（宋）张耒：《张右史文集》卷五一《送吴怡序》，载《宋集珍本丛刊》

第29册，北京：线装书局，2004年。

吴炳：字炳信，由四明徙居东浦，为永嘉教授。

为邛州浦江县县丞。

【史料来源】

（明）袁应祺修，（明）牟汝忠等纂：（万历）《黄岩县志》卷五《人物志上·科名·宋·进士》，载《天一阁藏明代方志选刊》，上海：上海古籍书店，1963年。

（明）毛凤韶纂修：（嘉靖）《浦江志略》卷三《官守志·官制·宋知丞题名》，载《天一阁藏明代方志选刊》，上海：上海古籍书店，1961年。

吴洵仁：**曾为平江府昆山县县丞。**

【史料来源】

（宋）谢公应撰：（咸淳）《玉峰续志·县丞》，载《宋元方志丛刊》第1册，北京：中华书局，1990年。

（明）杨逢春修，（明）方鹏纂：（嘉靖）《昆山县志》卷五《官守·宋》，扬州：广陵书社，2016年。

吴祥（2）：真州扬子县人。初，君从进士试，屡不中，年四十余始中第，为吉州军事推官。

转开封府开封县丞。

大臣称其才，遂为秘书省著作佐郎，知考城县，又知河中府之龙门县，再迁为博士，知蕲州之蕲水县。父丧除，阴朝京师，疾作，遂求归真州。真州为其家。年六十二卒。

【史料来源】

（宋）曾巩撰，陈杏珍、晁继周点校：《曾巩集》卷四六《故太常博士吴君（祥）墓志铭》，北京：中华书局，1984年。

吴藻：**兵部侍郎吴汉英子，安吉州德清县县丞。**

【史料来源】

（宋）刘宰撰：《漫塘文集》卷二八《故兵部吴郎中墓志铭》，载《宋集珍本丛刊》第72册，北京：线装书局，2004年。

陆生虞：**润州金坛县县丞。**

转知六安县。

【史料来源】

（宋）刘宰：《漫堂文集》卷一九《送陆提干序》，载《宋集珍本丛刊》第72册，北京：线装书局，2004年。

李明善：字叔明，明州鄞县人，李以称子。

历官嘉定县县丞。

官至承议郎，归老田园。明善处族清和，为官廉洁谨慎，在公如在家，不苛责于民，爱民如子，狱中无重囚，冰清玉洁之操守，始终如一，所谓实德之君子者也。

【史料来源】

（清）王梓材、（清）冯云濠编撰，沈芝盈、梁运华点校：《宋元学案补遗》卷七六《承议李先生明善》，北京：中华书局，2012年。

辛绍定（？—1100）：右承务郎辛种学父。

北宋时期任开封府尉氏县县丞。

北宋哲宗元符三年（1100）卒。

【史料来源】

陈柏泉编：《江西出土墓志选编·宋故资政殿学士左通议大夫致仕东莱郡开国侯赠左光禄大夫辛公（绍定）墓志铭》，南昌：江西教育出版社，1991年。

陈铎：漳州龙溪县人，陈锡弟。

为海阳县县丞。

【史料来源】

（明）刘天授修，（明）林魁、（明）李恺纂：（嘉靖）《龙溪县志》卷七《选举志·宋·进士》，明嘉靖十四年（1535）刻本。

何栖凤：建州分宁人，**宋时曾任县丞。**

【史料来源】

李榕撰：（民国）《杭州府志》卷一〇六《职官志·县丞·宋》，民国十一年（1922）刻本。

何浚明：**曾为平江府昆山县县丞。**

【史料来源】

（宋）谢公应撰：（咸淳）《玉峰续志·县丞》，载《宋元方志丛刊》第1册，北京：中华书局，1990年。

（明）杨逢春修，（明）方鹏纂：（嘉靖）《昆山县志》卷五《官守·宋》，扬州：广陵书社，2016年。

范大冶：成都人。

南宋晚期幼年时从学虞刚简沧江书塾，官建宁府崇安县县丞，宋亡后不仕。

熟于天文、律历、姓氏、职官，与学者语，举书传辄数千百言，不遗一字。

【史料来源】

（元）虞集撰：《道园学古录》卷五，《送赵茂元序》，文渊阁《四库全书》本。

（清）黄宗羲撰，（清）全祖望补修，陈金生、梁运华点校：《宋元学案》卷七二《县丞范先生大冶》，北京：中华书局，1986年。

范公宁：**曾为平江府昆山县县丞。**

【史料来源】

（宋）谢公应撰：（咸淳）《玉峰续志・县丞》，载《宋元方志丛刊》第1册，北京：中华书局，1990年。

（明）杨逢春修，（明）方鹏纂：（嘉靖）《昆山县志》卷五《官守・宋》，扬州：广陵书社，2016年。

欧阳彦文：吉州安福县人，为名儒，**官桂阳县县丞。**

【史料来源】

（宋）杨万里撰，辛更儒笺校：《杨万里集笺校》卷一三二《墓志铭・刘隐君墓志铭》，北京：中华书局，2007年。

林叔坦：兴化军莆田人，林积仁孙。

南宋时期任右从政郎、建宁府建安县县丞。

【史料来源】

（宋）林光朝：《艾轩先生文集》卷八《左中大夫秘阁修撰赠光禄大夫林公行状》，载《宋集珍本丛刊》第44册，北京：线装书局，2004年。

周絪：字庆和，道州营道人，周濂溪孙，周涛次子。

以父荫终固始县县丞。

【史料来源】

（明）张梯修，（明）葛臣纂：（嘉靖）《固始县志》卷五《官师志第五》，明嘉靖二十一年（1542）刻本。

孟镒：**曾为平江府昆山县县丞。**

【史料来源】

（明）杨逢春修，（明）方鹏纂：（嘉靖）《昆山县志》卷五《官守・宋》，扬州：广陵书社，2016 年。

郑穆：字应和，汀州府长汀县人，家无锡。任定远县县令。

改任平江府常熟县县丞。

后任常熟县县令。有溃兵截江，由福山闯关，邑人大恐。穆单车抚谕，遂皆革心。有久讼得直，袖白金数斤为谢，穆正色却之。终朝散郎、徽州通判。

【史料来源】

（明）解缙编：《永乐大典》卷七八九四《临汀府·进士题名》，北京：中华书局，1986 年。

赵与桧：**曾为平江府昆山县县丞。**

【史料来源】

（明）杨逢春修，（明）方鹏纂：（嘉靖）《昆山县志》卷五《官守·宋》，扬州：广陵书社，2016 年。

赵师泫：**曾为平江府昆山县县丞。**

【史料来源】

（明）杨逢春修，（明）方鹏纂：（嘉靖）《昆山县志》卷五《官守·宋》，扬州：广陵书社，2016 年。

赵师固：**南宋时期任宣教郎、建康府溧水县县丞。**

【史料来源】

（宋）楼钥撰，顾大朋点校：《楼钥集》卷一百十二《太儒人蒋氏墓志铭》，杭州：浙江古籍出版社，2010 年。

赵彦早：**为安溪县县丞。**

【史料来源】

（明）林有年纂：（嘉靖）《安溪县志》卷三《官制类·职官·县丞》，载《天一阁藏明代方志选刊》，上海：上海古籍书店，1963年。

赵彦相：字金质，魏王后，常州武进县人。

曾任儒林郎、金坛县县丞。

【史料来源】

（宋）刘宰：《漫堂文集》卷一五《回赵丞到任》，载《宋集珍本丛刊》第72册，北京：线装书局，2004年。

（宋）史能之：（咸淳）《重修毗陵志》卷一一《文事·科名》，扬州：广陵书社，2005年。

赵彦铨：宗室，原籍开封府浚仪县人。

南宋时期登进士第，曾以承务郎任抚州县县丞。

【史料来源】

（宋）韩元吉撰：《南涧甲乙稿》卷二二《太令人郭氏墓志铭》，北京：中华书局，1985年。

赵損：字若拙，宗室，进士及第，授左承务郎。

转任晋陵县县丞。

若拙甘于清贫，爨薪难以为继，而读书自若，乡里人惊服之，故遣其子从若拙学，常数十人。

【史料来源】

（宋）孙觌撰：《鸿庆居士集》卷二三《捨田记》，文渊阁《四库全书》本。

赵端：赵粹中子，其先世居密州，后因其父葬明州鄞县，迁居鄞县。

南宋时期任平江府常熟县县丞。

【史料来源】

（宋）楼钥撰，顾大朋点校：《楼钥集》卷一百五《龙图阁待制赵公神道碑》，杭州：浙江古籍出版社，2010年。

赵傚夫：**曾为平江府昆山县县丞。**

【史料来源】

（明）杨逢春修，（明）方鹏纂：（嘉靖）《昆山县志》卷五《官守·宋》，扬州：广陵书社，2016年。

洪藏：**曾为乐清县县丞。**

【史料来源】

（明）佚名辑：（永乐）《温州府乐清县志》卷七《官绩·县官·宋》，载《天一阁藏明代方志选刊》，上海：上海古籍书店，1963年。

洪傭：**南宋时期任常州宜兴县县丞。**

【史料来源】

（宋）楼钥撰，顾大朋点校：《楼钥集》卷九十五《文华阁待制杨公行状》，杭州：浙江古籍出版社，2010年。

俞灼：**曾为平江府昆山县县丞。**

【史料来源】

（明）杨逢春修，（明）方鹏纂：（嘉靖）《昆山县志》卷五《官守·宋》，扬州：广陵书社，2016年。

胡衎：**南宋时期任宣教郎、义乌县县丞。**

【史料来源】

（宋）楼钥撰，顾大朋点校：《楼钥集》卷一百十四《承议郎孙君（应时）墓志铭》，杭州：浙江古籍出版社，2010年。

姚藩：字宣儒，平阳人。好学，工于文辞，下笔雅峭，有中原风采。

任灵泉县县丞，治其屋西之小亭，曰哦松，公事之余，吟咏其间以自娱，嘱李流谦以为记。

【史料来源】

（宋）李流谦撰：《澹斋集》卷一五《哦松亭记》，载《宋集珍本丛刊》第46册，北京：线装书局，2004年。

晁伯宇：字锁庭，中进士第，黄榦曾荐之于苏轼，后卒。

官封丘县县丞。

著有《封丘集》，行于世。

【史料来源】

濮阳县地方史志办公室校注：（嘉靖）《开州志》卷六《人物志第六·宋》，郑州：中州古籍出版社，2017年。

秦钜：字子野，秦桧曾孙。

南宋时期任宣教郎、湖州武康县县丞。

【史料来源】

（宋）楼钥撰，顾大朋点校：《楼钥集》卷九十八《太师保宁军节度使致仕魏国公谥文惠追封会稽郡王史公神道碑》，杭州：浙江古籍出版社，2010年。

（元）张铉撰：（至正）《金陵新志》卷一三《节义》，载《宋元方志丛刊》第6册，北京：中华书局，1990年。

莫俱：**曾为平江府昆山县县丞。**

【史料来源】

（明）杨逢春修，（明）方鹏纂：（嘉靖）《昆山县志》卷五《官守·宋》，扬州：广陵书社，2016年。

徐晞益：登州黄县人，徐子寅子。

南宋时期任通直郎、台州宁海县县丞。

【史料来源】

（宋）楼钥撰，顾大朋点校：《楼钥集》卷九六《直秘阁广南东路提点刑狱公事徐公行状》，杭州：浙江古籍出版社，2010年。

黄阅：字定翁，徽州休宁县人，黄何次子。

以父任补官，历吉州吉水、新城、武宁三县丞。

擢知南康军建昌县，通守蕲春。所治之地崇尚教化，创办学田，经营常平，推决疑狱，民悉以生祠祝之。

【史料来源】

（清）王梓材、（清）冯云濠编撰，沈芝盈、梁运华点校：《宋元学案补遗》卷七一《通判黄先生阅》，北京：中华书局，2012年。

黄唐俊：字子通，南康军都昌县人。

南宋登进士第，累迁左文林郎、温州平阳县县丞，赠太中大夫。

【史料来源】

（宋）曹彦约撰：《昌谷集》卷一八《黄子通墓志铭》，文渊阁《四库全书》本。

梁钺：处州丽水县人，梁季珌子。

南宋时期任文林郎、湖州归安县县丞。

【史料来源】

（宋）刘宰撰：《漫塘文集》卷三三《故吏部梁侍郎行状》，载《宋集珍本丛刊》第72册，北京：线装书局，2004年。

章璿：**彭龟年婿，南宋时期任从政郎、扬州江都县县丞。**

【史料来源】

（宋）楼钥撰，顾大朋点校：《楼钥集》卷一百二《宝谟阁待制致仕特赠龙图阁学士忠肃彭公神道碑》，杭州：浙江古籍出版社，2010年。

龚璛：字子敬，司农卿龚准子。自高邮徙镇江，以宦游久留平江，遂家焉。初调宁国路儒学教授，迁上饶县主簿。

再调宜春县县丞。

以浙江儒学副提举致仕，著有《悔斋稿》。

【史料来源】

（明）王鏊撰：（正德）《姑苏志》卷五七《人物志·龚璛》，载《天一阁藏明代方志选刊续编》，上海：上海古籍书店出版社，1990年。

游子贤：字俊伯，信州上饶县人。教授乡里，南宋特奏名登进士第，授荣州文学，调兴国县主簿。

迁新会县县丞，卒于官。

【史料来源】

（清）王梓材、（清）冯云濠编撰，沈芝盈、梁运华点校：《宋元学案补遗》卷五八《游先生应梅父子贤》，北京：中华书局，2012年。

游元：字淳夫，抚州人。宋登进士第，晚恩授任安化县主簿。

终赣县县丞。

【史料来源】

（明）解缙编：《永乐大典》卷七八九四《临汀府·进士题名》，北京：中华书局，1986年。

（明）凌迪知撰：《万姓统谱》卷六二《游》，文渊阁《四库全书》本。

蒋纬：**南宋时期任徽州休宁县县丞。**

【史料来源】

（宋）陆游著，马亚中、涂小马校注：《渭南文集校注》卷三五《中丞蒋公（继周）墓志铭》，杭州：浙江古籍出版社，2015年。

舒祐：楼镃婿。

南宋时期任文林郎、抚州崇仁县县丞。

【史料来源】

（宋）楼钥撰，顾大朋点校：《楼钥集》卷一百十五《从兄楼府君（镃）墓志铭》，杭州：浙江古籍出版社，2010年。

傅嘉止：越州山阴县人。

任福州罗源县县丞。

【史料来源】

（宋）刘一止撰：《苕溪集》卷五一《太硕人傅氏墓志铭》，载《宋集珍本丛刊》第34册，北京：线装书局，2004年。

雷文英：字士华，建宁府建安县人。

以父雷潜死于国事恩入太学，授云和县县丞。

【史料来源】

（明）夏玉麟等修，（明）汪佃等纂：（嘉靖）《建宁府志》卷一六《选举志·荫补·宋》，厦门：厦门大学出版社，2009年。

（明）黄仲昭修纂：（弘治）《八闽通志》卷六《选举志·科第·建宁府·宋》，福州：福建人民出版社，2006年。

雷孜：以子雷颐而贵，除承事郎。

曾任潮州揭阳县县丞。

【史料来源】

（明）夏玉麟等修，（明）汪佃等纂：（嘉靖）《建宁府志》卷一六《选举志·封赠·宋》，厦门：厦门大学出版社，2009年。

詹维祺：**曾任湘乡县县丞。**

【史料来源】

（清）李瀚章、裕禄等编纂：（光绪）《湖南通志》卷一一二《职官志三·宋二》，长沙：岳麓书社，2009年。

詹靖之：字康仲，新定遂安人，詹大方（？—1148）子。以父恩补承务郎，历浙东安抚司主管机宜文字，监潭州南岳庙。

转任婺州金华县及常州宜兴县县丞。

转浙东提举常平司干办公事，终官靖州通判，卒于官，年五十二。

【史料来源】

（宋）陆游著，马亚中、涂小马校注：《渭南文集校注》卷三九《詹朝奉墓表》，浙江古籍出版社，2015年。

薛师雍：薛叔似子。

南宋时期任从政郎、福州连江县县丞。

【史料来源】

（宋）楼钥撰，顾大朋点校：《楼钥集》卷一百一《宝谟阁待制赠通议大夫陈公神道碑》，杭州：浙江古籍出版社，2010年。

（清）王棻撰：（光绪）《永嘉县志》卷一二《选举志·进士·宋》，清光绪八年（1882）刻本。

附录　人名索引